E. Lacher

CAD-Systeme

Aus dem Programm Maschinenbau/Informatik

Roloff/Matek Maschinenelemente
Lehrbuch: Normung – Berechnung – Gestaltung,
von W. Matek, D. Muhs und H. Wittel

Konstruieren und Berechnen,
von H. Hintzen und L. Laufenberg

Handbuch Vorrichtungsbau,
von H. Matuszewski

Handbuch Industrieroboter,
von H. Raab

CAD-Systeme
von E. Lacher

Digitale Regelung mit Mikroprozessoren,
von N. Hofmann

Getriebelehre mit dem Mikrocomputer,
von H. Bürde

Mikroprozessoren,
von H. Schumny

Vieweg

Erwin Lacher

CAD-Systeme

Grundlagen und Anwendungen der geometrischen Datenverarbeitung

Mit 59 Übungsaufgaben

Friedr. Vieweg & Sohn Braunschweig/Wiesbaden

CIP-Kurztitelaufnahme der Deutschen Bibliothek

Lacher, Erwin:
CAD-Systeme: Grundlagen u. Anwendungen d. geometr. Datenverarbeitung; mit 59 Übungsaufgaben / Erwin Lacher. – Braunschweig; Wiesbaden: Vieweg, 1984.

ISBN-13: 978-3-528-03353-8 e-ISBN-13: 978-3-322-84097-4
DOI: 10.1007/978-3-322-84097-4

1984

Softcover reprint of the hardcover 1st edition 1984

Umschlaggestaltung: Peter Neitzke, Köln

Inhaltsverzeichnis

Vorwort

Das Ziel dieses Buches ist es, Lücken zu schließen.
In den letzten Jahren hat die Verarbeitung geometrischer Daten als Grundlage zahlreicher, jedoch voneinander isolierter Bereiche in der Entwicklung und Fertigung technischer Produkte einen beachtlichen Stand erreicht. Die im Interesse der Rationalisierung und Konsistenz notwendige Integration der verschiedenen Bereiche mittels anwendungsneutraler CAD-Systeme erfordert hinreichende Detailkenntnisse aus allen betroffenen Fachgebieten. Durch Aufzeigen der gemeinsamen Probleme der Verarbeitung geometrischer Daten sowie der Eigenarten der verschiedenen Anwendungsbereiche sollen

- Übergangsmöglichkeiten zwischen Insellösungen
- Erweiterungen und Anpassungen schlüsselfertiger Systeme
- Mitarbeit an der Entwicklung und dem Betrieb solcher Systeme

aufgrund der Kenntnisse und Fertigkeiten möglich gemacht werden.

Die Leser dieses Buches ergeben sich aus

- (zukünftigen) Anwendern von CAD-Systemen, also Studenten und Berufstätigen der technischen Fachrichtungen wie Maschinenbau, Architektur, Bauingenieurwesen, Kartographie, Elektrotechnik, Wirtschaftsingenieurwesen
- (zukünftigen) Betreuern und Entwicklern dieser Systeme, also Informatikern und ihren Partnern aus anderen Fachgebieten.

Die Voraussetzungen für dieses Buch zum prinzipiellen Verständnis sind die Kenntnis der wichtigsten Begriffe und Tatsachen der Differential- und Integralrechnung sowie der analytischen Geometrie. Zum vollständigen Verständnis und zur Lösung der Übungen ist Erfahrung mit einer höheren Programmiersprache und ihrem Umfeld erforderlich. Darüber hinausgehende hier notwendige mathematische und dv-technische Kenntnisse werden in möglichst knapper Form mit Angabe der Standardliteratur beschrieben.

Die Prinzipien dieses Buches sind

- "Ein Bild sagt mehr als tausend Worte"
  Graphische Plausibilitätsüberlegungen und verbale Beschreibungen werden mathematischem Formalismus vorgezogen. Auf explizite Formeln und Algorithmen wird in einem gesonderten Verzeichnis verwiesen.

- "Es gibt nichts Gutes, außer man tut es"
  Entsprechend diesem Wort Erich Kästners werden für jedes Kapitel praktische Übungen zur Umsetzung der vermittelten Kenntnisse in detallierte Fertigkeiten angeboten. Im Studienbetrieb ist hier ein Rechnerpraktikum unbedingt erforderlich.

- "So konkret wie möglich, so allgemein wie nötig"
  In der Tätigkeit des Ingenieurs überwiegt die konkrete Erfahrung an Wirksamkeit die abstrakte Theorie bei weitem. Zur Erkennung übergeordneter Zusammenhänge ist jedoch auch ein bestimmtes Abstraktionsniveau erforderlich.

Mein Dank gilt Herrn Kollegen Späth für die kritische Durchsicht des Manuskripts und für seine konstruktiven Vorschläge sowie Herrn Schmitt vom Vieweg Verlag für seine geduldige Betreuung als Lektor.

Einleitung

Die effiziente und kostengünstige Verarbeitung geometrischer Daten stieß in der Vergangenheit auf große Schwierigkeiten, da bisher getrennte Anforderungen gemeinsam auftraten:

- Umfangreiche und komplex strukturierte Datenmengen wie in der kommerziellen Datenverarbeitung sind zu behandeln. Ein Flugzeug besteht aus mehr als einer Million Einzelteilen in vielen hundert Baugruppen, die alle geometrisch zu lokalisieren und zu beschreiben sind.
- Komplizierte und rechenintensive Algorithmen wie in der technischen Datenverarbeitung müssen eingesetzt werden. Die Darstellung eines einfachen Bauteils mit Unterdrückung der verdeckten Linien erfordert einige Millionen Rechenoperationen.
- Teure graphische Endgeräte zur direkten und ununterbrochenen Mensch-Rechner-Kommunikation sind nötig, um das auf Erfahrung beruhende, oft nicht programmierbare Beurteilungsvermögen von Ergebnissen einsetzen zu können.

Alle diese Gegebenheiten bewirkten eine starke Belastung teurer Rechnerkomponenten oder mangelnde Einsatzfähigkeit solcher Systeme aufgrund fehlender Verfahren.

Mit dem drastischen Preisverfall für Rechnerkomponenten aller Art und dem erfolgreichen Abschluß langjähriger Entwicklungsarbeiten der Industrie, der Forschungsinstitute und der Hochschulen auf dem Gebiet der rechnerunterstützten Geometrie nimmt dieser Sektor der Datenverarbeitung seinen lang erwarteten Aufschwung. Dabei zeigt sich - wie schon in der kommerziellen Datenverarbeitung - der Vorteil einer zentralen Speicherung und Manipulation der Geometrie der Produkte mit Hilfe eines CAD-Systems in Analogie zu Informationssystemen. Die Zentralisierung ist nur im logischen Sinne zu verstehen, bestimmte Datenmengen können durchaus physisch verteilt sein. Die einzelnen, von der Geometrie der Produkte mitbestimmten Anwendungen (Konstruktion, Berechnungen, Fertigung, Qualitätssicherung, technische Dokumentation) entnehmen die geometrischen Informationen einem CAD-System. Der formale Ablauf der Verarbeitung geometrischer Daten in solchen Systemen unterscheidet sich wenig von der übrigen Datenverarbeitung und entspricht den Kapiteln 1 bis 4:

- Die Datenerfassung bringt geometrische Objekte, etwa Zeichnungen oder 3-dimensionale Gebilde in den Rechner ein, wobei auch Fragen der Erkennung dieser Objekte bei der automatischen Erfassung erörtert werden.

- Die Objekte werden in interner Darstellung, d. h. einer strukturierten Folge von Bits so gespeichert, daß sie schnell wieder aufgefunden werden können.
- Ihre Verarbeitung erfolgt gemäß einer präzisen und detaillierten Vorschrift vergleichbar einer Konstruktionsbeschreibung der darstellenden Geometrie.
- Die Ergebnisausgabe erfolgt in graphischer Form, was eine Umwandlung der internen in die externe Darstellung erfordert.

Die Ergebnisse werden vom Anwender beurteilt und erfordern nach Modifikation von Daten, Datenstrukturen oder Verarbeitungsoperation unter Umständen ein erneutes Durchlaufen dieser Schritte bis eine Lösung - vielleicht sogar die optimale - gefunden ist.

In den Kapiteln 5 bis 7 werden die Eigenarten und geometrischen Gemeinsamkeiten der bedeutendsten Anwendungsgebiete aufgezeigt und im Kapitel 8 in der Zusammenfassung der Umfang und die Methoden der Integration mittels eines CAD-Systems beschrieben. Hier werden auch Hinweise zu einer realistischen Abschätzung der Wirtschaftlichkeit gegeben. Als Ausblick wird die Integration aller am Entwicklungs- und Fertigungs- sowie Vertriebsprozeß beteiligten Bereiche angesprochen.

1 Erfassung geometrischer Informationen

Das anwendungsgerechte Einbringen und Speichern von Informationen stellt für die elektronische Datenverarbeitung in der Regel ein schwieriges Problem dar. Die Information der traditionellen Verarbeitung sind selten maschinenlesbar. Dies trifft auf Zeichnungen als Hauptinformationsträger im Bereich der Konstruktion und Fertigung zu. Es müssen also Erfassungsmethoden mit anschaulicher Darstellung der geometrischen Informationen auf den Eingabegeräten zur Verfügung stehen.

1.1 Ziffern- und Zeichenfolgen

Ein Punkt als Grundelement der Geometrie kann durch Zahlen, nämlich seine Koordinatenwerte, eindeutig dargestellt werden. Zahlen können als Ziffernfolgen in den Rechner eingegeben werden, der diese dann in seine interne Zahlendarstellung umwandelt. Um nicht alle Punkte eines geometrischen Objektes eingeben zu müssen, beschränkt man sich auf wenige, eindeutig bestimmende Punkte oder Größen, bei einem Kreis etwa auf Mittelpunkt und Radius. Eine größere Flexibilität gegenüber Änderungen erreicht man durch symbolischen Bezug auf bereits spezifizierte Elemente und Angaben zur relativen Lage. Ein Ausbau dieser Methode mündet in die Entwicklung geometrischer Programmiersprachen. Für Massendatenerfassung in der Architektur oder der Kartographie ist dieses Verfahren wegen des hohen Eingabeaufwandes nicht brauchbar.

1.2 Koordinaten

Eine der graphischen Arbeitsweise angemessene Form der Eingabe besteht in der manuellen Positionierung einer Marke oder eines Stiftes auf der Bildfläche oder auf einem Objekt und dem Auslösen der Übernahme der Koordinaten des entsprechenden Punktes in den Rechner. Diese Eingabe kann erst bei Ablauf eines bestimmten Unterprogramms möglich werden oder jederzeit bei Bedarf des Benutzers aufgrund einer Unterbrechung erfolgen. Der Nachteil dieser Erfassungsmethode, nämlich die mangelnde Genauigkeit aufgrund der manuellen Positionierung und des begrenzten Auflösungsvermögens der Bildfläche, kann durch vorausgehende Vergrößerung und nachfolgende Verkleinerung von Bildausschnitten ausgeglichen werden. Durch zweimalige Eingabe dieser Art in zwei verschiedenen, angezeigten Rissen oder durch Kombination mit der Eingabe von Ziffernfolgen können auf diese Weise auch 3-dimensionale Objekte erfaßt werden.

Zur Erfassung 3-dimensionaler Objekte, die auf intuitive oder experimentelle Weise gewonnen wurden, verwendet man das analoge Verfahren mit zusätzlicher z-Höheninformation, etwa bei Autokarosserien oder Luftkanalmodellen. Bei der Photogrammetrie von Landschaften oder architektonischen Objekten wird das Abfahren des Modells durch Stereoskopie zweier Bilder simuliert.
Gemeinsam ist all diesen technischen Realisierungen die Positionierung durch den Bediener, der durch intelligente Auswahl und Reihung der Punkte zusätzlich topologische Informationen über den Aufbau des Objektes mitgeben kann, die über die rein metrischen Informationen hinausgehen. Die relevanten metrischen Informationen der drei Punkte eines Dreiecks sind deren Koordinaten oder die Seitenlängen und Winkel des Dreiecks, aber erst durch den Umlaufsinn kann festgelegt werden, ob durch die Punkte das Innere oder das Äußere des Dreiecks als Punktmenge beschrieben werden soll.

1.3 Menütechnik

Bei dieser benutzerfreundlichen Methode werden Aktionen oder Objekte, die in unterschiedlichen Bildgebieten angezeigt sind, durch Antippen und die damit übernommenen Koordinaten ausgewählt. Bei einem Rechtecknetz ist stets eine eindeutige Identifizierung des Bildgebietes möglich. Ausgewählte Objekte können dann beliebig auf dem Bild eingefügt werden. Bei bestimmten Bildschirmtypen wird auch unabhängig vom Bildaufbau eine Identifikation in Form einer Zahl oder Zeichenfolge zurückgegeben.
Eine schrittweise Führung des Benutzers durch die weitverzweigten Möglichkeiten eines Systems wird dadurch erreicht, daß nur die zum jeweiligen Verarbeitungsstand erlaubten Aktionen oder Objekte zur Auswahl angeboten werden.

1.4 Aktionen

Zur Beschreibung von Aktionen können wie üblich Kommandos über Tastaturen eingegeben werden. Um die Eingabe zu beschleunigen, kann die Ausführung häufig verwendeter Kommandos durch Funktionstasten ausgelöst werden, die ein eigenes Tastenfeld bilden.

1.5 Rasterabtastung

In allen Fällen, wo aus Gründen der Zeit oder Menge manuell unterstützte Erfassung geometrischer Daten sich verbietet oder auch nicht erforderlich oder machbar ist, werden Informationen durch Abtastung mit optischen oder elektrooptischen Verfahren gewonnen. Genaueres über den Einsatz von Lasern oder Fernsehkameras für diesen Zweck findet man in /1/. Abgesehen von der nicht immer ausreichenden Genauigkeit stellt die Art, wie die Informationen angeliefert werden, das Hauptproblem dar. Für die in einer Zeilen-Spalten-Matrix angeordneten Bildpunkte wird ein Grau- oder Farbwert zurückgegeben, im einfachsten Fall schwarz oder weiß. Grauwerte werden durch Vergleich mit einem vorgebbaren Schwellenwert darauf zurückgeführt. Betrachtet man die rechnerinternen Darstellungen in Bild 1-1, so ist selbst in diesem einfachen Fall die Gleichwertigkeit der Rechteckdarstellungen nicht ohne weiteres erkennbar. Zur Erkennung der Kongruenz des abgetasteten Rechtecks mit dem Prototypen müssen einige prinzipiell wichtige Schritte ausgeführt werden. Dabei ist vorausgesetzt, daß eine Skalierung der Bilder auf normalisierte Größenverhältnisse entsprechend den Gesetzen des Abbildungssystems vorgenommen wurde.
Durch die Licht- und Reflexionsverhältnisse können bei der Abstastung des Objekts Fehler, etwa in Form von "Ausreißern" auftreten, die durch Glätten beseitigt werden.
Die Ermittlung der Grenzen des Objekts und damit seine Absonderung vom Hintergrund oder von anderen Objekten erfolgt durch Differenzenbildung in den Helligkeiten, also etwa Differenz = 0: Weiß, Differenz = 1: Schwarz (*). Insbesondere bei mehr als zwei Helligkeitsstufen ergeben sich dabei mehrmals in einer Abtastzeile von Null verschiedene Differenzen.
Um den Rand entsprechend scharf herauszuarbeiten, werden Ausdünnungsverfahren angewendet. Nun kann durch Verfolgung des Randes eine Darstellung des abgetasteten Rechtecks als Punktfolge aufgebaut werden. Um eine möglichst kompakte Darstellung zu erreichen, werden die Bildpunkte relativ zueinander durch eine der acht möglichen Nachbarsnummern 0 - 7 beschrieben. Die Nummern werden im Gegenuhrzeigersinn beginnend bei der positiven, horizontalen x-Achse gezählt. Eine sinnvolle Ermittlung dieses Kettencodes auch in komplizierteren Fällen bringt einige Schwierigkeiten mit sich (s. /2/). Die Ecken treten nun in dieser Darstellung klar hervor, durch Aufsummation kann die Länge der Seiten bestimmt werden. Damit kann der Prozeß der Datenerfassung als abgeschlossen betrachtet werden. Wäre zur Angabe der z-Höhe eine Kote in Form einer Ziffernfolge zu dem Rechteck angegeben, so müßten diese Ziffern als vorgegebene Muster erkannt werden.

1.6 Mustererkennung

Die Erkennung eines Objekts besteht in der Einordnung in bestimmte Klassen, die durch einen Satz von Merkmalswerten gekennzeichnet sind. Das Minimum der Abweichungen der ermittelten Merkmalswerte des Objekts von denen der Klassen ist entscheidend für die entsprechende Einordnung. Die Fähigkeiten der Erkennung können durch Lernvorgänge gesteigert werden. Die weiteren Schritte zur Erkennung der Äquivalenz von abgetastetem Rechteck und Prototyp verlaufen wie folgt:
Für die spätere Bestimmung der Abweichungen in den Merkmalen müssen sowohl das betrachtete Objekt als auch der Prototyp im gleichen Koordinatensystem so dargestellt werden, daß sich bei Drehungen oder Verschiebungen des Objekts nichts ändert. Die Achsen des minimalen und maximalen Trägheitsmoments genügen als physikalische Größen dieser Forderung. Man faßt das zweidimensionale Bild als einen Körper der Dicke und Dichte 1 auf.
Als bestimmende Merkmale betrachtet man beim Vergleich mit dem Prototyp die Koordinaten aller Randpunkte. Als Maß für die Abweichung wird die Summe der Abstände entsprechender Punkte des Objekts und des Prototypen verwendet. Die Abweichung ist offensichtlich Null, das Objekt gehört in die Klasse der Rechtecke dieser Größe.
In der Praxis sind Erkennungssysteme dieser Art im Einsatz, wobei sich verschiedene Objekte nicht überlappen oder berühren dürfen. In Laborversuchen können bereits Überlappungen erkannt werden. Die zusätzlichen Probleme bei der Ermittlung der Randbegrenzungen und Segmentierung in Einzelkomponenten im 3-dimensionalen Fall sucht man durch besonders strukturierte Beleuchtung zu lösen. Die Grauwerte oder die Deformationen in den Lichtstrukturen einer kegel- oder rechtecknetzförmigen Beleuchtung werden durch die geometrischen Eigenschaften der beleuchteten Flächen festgelegt und erlauben somit entsprechende Rückschlüsse.
Der Mensch kann sich aus skizzenhaften perspektivischen Darstellungen eine Vorstellung einer dazu passenden 3-dimensionalen Szene machen und diese als Reinzeichnung wiedergeben. Man versucht im Rahmen von Forschungsvorhaben durch zusätzliche Angabe topologischer Informationen oder durch Annahme plausibler heuristischer Symmetrien und Parallelitäten diese Fähigkeit nachzubilden (s. /3/).

Zusammenfassung

Die sinnvollen Methoden der Datenerfassung hängen im wesentlichen von den Verarbeitungsoperationen der Anwendung ab.

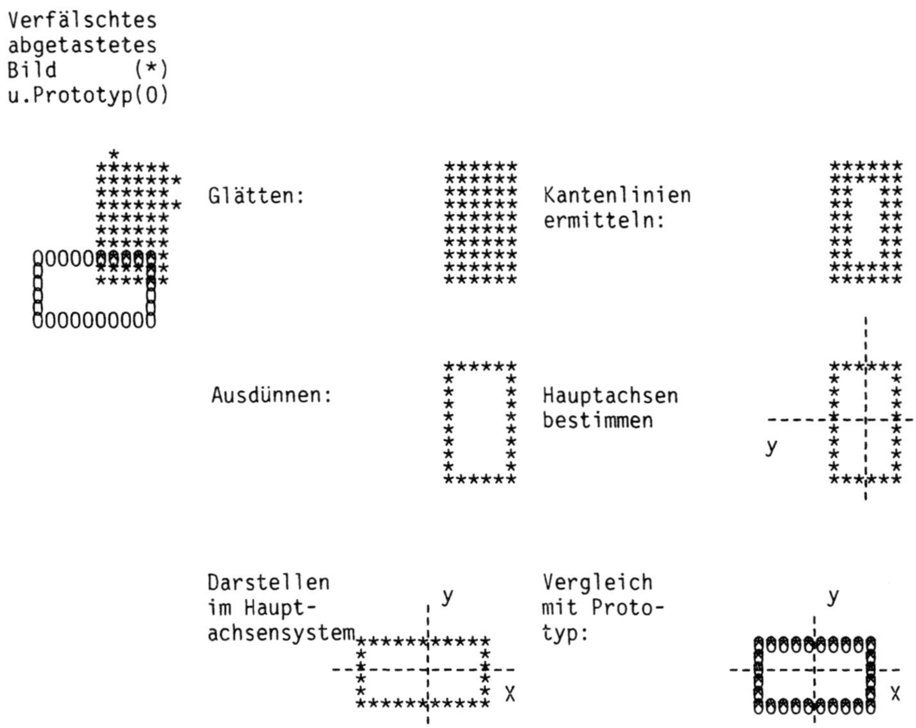

Darstellung des verfälschten abgetasteten Bildes im Speicher (zeilenweise von links oben nach rechts unten. 1 : weiß o : schwarz)

10111110000001000000000000001000000000000000100000001000000010000001 usw.

Darstellung des Prototypen im Speicher
(wie oben)

0000000000011111111001111111100111111110011111111001111111110

Darstellung des Prototypen im Speicher
(16 Bit lange Eckpunktkordinanten. Linkes Bit gleich 1 bei neg. Wert)

10000000000001010000000000000000110000000000000010100000000000000011 usw.

Bild 1-1 Schritte der Erkennung bei automatischer Rasterabtastung

Wenn dazu die genaue Zusammensetzung aus einzelnen Objekten bekannt sein muß, wie im Maschinenbau und der architektonischen Detailplanung, kann dies in sprachlicher Form am Bildschirm unterstützt mit Funktionstasten und Menütechnik erfolgen. Vor allem im 2-dimensionalen Fall bietet sich hier eine dem technischen Zeichen vergleichbare Arbeitsmethode an.
Bei der Übernahme vorhandener Objekte dieser Anwendungen in den Rechner ist der Mensch als intelligenter Bediener zur zusätzlichen Angabe der topologischen Beziehungen immer noch unentbehrlich, so daß bei größeren Datenmengen erhebliche Erfassungszeiten zustande kommen. Automatische Erfassungsverfahren mit Rasterabtastung sind hier praktisch erst beschränkt für spezielle Anwendungen einsetzbar.
Sie gewinnen jedoch insbesondere bei Anwendungen mit sehr großen Datenmengen, wo oft die Strukturierung in Einzelkomponenten nicht von Bedeutung ist, zunehmend an Gewicht. Dies gilt in der Geländedatenverarbeitung ebenso wie in der Stadt- und Raumplanung.

1.7 Übungen zu Kapitel 1

1. Man entwickle ein detailliertes Konzept für interaktives Erzeugen und Zusammenfügen von Text und Zeichnungen, das unabhängig von den unterschiedlichen Bildschirmtypen ist.

2. Zwei Arme mit parallelen Drehachsen im Schulter- und Ellbogengelenk sind dort mit Drehpotentiometern versehen, die der Winkelstellung entsprechende Spannungen liefern. Wie können diese beiden Arme zur 3-dimensionalen Datenerfassung eingesetzt werden?

3. Zwei sich schneidende Gerade der kontinuierlichen Ebene haben genau einen einzigen Punkt gemeinsam. Man zeige, daß dies in der diskreten Ebene nicht mehr gilt.

4. Man gebe für einen beliebigen Kreis den Kettencode sowie ein allgemeines Verfahren zur Berechnung von Umfang und Fläche aus dem Kettencode an.

5. Es sollen Punkte der Oberfläche eines 3-dimensionalen Objektes berechnet werden, indem das Objekt geeignet beleuchtet und dann ein Rasterbild erzeugt wird.

6. Man formuliere hinreichend detalliert einen Ausdünnungsalgorithmus.

7. Nach Huffman gibt es nur folgende mögliche Bilder von Ecken eines Polyeders: lx,xl,vr,rv,ll,rr,xxx,vvv,vll,xrr,xvv,vxx. Die Buchstaben beschreiben die Eigenschaften der sichtbaren Kanten der Ecke.
   l oder r: Kante mit verdeckender Fläche links bzw. rechts von sich
   x oder v: Die Flächen, die sich in der Kante schneiden, bilden einen Innenwinkel kleiner bzw. größer als 180 Grad (konvexe bzw. konkave Kante). Man zeige, daß die folgende Strichzeichnung nicht das Bild eines Polyeders sein kann, der auf der Bildebene liegt. Welche geometrische Deutung kann man für die obigen Eckenbeschreibungen angeben?

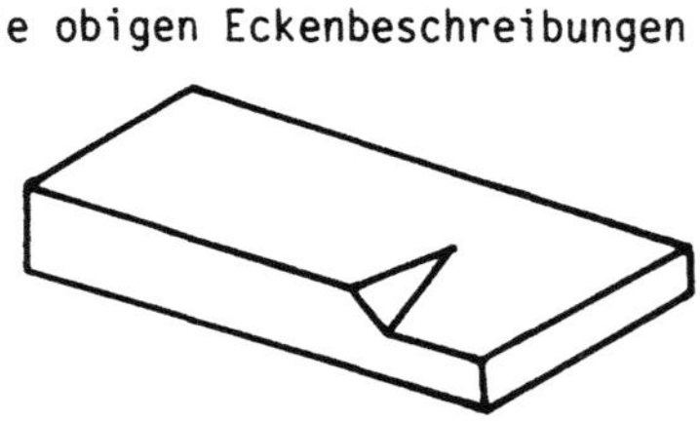

8. Man berechne die einzelnen Beiträge der acht möglichen Kettencodeelemente von 0 bis 7 zur Ermittlung der Koordinaten des Schwerpunktes eines Flächenstücks.

9. Wie kann man für einen beliebigen Punkt feststellen, ob er zu einem abgeschlossenem Gebiet mit mehreren Löchern gehört?

2 Speichern und Wiederauffinden geometrischer Informationen

2.1 Prinzipien und Probleme der Informationsverwaltung

Die Verwaltung von Information kann durchaus unabhängig von ihrer Realisierung mit Hilfe der elektronischen Datenverarbeitung betrachtet werden.
Die gewünschten Informationen müssen genau spezifizierbar, schnell abrufbar und jederzeit änderbar sein. Die beiden letzten Punkte betreffen die Art der Speicherung und den Ablauf des Zugriffs auf die Informationen. Sie werden unter Berücksichtigung des Aufbaus und Funktionsprinzips der Speicher einer elektronischen Datenverarbeitungsanlage bei den Datenorganisationsformen abgehandelt.

2.1.1 Identifikation und Verteilung von Informationseinheiten

Bei den Überlegungen, die der Programmierung einer Anwendung vorausgehen - der Systemanalyse - fallen eine Menge erforderlicher Einzeldaten an, von denen die gegenständlichen oder abstrakten Objekte der Systemanalyse beschrieben oder eindeutig charakterisiert werden. Diese Einzeldaten werden für gleichartige Objekte als Felder bzw. Schlüssel bezeichnet und zu Sätzen zusammengefaßt. Die Menge der Sätze aller gleichartigen Objekte bilden eine Datei. Die Verteilung der Felder auf verschiedene Sätze ist keineswegs eindeutig festgelegt, ein systematisches Verfahren, die Normalisierung, entstand erst bei der Entwicklung der Datenbanken.
Die Hierarchie der Informationseinheiten kann man nach oben erweitern durch den Katalog, der für jede Datei einen Satz mit Namen und Ort der Datei enthält.
Die Identifikation eines bestimmten Feldes in einem bestimmten Satz einer bestimmten Datei kann nun in umgekehrter Reihenfolge durch einen mehrstufigen sog. qualifizierten Dateinamen, den Schlüssel des Satzes und die relative Position des Feldes im Satz erfolgen.
Die hier noch ungeklärten Verfahren zum Auffinden eines Satzes mittels seines Schlüssels werden später behandelt. Werden Sätze durch Angabe des Inhalts bestimmter Felder spezifiziert und aufgefunden, spricht man von assoziativem Verfahren. Dieses kann, falls es nicht durch die Hardware unterstützt wird, dadurch simuliert werden, daß diese Felder intern wie Schlüssel (Sekundärschlüssel) behandelt werden. Als Beispiel für diese Hierarchie von Informationseinheiten kann die Abspeicherung von Zeichnungen eines bestimmten Produkts aus dem Gesamtspektrum eines Unternehmens dienen.

Die Zeichnungen entsprechen Dateien, deren Sätze wiederum die Linienzüge der Zeichnung als Folge von Punkten mit ihren Koordinantenwerten beschreiben. Will man einen bestimmten Punkt einer Linie überprüfen, kann man den Namen des Produktes und der Zeichnung als qualifizierten Dateinamen, die Bezeichnung des Linienzuges bzw. die Nummer des Punktes als Schlüssel bzw. Position spezifizieren.
Um den Überblick über die Verwendung und die Eigenschaften der Felder nicht zu verlieren, legt man ein entsprechendes Datenverzeichnis an.

2.1.2 Änderungen von Informationseinheiten

Der Inhalt von Dateien ist nur in seltenen Anwendungsfällen über längere Zeit konstant.
Als Modifikationen einer Zeichnung wären Veränderung von Punktkoordianten, Löschen oder Hinzufügen eines Linienzuges denkbar. Dies bedingt das Ändern des Feldinhalts eines bestimmten Satzes. Die dafür erforderlichen Aktionen hängen von der Art der Dateiorganisation ab. Generell ist der physische Abstand von Sätzen auf externen Speichern genau vorgegeben und darf weder durch Löschen noch durch Einfügen verändert werden.

2.2 Komponenten von Datenverarbeitungsanlagen

2.2.1 Speichertypen

Ein Rechner hat ein dreistufiges, programmierbares System von Speichern - Register, Hauptspeicher und externe Speicher -, deren jeweilige Kapazitäten sich etwa wie 1 : 10 000 und deren Zugriffszeiten sich etwa wie 1 : 1 000 verhalten. Verarbeitungsoperationen wie Rechnen oder Vergleichen sind i. a. nur in den Registern möglich, die ausschließlich vom Hauptspeicher aus mit Informationen versorgt werden bzw. diese dort ablegen. Das Analoge gilt für das Verhältnis Hauptspeicher - externe Speicher, wobei mittels einer übergeordneten Steuereinheit mehrere Magnetplatten- oder Magnetbandlaufwerke betrieben werden können. Der Datenaustausch zwischen diesen Speicherhierarchien läuft in der Regel nicht automatisch ab, sondern muß vom Programmierer explizit angegeben werden. Eine Ausnahme bildet die virtuelle Speichertechnik mit ihrer begrenzten Datenaustauschmöglichkeit. Da es bei Magnetbändern nicht möglich ist, einen bestimmten Satz zu lesen, ohne die physisch vor ihm liegenden zu überlesen, werden sie aufgrund dieser hohen Zugriffszeit nur mehr für

Zwecke der Archivierung oder des Datenaustausches mit anderen Rechnern verwendet. Der Aufbau externer Direktzugriffsspeicher, also Magnettrommeln und vor allem Magnetplatten, ist für das Verständnis der Dateiorganisationsformen sowie der möglichen Engpässe beim Betrieb eines Rechners von Bedeutung (s. Bild 2-1).

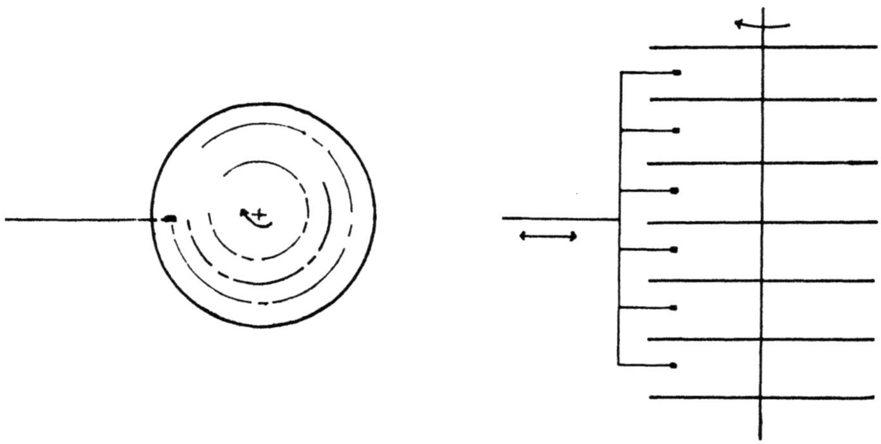

Bild 2-1 Aufbau und Benutzung von Magnetplattenspeichern

Eine Magnetplatte kann auf vertikal übereinander angeordneten magnetisierten Scheiben in jeweils konzentrischen Kreisen beschrieben werden. Alle Kreise mit gleichem Radius bilden die Spuren eines Zylinders. Vor den Sätzen einer Spur eines Zylinders stehen - durch einen Zwischenraum getrennt - zur Identifikation der Sätze entweder die Folgenummer des Satzes auf der Spur oder sein Schlüssel. Bei manchen Plattentypen werden die Sätze auch in Sektoren fester Größe auf einer Spur eines Zylinders abgelegt und durch die Sektornummer aufgefunden. Der Zugriff auf einen Satz erfolgt bei bekannter Zylinder-, Spur- und Satznummer, welche die Adresse des Satzes darstellen, durch mechanische Positionierung eines beweglichen Arms auf den Zylinder, elektronische Auswahl der entsprechenden Spur und Suchen des Satzes auf der Spur unter Ausnutzung der sehr schnellen Drehbewegung der Magnetplatte. Der Hauptnachteil dieses Speichertyps sind die mechanischen Anteile der Zugriffszeit durch Armeinstellung und Abwarten der erforderlichen Drehbewegung, zur Zeit etwa 20 msec. So wenig dies erscheinen mag, so können doch bei komplizierten Dateiorganisationen oder Datenbanken durch viele erforderliche Zugriffe sowie im realen Betrieb durch gegenseitige Behinderung erhebliche Wartezeiten entstehen.

2.2.2 Datenübertragungswege

Sie dienen zur Übertragung von Informationen zwischen Hauptspeicher und externen Geräten und unterscheiden sich durch Reichweite und Übertragungsgeschwindigkeit, bei Kanälen einige hundert Meter bzw. einige Millionen Zeichen pro Sekunde, bei Datenfernleitungen unbegrenzt bzw. ungefähr tausend Zeichen pro Sekunde. Die Datenleitungen der lokalen Netze liegen hinsichtlich Reichweite und Übertragungsgeschwindigkeit zwischen Kanälen und Fernleitungen. Daraus folgt, daß Kanäle für Datenübertragung bei Magnetplatten und graphischen Bildschirmen mit stark wechselnden Bildinhalten, Fernleitungen nur zum Anschluß von mechanischen Geräten wie Plottern verwendet werden sollten.

2.2.3 Zentraleinheiten

Gemäß den unterschiedlichen Funktionen, die bei Verarbeitung geometrischer Informationen erforderlich sind, lassen sich zwei Typen unterscheiden, wobei der Übergang fließend ist:

- Zentralrechner mit Rechen-, Logik-, Vergleichs- und Sprungbefehlen
- Bildwiederholprozessoren mit Bildelementerzeugungs- und Sprungbefehlen, eventuell auch Rechenbefehlen.

Im zweiten Fall kann der Hauptspeicher mit einem Teil des zentralen Hauptspeichers identisch sein. Stets werden die im Hauptspeicher befindlichen Befehle mit ihren Operanden der Reihe nach unter Berücksichtigung der bedingten und unbedingten Sprungbefehle ausgeführt. Die Zentraleinheiten könnten in dieser Form nicht sofort auf wichtige Ereignisse reagieren, etwa auf die Beendigung einer eingeleiteten Ein- oder Ausgabeoperation oder auf Aktionen, die am Bildschirm ausgelöst wurden. Deshalb können Zentraleinheiten durch Signale dieser Art in der Abarbeitung der normalen Befehlsfolge unterbrochen werden, wobei noch weitere Aktionen durch die Hardware ausgeführt werden: Die Adresse des nächsten abzuarbeitenden Befehls wird zur späteren Fortsetzung abgespeichert, und die Zentraleinheit beginnt mit der Abarbeitung der zur entsprechenden Aktion gehörenden Befehlsfolge.
Um den Zentralrechner zu entlasten und die zu übertragenden Datenmengen zu verringern, werden immer mehr abbildungsspezifische Funktionen in den Bildwiederholprozessor verlegt. Auf die Befehlsstruktur der Bildwieder-

holprozessoren wird bei der Ausgabe von geometrischen Informationen näher eingegangen.

2.2.4 Konfigurationen

Aufgrund der großen Datenmengen und den zahlreichen Rechenoperationen bei der Verarbeitung geometrischer Daten werden an Zentraleinheit, Hauptspeicher, Kanäle und Magnetplatten erhebliche Anforderungen hinsichtlich Geschwindigkeit bzw. Kapazität gestellt. Wenn nur ein einziges Programm auf dieser Anlage abliefe, wären stets alle diese Komponenten bis auf eine untätig. Wenn nämlich beispielsweise ein Satz von Platte gelesen wird, kann die Zentraleinheit erst nach erfolgtem Lesevorgang die Informationen des Satzes verarbeiten, vorher muß sie untätig warten. Man versucht nun im Mehrprogrammbetrieb die Zentraleinheit während der Ein- oder Ausgabezeiten an einem anderen Anwendungsprogramm bis zur Beendigung dieser Ein- oder Ausgabe arbeiten zu lassen, um so eine bessere Auslastung zu erzielen.
Bei vielen derart verzahnt betriebenen Anwendungsprogrammen reicht der maximale Hauptspeicherausbau nicht aus, um alle Programme gleichzeitig gespeichert zu halten, so daß eine vorübergehende vollständige oder teilweise Auslagerung auf Magnetplatte erfolgen muß. Dies ist insbesondere bei ständiger Kommunikation von graphischen Bildschirmen mit unterschiedlichen Anwendungsprogrammen von Bedeutung.
Wird ein zentrales CAD-System von mehreren Bildschirmen aus angesprochen, genügt ein einziges Exemplar dieses Programms im Hauptspeicher, wenn es wiedereintrittsfähig ist, d. h. pro Schirm eine eigene Generation aller Variablen im Hauptspeicher verwaltet.
Nicht alle Übersetzer für höhere Programmiersprachen können wiedereintrittsfähige Programme erzeugen; in solchen Fällen muß pro Schirm jeweils ein Exemplar des Programms zumindest zeit- oder teilweise im Hauptspeicher gehalten werden.
Um die Wartezeiten bei Ausgabe auf langsame mechanische Druck- oder Zeichengeräte zu umgehen, werden die Daten auf Magnetplatten zwischengespeichert und später im Mehrprogrammbetrieb auf das endgültige Gerät übertragen. Eine andere Möglichkeit besteht in der Ausgabe auf Magnetband und Übertragung mittels eines nicht an den Rechner angeschlossenen Laufwerkes auf das endgültige Gerät (Online- bzw. Offline-Betrieb).
Häufig erfordern insbesondere geometrische Berechnungen erhebliche Zen-

traleinheitszeiten, so daß man diese Aufgaben zur Erledigung an den Rechner abgibt und sich anderen zuwendet, bis man von der Beendigung benachrichtigt wird (Stapelbetrieb).
Die Steuerung aller dieser Vorgänge übernimmt ein ständig im Hauptspeicher befindliches Programm, das Betriebssystem.

2.2.5 Engpässe im realen Betrieb

Bei jeder kostengünstigen Konfiguration ist ein Konflikt bei den Anforderungen der Anwendungsprogramme und des Betriebssystems an die verschiedenen Rechnerkomponenten unvermeidlich.
Wird eine Anforderung für eine gerade in Tätigkeit befindliche Komponente gestellt, so speichert das Betriebssystem die Anforderung zur Bearbeitung zu einem späterem Zeitpunkt, wenn die Komponente fertig geworden ist. Die sich durch diese gegenseitige Behinderung ergebenden Wartezeiten sind erheblich höher als die Summe der Abarbeitungszeiten aller anstehenden Anforderungen. Nach der Warteschlangentheorie ergibt sich nämlich eine zusätzlich zur Bearbeitungszeit der Anforderung auftretende Wartezeit, die im wesentlichen proportional 1/(1-r) ist, wobei r die Auslastung der entsprechenden Komponente bedeutet. Bei einer Auslastung von 90 % für den Zugriffsarm einer Magnetplatte erhöht sich damit die Zugriffszeit um etwa den Faktor 10! Diese Gesetzmäßigkeit gilt für alle Komponenten eines Datenverarbeitungssystems, so daß sich in der Gesamtheit erheblich längere Lauf- und Antwortzeiten ergeben als aus den technischen Daten ermittelt.
Besonders hoch ausgelastete Komponenten können durch Meßverfahren identifiziert werden und man kann die Belastung auf andere gleichartige verteilen. Falls diese ebenfalls schon stark belastet sind, versucht man die Kapazität zu erhöhen oder weitere Komponenten zu installieren. Als letzter Ausweg bleibt nur noch die Anzahl der Bildschirmbenutzer oder den Mehrprogrammbetrieb zumindest vorübergehend zu reduzieren (s. /4/).

2.3. Dateiorganisationsformen und Zugriffsmethoden

Je nach Art des Zugriffs und der Häufigkeit der Verarbeitungsformen, Ändern, Löschen und Hinzufügen, lassen sich Dateiorganisationsformen, d. h. Arten der Satzablage auf dem Speichermedium mit entsprechend geringer Zugriffszahl aufführen.

2.3.1. Sequentielle Dateiorganisation

Darunter versteht man die Abspeicherung von Sätzen ohne Lücken für Zugänge unmittelbar hintereinander in der Reihenfolge ihrer Schlüsselwerte gemäß dem Alphabet.
Diese Organisation ist nur brauchbar, wenn eine große Anzahl von Sätzen dieser Datei in der gleichen Reihenfolge gelesen und bearbeitet werden soll. Das Lesen eines Einzelsatzes erfordert das Überlesen aller vorangehenden Sätze, also ist die Anzahl der Zugriffe im Durchschnitt n/2, wenn n die Zahl der Sätze in der Datei ist. Für in der Praxis vorkommende Dateigrößen scheidet diese Organisation für Einzelsatzzugriff damit aus, insbesondere wenn man die Mehrfachbenutzung berücksichtigt. Löschen und Einfügen von Sätzen ist auch auf Magnetplatte nicht möglich, so daß nur Speicherung von Text und Zeichnungen und der Datenaustausch mit anderen Rechnern mittels kompatibel beschriebener Magnetbänder als Einsatzgebiete verbleiben.

2.3.2. Gekettete Dateiorganisation

Sie erweitert die sequentielle Organisation durch Verfahren zum Löschen und Einfügen von Sätzen, ist jedoch nur auf Direktzugriffsspeichern möglich. Zwischen Schlüssel und Speicheradresse des Satzes besteht hier kein Zusammenhang, die Sätze werden in der Reihenfolge ihres Eintreffens bei der Erfassung auf jeweils höheren Adressen abgelegt. Um trotzdem eine Verarbeitung in Schlüsselwertfolge zu ermöglichen, wird jeder Satz um ein Verweisfeld erweitert, das mit der Adresse des jeweiligen Schlüsselwertnachfolgers gefüllt wird. Die Zugrifssmethode kann so nach Lesen eines Satzes mit dieser Adresse unmittelbar auf den Nachfolger positionieren. Einfügen oder Löschen wird durch Anfügen des Satzes am Dateiende und Umsetzen von Verweisen in den Vorgängersätzen ermöglicht (s. Bild 2-2). Auch die gekettete Organisation erfordert zum Zugriff auf einen durch seinen Schlüsselwert bestimmten Einzelsatz das Lesen aller seiner Vorgängersätze und kommt somit in isolierter Form für den direkten Zugriff aus Zeitgründen nicht in Frage.

Satzadresse	Satzschlüssel	Satzinhalt	Verweisfeld	
1 1 1	A	0 0 0	1 3 1	
1 2 1	E	5 8 20	0 0 0	Kettenende
1 3 1	C	10 16 0	1 2 1	

Datei vor Einfügen von Satz mit Schlüsselwert D
und vor Löschen von Satz mit Schlüsselwert C

Satzadresse	Satzschlüssel	Satzinhalt	Verweisfeld	
1 1 1	A	0 0 0	1 4 1	
1 2 1	E	5 8 20	0 0 0	
1 3 1	C	10 16 0	-1	Löschkenn-zeichen
1 4 1	D	5 8 20	1 2 1	

Datei nach Einfügen von Satz mit Schlüsselwert D
und nach Löschen von Satz mit Schlüsselwert C

Bild 2-2 Löschen und Einfügen bei geketteter Dateiorganisation

2.3.3 Direkte Dateiorganisation

Die im Prinzip einfachste Methode besteht darin, daß die Sätze in der Reihenfolge ihrer Erfassung hintereinander abgespeichert werden und für jeden Satz sowohl Schlüsselwert und Speicheradresse in einer Tabelle festgehalten werden.
Zum Zugriff auf einen bestimmten Einzelsatz muß mit seinem Schlüsselwert in der Tabelle seine Adresse gefunden werden. Wenn man die Tabelle nach Schlüsselwerten sortiert hält, kann man das schnelle binäre Suchverfahren verwenden. Bei sehr großer Satzzahl wird die Tabelle möglicherweise größer als der verfügbare Hauptspeicher und muß in Sätze aufgeteilt als Datei verwaltet werden. Auch dies kann wieder mit Indizierung erfolgen: Als Schlüsselwert wird der höchste des betreffenden Satzes der alten Tabelle in die neue übernommen. Der Zugriffsweg führt dann über alle diese Indexstufen, was die Zugriffszeit erhöht. Ebenso müssen beim Einfügen oder Löschen unter Umständen alle Indexstufen geändert werden, was diese Methode bei häufigen Veränderungen der zugrunde liegenden Datei nur bedingt brauchbar macht. Soll in Bild 2-3 der Satzinhalt von Satz D bestimmt werden, so wird zuerst der erste Satz der ersten Indexstufe gelesen und weiter der zweite Satz, da die Adresse des Satzes D nicht in der Spur 5 im Zylinder 1 enthalten ist, denn dort ist der Schlüssel C der höchste.
Spur 6 im Zylinder 1 wird auf einen Satz mit Schlüssel D durchsucht, sein Satzinhalt 141 führt direkt zum Satz D. Die Adressen setzen sich aus Zylindernummer, Spurnummer und Satznummer zusammen.

1. Indexstufe (2 Sätze/Spur)			2. Indexstufe (2 Sätze/Spur)			Datei (1 Satz pro Spur)		
Adr.	Schl.	Inhalt	Adr.	Schl.	Inhalt	Adr.	Schl.	Inhalt
171	C	15	151	A	111	111	A	0 0 0
172	E	16	152	C	131	121	E	5 8 20
			161	D	141	131	C	10 16 0
			162	E	121	141	D	5 8 20

Bild 2-3 Zwei Indexstufen einer Datei mit vier Sätzen

Eine wesentlich effizientere Methode besteht darin, die Sätze auf Adressen abzuspeichern, die sich nach einem einheitlichen Berechnungsverfahren aus den Schlüsselwerten ergeben. Da Buchstaben im Rechner als Bitfolgen dargestellt werden, diese aber als Zahlen interpretiert werden können, ist das Verfahren auch dann verwendbar, wenn der Schlüsselwert keine Ziffernfolge ist. In dieser Form unmittelbar aus dem Schlüsselwert die Speicheradresse zu gewinnen, bedeutet jedoch in der Regel eine erhebliche Speicherplatzverschwendung, wie das Beispiel des ersten dreistelligen Teils des KFZ-Kennzeichens zeigt: Wenn ein Zeichen 8 Bit umfaßt, würden 256^3 Plätze für Sätze in der Datei bereitgehalten, von denen aber nur ein geringer Prozentsatz wirklich mit Sätzen belegt ist. Das Berechnungsverfahren muß also modifiziert werden, damit die auftretenden Sätze möglichst dicht ohne große Lücken gespeichert werden. In den meisten Fällen ergibt sich dann bei solchen Verfahren für bestimmte verschiedene Schlüsselwerte dieselbe Adresse. Man umgeht das Problem, indem alle weiteren Sätze, die auf eine bereits belegte Adresse treffen würden, durch Kettung dort anbindet. Dies bringt für die Sätze eine Erhöhung der Zugriffszeit mit sich. Das Berechnungsverfahren muß i. a. für jede Anwendung speziell entwickelt werden, nicht selten ist auch kein brauchbares zu finden.

2.3.4 Hierarchische Dateiorganisation

Die präzise Identifikation von Informationseinheiten erfordert unter Umständen eine mehrstufige Qualifizierung. Es liegt nahe, dies in einer Dateiorganisationsform von hierarchischem Typ nachzubilden, zumal reale Objekte hierarchisch strukturiert sein können, ein Produkt etwa in Baugruppen und diese wieder in Einzelteile. Die Informationseinheit heißt hier auch Segment statt Satz und enthält i. a. mindestens einen Verweis

auf die nächstniedere Hierarchiestufe, Informationen stufenspezifischer Art und gemeinsame Daten von zugehörigen Segmenten der nächstniederen Stufe. Dies kann etwa das einheitliche Material der Einzelteile sein. Falls zusätzlich Verweise auf Segmente innerhalb derselben Hierarchiestufe vorhanden sind, spricht man von einer Netzstruktur. Der erforderliche direkte Zugriff auf die Segmente der obersten Stufe (s. Bild 2-4) kann mit einer der direkten Zugriffsmethoden erfolgen. Um bestimmte darunterliegende abhängige Segmente erreichen zu können, muß der Programmierer die Datenstruktur kennen und eine entsprechende Zugriffskommandofolge mit Angabe der Schlüsselwerte absetzen. Bei Änderung der Struktur, etwa der Einordnung von Teil 2 unter Baugruppe 2 anstatt Baugruppe 1 (s. Bild 2-4), müssen auch die davon betroffenen Programme geändert werden. Darin liegt - außer den hohen Zugriffszeiten bei vielen Hierarchiestufen - der wesentliche Nachteil dieser Dateiorganisationsform.
Je nach den für eine Anwendung sich bietenden Vorteilen können die bisher geschilderten Methoden geeignet kombiniert werden.

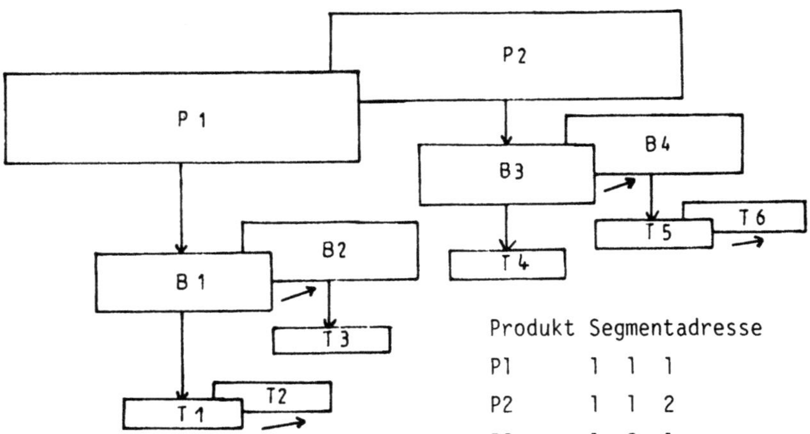

Produkt	Segmentadresse		
P1	1	1	1
P2	1	1	2
P3	1	2	1

Bild 2-4 Hierarchische Netzstruktur mit Verweisen und Index

2.3.5 Datenbanken

Vor der Entwicklung von Datenbanken wurde die Gesamtheit der erforderlichen Felder gemäß den nötigen Verarbeitungsvorgängen auf entsprechend organisierte Dateien verteilt. Neue Verarbeitungsvorgänge erforderten oft nur anders organisierte Dateien mit den bereits vorhandenen Feldern.
Bei Datenbanken versucht man, die in den Dateien jeweils mehrfach ge-

speicherten gleichen Informationen nur ein einziges Mal im Speicher zu halten und die übrigen Vorkommen durch Verweise zu ersetzen. Außer Speicherplatzersparnis dient dieses Verfahren der Erhaltung der Konsistenz: Die mehrfach auftretende Information braucht nur an einer einzigen Stelle geändert werden und steht dann an allen übrigen erforderlichen Stellen in derselben aktuellen Form zu Verfügung.
Man kann demgemäß von einer Datenbank sprechen, wenn außer der Zugriffsmöglichkeit über den Primärschlüssel noch weitere über andere Felder der Sätze mit den bisher geschilderten Methoden realisiert oder verschiedene Dateien durch Verweise miteinander gekoppelt sind. Ein Beispiel wäre die Verkettung aller Sätze für Teile aus gleichem Material bzw. die Abspeicherung des geometrischen Objekts von Abschnitt 2.4.1. Die Verweise werden innerhalb von Dateien in Form von Adressen, von Datei zu Datei jedoch besser in symbolischer Form als Schlüssel realisiert, um unabhängig von Dateiveränderungen zu bleiben.
Der gleichzeitige Zugriff mehrerer Programme auf eine Datenbank muß bei Veränderungen der Datenbank so synchronisiert werden, daß das verändernde Programm für diese Zeit die alleinige Verfügung über die Datenbank hat. Dies muß insbesondere auch berücksichtigt werden, wenn die Datenbank auf mehrere Rechner verteilt ist.
In vielen Datenbanken wird die hierarchische Organisation verwendet. Deren Nachteile führten zur Entwicklung von relationalen Datenbanken, deren Sätze man sich als Vereinigung von Segmenten verschiedener Stufen einer hierarchischen Organisation in Form von Zeilen einer Tabelle vorstellen kann. Jede dieser Tabellen ist entsprechend indiziert, so daß Anfragen der Art "Suche alle Teile aus Aluminium, die Normteile sind" in formalisierter Weise möglich sind. In diesen Anfragen brauchen offensichtlich keinerlei Kenntnisse der Datenstruktur oder der möglichen Zugriffswege vorhanden sein. Das Hauptproblem relationaler Datenbanken bilden die hohen Zugriffszeiten. Da geometrische Informationen auf viele Dateien verteilt sind und in vielen Bereichen der Entwicklung und Produktion verwendet werden, kommt der Datenbanktechnik hier besondere Bedeutung zu.

2.4. Speicherung geometrischer Information

2.4.1 Metrische und topologische Information

Ein Rechner kann Zahlen speichern und verarbeiten, und deshalb liegt es nahe, die Koordinaten von Punkten als Zahlen im Rechner zu speichern. Die erforderlichen geometrischen Verarbeitungsoperationen können mit Hilfe der analytischen Geometrie und der numerischen Mathematik auf die vier Grundrechnungsarten zurückgeführt werden. Alle Punkte eines geometrischen Objekts in dieser Weise zu speichern, verbietet sich aus Speicherplatzgründen. Im Falle eines einfachen 3-dimensionalen Objekts, einer Pyramide, soll das auch für allgemeine Objekte brauchbare Verfahren erläutert werden (s. Bild 2-5).

Als hervorstechende Punkte bieten sich die Eckpunkte zur Abspeicherung an, was man auch als interne Darstellung eines aus 5 Punkten bestehenden räumlichen Polygons interpretieren könnte. Der externen Darstellung adäquat wäre die Beschreibung der Begrenzungsflächen als Folge von Begrenzungslinien, den Kanten, die wiederum als Folge der entsprechenden Eckpunktskoordinaten angegeben werden könnten:

Grundfläche	0 0 0	12 0 0	12 16 0	0 16 0
1. Seitenfläche	0 0 0	6 8 20	12 0 0	
2. Seitenfläche	12 0 0	6 8 20	12 16 0	
3. Seitenfläche	12 16 0	6 8 20	0 16 0	
4. Seitenfläche	0 0 0	0 16 0	6 8 20	

Diese Darstellung verstößt gegen die Prinzipien der Redundanzfreiheit und Konsistenz. Die Koordinaten der Pyramidenspitze sind viermal gespeichert und eine Änderung müßte in allen vier Seitenflächen nachvollzogen werden. Eine Lösung bringt die Trennung in zwei gekoppelte Dateien oder Tabellen (s. Bild 2-5). Hier muß nur der Satz 5 der Eckpunktskoordinaten geändert werden, alle übrigen bleiben unverändert. Diese Trennung von metrischen und topologischen Informationen zeigt weiterhin ihre Vorteile bei der Anwendung der wichtigsten geometrischen Operationen wie Verschieben oder Drehen: Es ändern sich nur die metrischen Daten, die topologischen bleiben gleich.

Die in Bild 2-5 angegebene Speicherungsform ist in mehrfacher Hinsicht noch ergänzungsbedürftig. Aus der Abspeicherung geht nicht direkt hervor, welche Begrenzungsflächen gemeinsame Kanten haben. Dies könnte jedoch aus den Satzinhalten ermittelt werden. Zwei gleiche Verweispaare bedeuten eine gemeinsame Kante.

Bei der NC-Fertigung, der Methode der Finiten Elemente und den Körperschnittoperationen muß bekannt sein, wo die Materie des Objekts sich befindet. Ohne besondere Konventionen könnten die beiden Tabellen in Bild 2-5 auch einen pyramidenförmigen Hohlraum beschreiben. Man legt nun fest, daß beim Durchlaufen der Kanten einer Begrenzungsfläche die nach der Rechte-Hand-Regel bestimmte Flächenormale ins "Leere" zeigen soll, also sich die Materie auf der anderen Seite der Fläche befindet. Zur vollständigen rechnerinternen Beschreibung müssen all diese Informationen zusätzlich zu den metrischen bei der Erfassung berücksichtigt werden. Die geschlossenen Kantenfolgen, die konkave Teile von geometrischen Objekten begrenzen, müssen dementsprechend mit entgegengesetzem Umlaufsinn eingegeben werden.

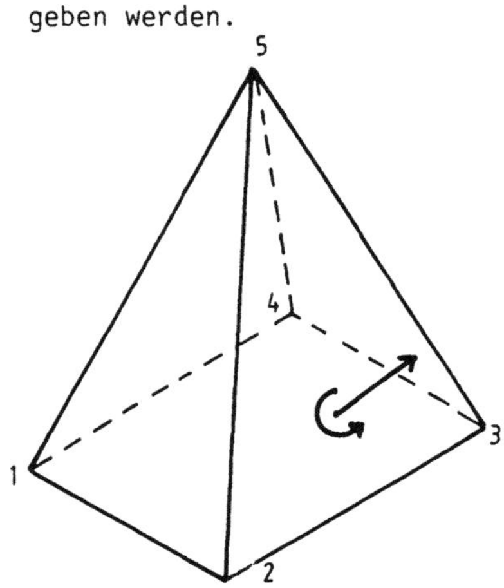

	Sätze der Eckpunkte	Sätze der Begrenzungs flächen
Satz-nummer	Satzinhalt: Koordinanten	Satzinhalt: Satznummern
1	0 0 0	1 4 3 2 1
2	12 0 0	1 2 5 1
3	12 16 0	2 3 5 2
4	0 16 0	3 4 5 3
5	6 8 20	1 5 4 1

Bild 2-5 Geometrisches Objekt und rechnerinterne Darstellung

Wenn Eckpunktskoordinanten oder Seitenflächen gezielt mit Namen angesprochen werden sollen, kann dies durch Aufbau von Indexstufen für die entsprechende Datei erreicht werden.
Das an dem speziellen Objekt mit geradlinigen Kanten entwickelte Speicherverfahren kann auf krummlinige Begrenzungen erweitert werden, indem auf das Berechnungsverfahren für Punkte zwischen den beiden Kantenendpunkten verwiesen wird. Dieses kann dabei analytisch oder numerisch sein.

2.4.2 Strukturinformation

Prinzipiell können auch komplexe geometrische Objekte als Ergebnis von Operationen in der beschriebenen Weise dargestellt werden. Für viele Anwendungen vor allem aus dem fertigungstechnischen Bereich ist jedoch die Betrachtung der Zusammensetzung von Baugruppen aus Einzelteilen unabdingbar, wobei auch der zeitliche Ablauf der entsprechenden Arbeitsgänge genau festliegt. Die formale Analogie zwischen dem fertigungstechnischen und geometrischen Ablauf der Komposition von Einzelteilen zu Baugruppen und dieser zu einem Produkt legt eine ähnliche Dateiorganisationsform nahe. Statt der Angaben über den Fertigungsvorgang erscheinen solche über die zur Komposition erforderlichen geometrischen Transformationen, wie Verschieben, Drehen und Spiegeln. Mit Hilfe von Vergrößerung und Verkleinerung ergibt sich die Möglichkeit zur Variantenkonstruktion. All diese Transformationen können durch Speicherung entsprechender Matrizen in den jeweiligen Segmenten beschrieben werden. Liegt das Gewicht auf einer flexiblen Darstellung des zeitlichen Ablaufs der geometrischen Komposition, dann kann man diese statt mit einer Datenstruktur durch den Ablauf eines hierarchisch aus Unterprogrammen aufgebauten Programms nachbilden. Diese Technik wird vor allem bei der Beschreibung 3-dimensionaler Objekte und der Ausgabe in Bildwiederholungsgeräten verwendet.

2.4.3 Beschreibende Informationen

Vielfach sind Beschreibungen von Funktion, Bearbeitungsart oder Toleranzen sowie eine Vermaßung erforderlich. Diese können getrennt gespeichert, aber mit Verweisen an das entpsrechende Objekt angekoppelt sein. Eine Zeichnung kann so mit oder ohne Vermaßung erzeugt werden, wenn der Verweis berücksichtigt oder übergangen wird.

2.4.4 Normierungen

Der Austausch geometrischer Informationen zwischen verschiedenen Rechensystemen wird durch die Vielfalt der jeweiligen Realisierungsmöglichkeiten erschwert. Unterschiede können auftreten bei der internen Zahlen- und Zeichendarstellung, der Verteilung geometrischer Informationen auf Sätze, der datenorganisationstechnischen Realisierung prinzipiell gleicher Zugriffsmethoden, der rechnerinternen Darstellung von Objekten und der Art und der Menge der Einzelteile.
Demgemäß erfolgt der Austausch mittels standardisierter Dateiformate über Magnetbänder oder Datenfernleitungen, wobei in jedem Rechensystem jeweils ein Programm zum Schreiben und Lesen des Standarddateiformats vorhanden sein muß, das die Umwandlungen vornimmt. Die IGES-Norm (Initial Graphics Exchange Spexification) ist noch in Entwicklung, aber auch schon im praktischen Einsatz. Sie entspricht bis ins Detail der ANSI-Norm Y 14.26 M. Eine IGES-Datei besteht aus 80-stelligen Sätzen unterschiedlicher Satzarten, die im wesentlichen die Typen und Eigenschaften der Einzelteile und die metrischen und topologischen Informationen enthalten. Zahlen er-

erscheinen dabei im externen Format als Zeichenfolge, Verweise als Satznummern der sequentiellen IGES-Datei. Zeichnungselemente und Geometrieelemente machen eine IGES-Datei gleichermaßen für den Austausch von Zeichnungen und 3-dimensionalen Objekten geeignet, wobei als Begrenzungsflächen Dreh-, Regel- und Freiformflächen sowie tabellierte Zylinder möglich sind.
Eine weitere Normierungsbestrebung zum Zeichnungsaustausch, die auf der Annahme eines standardisierten graphischen Ausgabegerätes beruht, wird in Abschnitt 4.1.5 besprochen.

Zusammenfassung

Trotz der immer größeren realen oder durch virtuelle Speichertechnik simulierten Kapazitäten der Hauptspeicher ist in der Praxis eine Abspeicherung der dort auftretenden komplexen geometrischen Objekte und ihrer zugehörigen Informationen auf externen Speichern unumgänglich. Die dafür prinzipiell einsetzbaren Datenorganisationsformen und Datenbanktechniken wurden erläutert. Die analoge Übertragung der aus der kommerziellen Datenverarbeitung stammenden Techniken wirft jedoch einige Probleme auf, vor allem hinsichtlich eines wesentlich weiteren Konsistenzbegriffs (s. /5/). Die Antwortzeiten im realen Betrieb werden insbesondere bei hoher Auslastung wesentlich durch die mechanischen Anteile der Zugriffszeit bestimmt. Erst eine Verringerung oder Ausschaltung der mechanischen Bewegung in der Zugriffstechnik wird erheblich bessere Antwortzeiten mit sich bringen.

2.5. Übungen zu Kapitel 2

1. Eine Magnetplatte rotiert mit 3600 Umdrehungen pro Minuten, die Zugriffsarmeinstellzeit beträgt 10 msec pro Zylinder. Wie lange dauert durchschnittlich das Lesen eines Satzes von 100 Punkten einer Datei von 10 Zylinder Umfang, wenn die Platte an einen Kanal mit einer Übertragungsrate von 1 Million Zeichen pro Sekunde angeschlossen ist?
   Erlaubt die Auslastung des Kanals den Anschluß einer weiteren Magnetplatte, wenn man annimmt, daß der Kanal während der Zugriffsarmpositionierung freigegeben wird?

2. Für das Verbinden zweier Punkte mit einer Geraden benötigt ein Bildschirm etwa 2 msec. Wie lange dauert das Zeichnen eines aus 2000 Verbindungen bestehenden Bildes bei Anschluß des Schirms an einen Kanal bzw. an eine Datenfernleitung?

3. Ein Programm bestehe aus einem Hauptprogramm und mehreren Unterprogrammen. Wie kann bei einer Unterbrechung festgestellt werden, welches Unterprogramm gerade abgearbeitet wurde?

4. Man kann die Programmlaufzeit bei sequentieller Dateiorganisation verringern, indem man mehrere Sätze im Hauptspeicher zu einem Block zusammenfaßt, der dann auf den externen Speicher ausgegeben wird. Wie verringert sich die Laufzeit bei 10 Sätzen pro Block, wenn der mechanische Zugriffszeitanteil 10mal größer als die Ausgabezeit pro Satz ist?

5.a) Warum ist die gekettete Organisation beim Lesen im Durchschnitt langsamer als die sequentielle?
  b) Wieviele Zugriffe erfordert das Einfügen bzw. Löschen der Sätze in Bild 2-2?

6.a) Es soll die Datei von Bild 2-3 um die Felder Material und Normteil erweitert und die entsprechenden Sekundärindextabellen aufgebaut werden. Das Verfahren zur Ermittlung aller Normteile aus einem bestimmtem Material ist zu programmieren.
  b) Es soll analog zu a) mit Kettung verfahren werden.

7. Die Teilnummern eines Fertigungsbetriebes sind nach folgender Gesetzmäßigkeit gebildet: 1 8 15 22 29 usw.
Man ermittle eine optimale Hash-Funktion. Entstehen dabei Doppelbelegungen von Satzadressen;

8. a) Man überlege sich eine Formel für den Speicherplatzbedarf der rechnerinternen Darstellung geometrischer Objekte und prüfe sie anhand von Bild 2-5 nach.

   b) Durch welche datenorganisationstechnischen Methoden kann entsprechend Bild 2-5 die Frage nach den in einem Punkt zusammentreffenden Kanten beantwortet werden?

   c) Das Abschneiden des Fußes der Pyramide von Bild 2-5 soll in den jeweiligen Dateien wiedergegeben werden.

9. Das Produkt A bestehe aus dem Einzelteil C und der Baugruppe B, welche aus den Einzelteilen D und C zusammengesetzt ist. Für A und B sind zwei Arbeitsgänge, für C und D jeweils nur einer erforderlich. Die Arbeitsgänge zum Einbau von C sind gleich, die anderen sind alle unterschiedlich, sie können jedoch alle auf zwei Maschinen ausgeführt werden.
Man überlege sich eine Datenorganisation, so daß alle Teile nur ein einziges Mal gespeichert sind und die Struktur des Produkts A ausgedruckt werden kann. Ferner soll das zweimalige Vorkommen von Teil C erkannt werden können.
Weiterhin soll für jede Komponente der Struktur der erforderliche Ablauf der Arbeitsgänge ermittelt und eine Aussage über die Auslastung der beiden Maschinen gemacht werden können.

3 Verarbeitung geometrischer Informationen

3.1 Grundbegriffe der numerischen Mathematik

Normalerweise werden in der Mathematik bestimmte Ansätze so umgeformt, daß dann durch Einsetzen von Zahlenwerten die gesuchten Größen sich ebenfalls als Zahlenwerte für die weitere Ingenieurarbeit ergeben. Die numerische Mathematik führt Zahlenwerte bereits in die Ansätze ein und errechnet mit geeigneten Verfahren, die oft nicht mit den analytischen Umformungen übereinstimmen, die Ergebnisse für diesen speziellen Zahlenwertsatz in numerischer Form.
In vielen Fällen sind analytische Umformungen ohnehin nicht möglich oder zu uneffizient und ungenau für numerische Rechnung.

3.1.1 Zahlendarstellung

Werden diese numerischen Berechnungsverfahren von einem menschlichen Rechner durchgeführt, so hat dies außer den Nachteilen der Fehleranfälligkeit und geringen Geschwindigkeit doch den großen Vorteil, daß der Mensch den Aufwand in Form der benutzten Dezimalstellenzahl der erforderlichen Genauigkeit flexibel anpassen kann.
Ein elektronischer Rechner benutzt intern Zahlen fester Stellenzahl, i. a. keine Dezimaldarstellung, und speichert nur die wesentlichen (signifikanten) Stellen, führende Nullen nach dem Komma werden z. B. nicht mitgeführt. Um trotzdem damit große Wertebereiche darstellen zu können, wird die Exponentialdarstellung der Form 0, ... mal b hoch ... gewählt. Der erste Teil wird als Mantisse bezeichnet, die Basis b des Exponenten ist in der Regel eine Potenz von 2, etwa 2, 8 oder 16, selten 10. Diese Zahlen werden rechnerintern gemäß den üblichen Regeln verarbeitet, wobei aufgrund der festen Stellenzahl der Mantisse ungewohnte Effekte zustande kommen können: 123450+ 0,12345 = 123 450 (bei 5-stelliger Mantisse und Basis 10), denn bei der Exponentialdarstellung müssen bei der Addition beide Exponenten denselben Wert, etwa den größeren mit 6 haben. Dafür muß die 2. Mantisse mit 6-0 führenden Nullen versehen werden, was bei der Addition der Mantissen zu keinem Beitrag beim Ergebnis führt.
Bei der Subtraktion nahezu gleich großer Zahlen ergeben sich viele führende Nullen in der Mantisse, wobei jedoch in der normalisierten Darstellung nur die Mantissenstellen ab der ersten von Null verschiedenen Stelle gespeichert werden, dafür wird der Exponent entsprechend verändert.

Da diese Auslöschung von Mantissenstellen eine Verringerung der signifikanten Stellenzahl bedeutet, ist sie insbesondere durch das Auftreten von Rundungsfehlern bei numerischen Berechnungen besonders gefährlich.
Die meisten Rechner verfügen deshalb über Zahlendarstellungen mit unterschiedlichen Mantissenlängen, in der Regel die doppelte oder vierfache der normalen. Größere Mantissenlängen führen zu erhöhtem Bedarf an Hauptspeicher und Rechenzeit, so daß man als Kompromiß eine teilweise Rechnung mit höherer Genauigkeit durchführt, etwa bei Ermittlung des Skalarproduktes von Vektoren. Falls entsprechende Darstellungen und Maschinenbefehle nicht hardwaremäßig vorhanden sind, können sie mit Unterprogrammen simuliert werden, was natürlich wesentlich höhere Rechenzeiten ergibt.
Um bei Problemen mit schlechter Kondition schnell und mühelos auf größere Mantissenlängen übergehen zu können, sollten alle numerischen Verfahren auch in Versionen mit höherer Genauigkeit vorliegen. Trotzdem bleibt die Umstellung eines Quellenprogramms für eine Anwendung auf höhere Genauigkeit eine mühevolle und fehleranfällige Tätigkeit: Es müssen nicht nur die Variablendeklarationen, sondern i. a. auch die Funktionsaufrufe wie SIN, EXP usw. geändert werden, so daß eine automatische Genauigkeitserhöhung durch den Übersetzer eine angemessene Lösung darstellt. Dabei muß jedoch die Hauptspeicherbelegung bei globalen und sich überlagernden Variablen mitberücksichtigt werden (s. /16/).
Die Genauigkeitserhöhung ist stets auch bei Übernahme der Anwendung auf einen Rechner mit geringerer Standardmantissenlänge vorzunehmen, andernfalls sind die Abbruchkriterien von iterativen Verfahren entsprechend lockerer zu formulieren, um Endlosschleifen des Rechners zu vermeiden.

3.1.2 Rundungsfehler

Bei Gleitpunktrechnung fallen die Zwischenergebnisse mit doppelter Länge an, bevor sie auf die übliche Länge gerundet und normalisiert werden. Falls die Basis für den Exponenten nicht 10 ist, können die üblicherweise als Dezimalzahlen angegebenen Eingabewerte ebenfalls nicht immer genau intern dargestellt werden, etwa 0,1 kann zur Basis 16 bei sechs verfügbaren Mantissenstellen nur bis auf $1/2 \cdot 16^{-6}$ genau sein. Die Rundungsverfahren reichen bei Rechnern von dem üblichen Auf- bzw. Abrunden entsprechend dem Wert der ersten, über die normale Genauigkeit hinausgehenden Mantissenstelle bis zum einfachen Abschneiden dieser Stelle. Diese Rundungsfehler pflanzen sich auf die weiteren Ergebnisse fort, wobei in ungünstigen, jedoch unwahrscheinlichen Fällen sich ihre Wirkung bis in die vorderen Mantissenstellen erstreckt. Man bezeichnet dann das numerische Verfahren als instabil. Um solche Verfahren zu erkennen, sollte für jedes konkrete Verfahren eine entsprechende Fehlerabschätzung gemacht werden.

3.1.3 Kondition

Ein Problem ist allgemein durch einen Satz von Parametern oder Variablen gegeben, die im konkreten Fall bestimmte Zahlenwerte annehmen. Als Beispiel ist im Problem der Schnittpunktbestimmung zweier Geraden ein solcher Satz von Parametern durch deren Steigungen und Abschnitte auf der x-Achse gegeben.
Man spricht in der numerischen Mathematik von schlechter Kondition eines Problems, wenn geringe Änderungen in den Parameterwerten große Änderungen in den Lösungen bewirken und definiert als Konditionszahl eben dieses Verhältnis der Änderungen.
Falls im Beispiel die Steigungen fast gleich sind, ergibt eine geringe Änderung einer der beiden eine große Verschiebung des Schnittpunkts, das Problem istim Fall fast paralleler Geraden also schlecht konditioniert. Dies ist an den jeweiligen speziellen Problemfall gebunden und durch kein anderes numerisches Verfahren zur Schnittpunktbestimmung zu beseitigen. Durch die beiden Geradengleichungen wird ein lineares Gleichungssystem gebildet, die schlechte Kondition zeigt sich in der fast verschwindenden Determinante.
Da für ein allgemeines Verfahren fast immer spezielle Parametersätze mit schlechter Kondition konstruiert werden können, wäre eine vorausgehende Abschätzung der Kondition und eine entsprechende Einstellung der Genauigkeit für die nachfolgende Rechnung - wie Wilkinson es anregt - sicher das angemessene Vorgehen. In der Praxis wird der Fall schlechter Kondition von den numerischen Verfahren in der Regel erkannt und gemeldet, so daß der Benutzer einen Versuch mit höherer Genauigkeit starten kann.
Dies ist in CAD-Systemen mit ihren automatisch ablaufenden Programmketten und den teils empirisch gewonnenen Eingabewerten nur mit großem Aufwand möglich, so daß man in der Regel von vorneherein mit doppelter Genauigkeit rechnet.

3.1.4 Konvergenz

Man kann in der numerischen Mathematik die zwei Klassen der direkten

(nichtiterativen) und der iterativen Verfahren unterscheiden. Bei den letzteren wird nach einer sich aus der Problemstellung ergebenden gleichbleibenden Rechenvorschrift beginnend mit einem Startwert aus zurückliegenden Werten ein neuer Wert einer Folge ermittelt. Wenn man glaubt, daß ein neuer Wert sich genügend wenig von der Lösung unterscheidet, wird das Verfahren abgebrochen, wobei meist eine nur mehr geringe Änderung des neuberechneten Wertes von dem vorhergehenden als Abbruchkriterium benützt wird.
Selbst wenn ein Mathematiker aufgrund seiner Kreativität eine geeignete Rechenvorschrift gefunden hat, bleibt als die wichtigste Frage zu klären, ob der letzte neuberechnete Wert wirklich so nahe wie möglich an der Lösung liegt, also ob das Verfahren konvergiert. Von Interesse ist auch durchaus die Konvergenzgeschwindigkeit, mit der das Verfahren konvergiert. Diese kann ausgedrückt werden durch die Änderung des neuen Fehlers gegenüber dem alten, also etwa durch das Verhältnis der beiden. Ist dieses Verhältnis der n-ten Potenz des alten Fehlers proportional, so heißt das Verfahren von der Ordnung $n + 1$.
Je höher die Ordnung, desto schneller konvergiert das Verfahren, desto weniger Iterationsschritte sind also erforderlich.
Jede geeignete iterative Rechenvorschrift kann in der Form $xn = F(xa)$ dargestellt werden und kann im einfachsten Fall für $F(x) = b \cdot x + c$ als Suche des Schnittpunktes mit der zweiten Geraden $y = x$ geometrisch interpretiert werden (s. Bild 3-1). Dabei entspricht dem Vorgehen in vertikaler Richtung von der Geraden $y = x$ das Einsetzen eines Wertes in $F(x)$, das Vorgehen in horizontaler Richtung von der Geraden $y = b \cdot x + c$ aus bedeutet die Übernahme von xn als xa. Man erkennt, daß Konvergenz stattfindet, falls der absolute Betrag von b kleiner als 1 ist (Bild 3-1 a und 3-1 c), nicht jedoch, falls dieser größer als 1 ist (Bild 3-1 b). Ferner kann die Konvergenz durchaus auch alternierend erfolgen (Bild 3-1 c). Die Ordnung ist als 1 zu erkennen, da das Verhältnis aufeinanderfolgender horizontaler Strecken etwa gleich bleibt.
In Bild 3-1 d kann man die Bedeutung der richtigen Wahl des Startwertes xo für ein Iterationsverfahren erkennen: Ist die Ableitung von $F(x)$ an der Stelle xo dem Betrag nach kleiner als 1 erfolgt Konvergenz, sonst nicht.
Die Verallgemeinerung dieser Betrachtungen ist auf mehrere Veränderliche und Lösungsvektoren für Gleichungssysteme in CAD-Systemen möglich, die sich bei Verschneidungen von geometrischen Objekten ergeben. Als Konver-

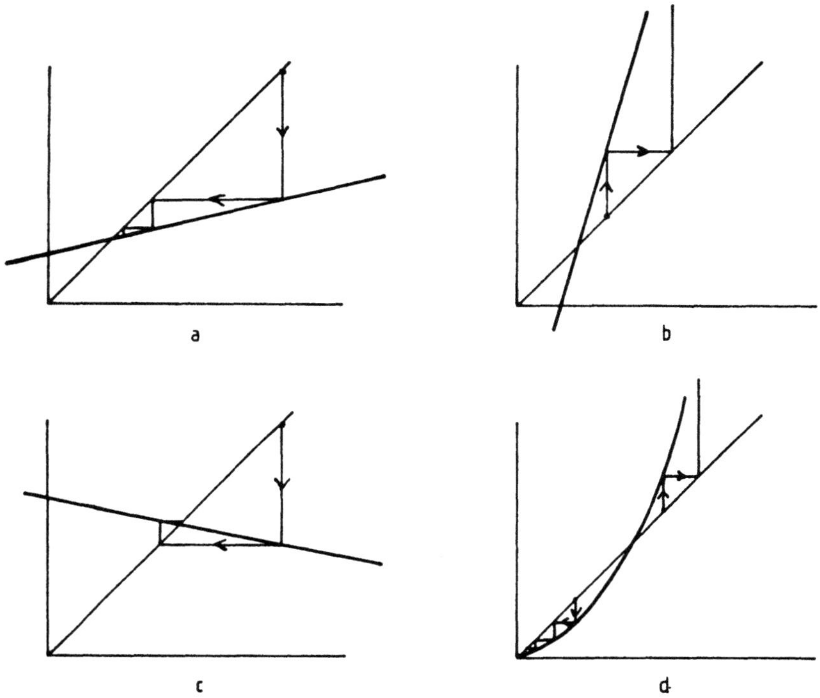

Bild 3-1 Konvergenz und Startwerte bei Iterationsverfahren (nach /7/)

genzbedingung steht statt des absoluten Betrages der Ableitung eine bestimmte Norm der Funktionaldeterminante (s. /8/).
Außer zur Gewinnung von Lösungen werden iterative Verfahren auch zur Verbesserung von Lösungen direkter Verfahren als sogenannte Nachiteration verwendet.

3.1.5 Numerische Verfahren

Hier sollen Basisverfahren zur Lösung der geometrischen Probleme von CAD-Systemen angegeben werden, wobei Interpolation und Approximation im Gesamtzusammenhang der Abschnitte 3.3 und 3.4 behandelt werden. Ein zuverlässiges Verfahren zur Lösung von allgemeinen Gleichungssystemen wird allen zu lösenden Problemen gerecht, da die Bestimmung von Eigenwerten bei der Untersuchung des dynamischen Verhaltens von geometrischen Gebilden mit der Nullstellenermittlung des charakteristischen Polynoms gleichbedeutend ist.
Die Vielfältigkeit und Sensibilität numerischer Probleme, vor allem wenn

auch Effizienzbetrachtungen mitberücksichtigt werden, läßt ein solches Vorgehen allenfalls aus didaktischen Gründen ratsam erscheinen, in der Praxis wäre es verfehlt. Andererseits gibt es eine Vielzahl von wirkungsvollen, auf spezielle Einzelfälle zugeschnittenen Verfahren, über die zum Teil aber auch noch nicht ausreichende praktische Erfahrung vorliegt. Demgemäß wird ein Mittelweg durch Verweis auf wenige, in der Praxis bewährte Algorithmen mit angegebener Fehlerabschätzung und beschriebenem Konvergenzverhalten beschritten.

Eine sehr detaillierte Beschreibung des Gauß'schen Algorithmus mit genauer Begründung, Fehler- und Aufwandsabschätzung, Flußdiagramm und Verweis auf entsprechende ALGOL-Programme findet man in /9/.
Wenn aufgrund der hohen Anzahl der Gleichungssysteme, wie sie bei der Methode der Finiten Elemente auftreten, die Matrizen nicht mehr im Hauptspeicher des Rechners Platz haben, müssen sie auf externen Speichern abgelegt werden. Das Gauß'sche Verfahren erfordert aber direkten Zugriff auf die Matrixelemente, so daß damit unakzeptable Zugriffszahlen zustande kämen. Beim iterativen Gauß-Seidel-Verfahren braucht man dagegen pro Iterationsschritt nur jeweils eine einzige Zeile der Matrix als Block einzulesen. Falls die Konvergenzbedingung dieses Verfahrens, nämlich das Überwiegen der Matrixdiagonalelemente über die restlichen der jeweiligen Zeile, nicht erfüllt ist, kann man eine Kombination des Cholesky- mit dem Blockiterationsverfahren empfehlen (s. /8/).
Ein Nachteil der Iterationsverfahren besteht darin, daß der Aufwand sich bei verschiedenen rechten Seiten - den Lastfällen eines Finite-Elemente Problems - und konstanter Matrix im gesamten nicht wie bei der Gauß-Elimination vermindert.

Bei dynamischen stationärem Verhalten spielt die Kenntnis der möglichen Resonanzfälle, also der Eigenfrequenzen, eines technischen Objekts eine wichtige Rolle. Die Verfahren zur Bestimmung der Eigenwerte und Eigenvektoren, die die Schwingungsformen wiedergeben, sind erheblich aufwendiger als diejenigen zur Auflösung linearer Gleichungssysteme bei gleicher Matrixgröße. Glücklicherweise sind in der Praxis der Finite-Elemente-Methode in der Dynamik wesentlich kleinere Matrizen als in der Statik ausreichend. Eine detaillierte Beschreibung des QR-Algorithmums zur Eigenwertbestimmung mit Stabilitätsüberlegungen, Aufwandsabschätzung, ausführlich kommentiertem Flußdiagramm sowie Verweis auf ein entsprechendes ALGOL-Programm findet man in /9/.

Bei Berechnung der Schnittpunkte von Kurven und Flächen ergeben sich nichtlineare Gleichungen oder Gleichungssysteme, wenn es sich nicht ausschließlich um Geraden und Ebenen handelt.
Es werden hier Iterationsverfahren verwendet, die stets auch die Ableitungen der entsprechenden Funktionen verwenden. Da in CAD-Systemen alle Kurven und Flächen zumindest stückweise analytisch vorliegen, ist hier eine analytische der ohnehin instabilen numerischen Differentiation vorzuziehen. Bei den Gradientenmethoden wird die übliche Auflösung eines linearisierten Gleichungssystems ersetzt durch die Suche des Minimums der quadrierten und addierten linken Seiten des Systems. Das Minimum wird gefunden durch Fortschreiten in Richtung des stärksten Abstiegs senkrecht zu den Höhenlinien, wobei jeweils geeignete Umskalierungen vorgenommen werden. Das Verfahren ist von quadratischer Konvergenz, falls vom Benutzer ein geeigneter Startwert vorgegeben worden ist. Dies kann bei interaktiver Arbeit am Bildschirm aufgrund entsprechender graphischer Ausgabe vorgenommen werden (s. /10/).
Da eine analytische Integration nur in einfachen Fällen möglich ist, spielt die numerische Integration bei der Ermittlung von Kurvenlängen, Oberflächengrößen, Schwerpunkten, Trägheitsmomenten und Rauminhalten von Körpern eine wichtige Rolle.
Ein sowohl für Einfach- und Mehrfachintegration angewendetes Verfahren ist die Berechnung eines bestimmten Integrals als Linearkombination von Funktionswerten der zu integrierenden Funktion an bestimmten Stellen mit geeigneten Koeffizienten. Eine kritische Diskussion verschiedener Verfahren findet sich in /9/.

Zusammenfassung:

Aufgrund der oft nur ungenau erfaßten Daten, der durchaus auftretenden schlecht konditionierten Probleme, der Konvergenzschwierigkeiten wegen unzureichender Startwerte sowie der nicht selten fehlenden intelligenten Eingriffsmöglichkeit in die automatischen Verarbeitungsabläufe stellt dieser Teil eines CAD-Systems einen besonders heiklen Problembereich dar.
Eine ähnliche Ablaufverfolgung mit Abspeicherung entsprechender Informationen wie bei Datenbankaktionen könnte wiederherstellende Eingriffe bei numerischem Versagen möglich machen.

3.2 Grundbegriffe der Differentialgeometrie

Die Differentialgeometrie ist eine Kombination von Vektor- und Differentialrechnung und versucht geometrische Probleme mit Hilfe von Differentialoperationen zu beschreiben und zu lösen.

3.2.1 Darstellung von Kurven und Flächen

Eine Kurve in der 2-dimensionalen Ebene bzw. eine Fläche im 3-dimensionalen Raum können in der expliziten Form $y = f(x)$ bzw. $z = f(x, y)$ vorliegen. Sie sind dann eindeutig, zu jedem Argumentwertesatz der Funktion f gibt es nur einen einzigen Funktionswert. Die explizite Form ist leicht in alle anderen umwandelbar.
Die implizite Form für Kurven bzw. Flächen ist durch $g(x, y) = 0$ bzw. $f(x, y, z) = 0$ gegeben und ist nicht immer in die explizite überführbar. Beide Formen eignen sich aufgrund ihrer Gleichungsform zur Ermittlung von Schnittpunkten oder -kurven mit den genannten Verfahren.
Raumkurven können als System von zwei Gleichungen in expliziter oder impliziter Form beschrieben werden.
Die allgemeinste und für analytische Untersuchungen geeignete Form ist die Parameterdarstellung von Kurven bzw. Flächen. Die Komponenten des Ortsvektors $R = (x, y, z)$ sind dabei Funktionen von einem bzw. zwei unabhängigen Parametern. Hält man bei Flächen einen Parameter konstant, und variiert den anderen, so ergibt sich auf der Fläche eine Parameterlinie, insgesamt ein Netz solcher Linien. Die Vorteile der Parameterdarstellung liegen in einer handlichen Darstellung von mehrdeutigen Kurven oder Flächen mit vertikalen Tangenten, ihrer einfachen Transformationsmöglichkeit und ihrer unkomplizierten Erzeugung von Ausgabekurven durch fortlaufende Erhöhung eines Parameters. Ferner sind technisch wichtige Parallelkurven und -flächen leicht zu ermitteln.
Es gibt zu einer Kurve oder Fläche unendlich viele verschiedene Paradarstellungen: Es sei etwa der Kurvenparameter $t = t(s)$ eine Funktion von s. Dann stellt $R = (x(t(s)), y(t(s)), z(t(s)))$ eine andere zulässige Parameterdarstellung der Kurve $R(t)$ dar, wenn die Funktion $t(s)$ umkehrbar eindeutig ist.
Für Kurven gibt es einen ausgezeichneten natürlichen Parameter, die Bogenlänge s. Die Länge des Tangentenvektors dR/ds der Kurve ist stets gleich eins.

3.2.2 Geometrische Bedeutung von Differentialoperationen

Für das weitere wird eine Parameterdarstellung für Kurven oder Flächen vorausgesetzt, die den anderen Darstellungsformen entsprechenden Formeln findet man in Handbüchern.
Analog der bekannten Korrespondenz zwischen Steigung und Ableitung wird der Tangentenvektor T an eine Kurve durch Differentiation des Ortsvektors R nach dem natürlichen Parameter dargestellt (komponentenweise differenziert). Der Vektor T spannt i. a. mit seiner ersten Ableitung die Schmiegebene auf. Der in ihr liegende Normalvektor zu T wird - auf die Länge 1 normiert - als Hauptnormale H der Kurve bezeichnet. Sie zeigt in Richtung des Vektors dT/ds (s. Bild 3-2). In der Schmiegebene gibt es einen Kreis, dessen Mittelpunkt auf der Geraden in Richtung H liegt und der sich der Kurve optimal anpaßt.
Der Kehrwert seines Radius wird als Krümmung der Kurve bezeichnet und ist ein Maß für die Abweichung der Kurve von der Geraden in Richtung T. Geraden haben stets eine Krümmung von Null.
Ebene Kurven liegen in ihrer Schmiegebene. Als Maß für die Abweichung davon kann die Änderung der Normalen dieser Ebene, des Vektorproduktes T und dT/ds, betrachtet werden. Für ebene Kurven ist diese sogenannte Windung, die durch die Krümmung und die Determinante der drei Zeilenvektoren T, dT/ds und d^2T/ds^2 bestimmt ist, stets Null. Schraubenlinien sind ein Beispiel für Kurven konstanter Windung.

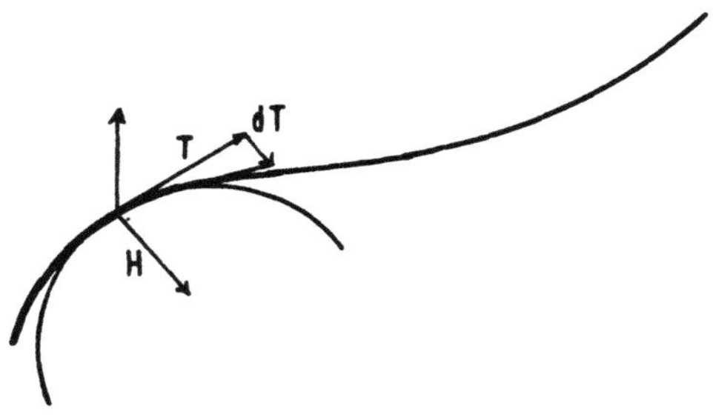

Bild 3-2 Tangenten, Hauptnormale und Schmiegekreis

Für Flächen gelten analoge Betrachtungen unter Berücksichtigung der jeweils zwei möglichen partiellen Ableitungen des Ortsvektors R nach den

beiden Parametern u und v (s. Bild 3-3). Die Tangentialebene wird durch diese Ableitungen von R aufgespannt, ihre Normale N durch das Vektorprodukt der beiden gebildet.
Es gibt zwei ausgezeichnete Schmiegekreise, deren Radienkehrwerte die maximalen und minimalen Krümmungen beliebiger, auf der Fläche liegender Kurven darstellen. Die Richtungen dieser Hauptkrümmungen stehen senkrecht aufeinander. Sie ergeben sich ebenso wie die Hauptkrümmungen als Lösungen quadratischer Gleichungen, in denen im wesentlichen die Ableitungen des Ortsvektors R auftreten.
Die Gauß'sche Krümmung als Produkt der beiden Hauptkrümmungen - also das Quadrat des geometrischen Mittels - hat für Flächen eine ähnliche Bedeutung wie die Krümmung für Kurven. Geschlossene konvexe Flächen sind durch eine nichtnegative Gauß'sche Krümmung charakterisiert. Die Krümmung einer beliebigen, auf der Fläche liegenden Kurve läßt sich in zwei Schritten aus den Hauptkrümmungen berechnen: Zunächst wird die Krümmung einer Schnittkurve der Fläche mit der durch den Tangentenvektor T der Flächenkurve und den Normalenvektor N der Fläche aufgespannten Ebene nach Euler aus den beiden Hauptkrümmungen bestimmt:

$$kn = (\cos w)^2 \cdot kmin + (\sin w)^2 \cdot kmax$$

Der Winkel zwischen der Richtung der minimalen Krümmung und T ist dabei mit w bezeichnet.
Als zweiter Schritt wird die Krümmung der Schnittkurve der Fläche mit der Schmiegebene der Flächenkurve nach Meusnier aus kn bestimmt:

$$1/k = 1/kn \cdot \cos a$$

Dabei ist a der Winkel zwischen Flächennormale N und der Normalen der Flächenkurve (s. Bild 3-3).
Die so berechnete Krümmung k ist identisch mit der Krümmung der ursprünglich betrachteten Flächenkurve (s. Bild 3-3).
Die Metrik einer Fläche, also die Berechnung von Längen, Winkeln und Flächeninhalten, ist durch die Skalarprodukte der ersten Ableitungen des Ortsvektors R bestimmt.
Wenn bei Kurven oder Flächen durch einen Parameterwertesatz t oder (u, v) der entsprechende Punkt umkehrbar eindeutig bestimmt ist, können die Parameterwerte als sogenannte krummlinige Koordinaten analog zu den üblichen kartesischen Koordinaten verwendet werden.

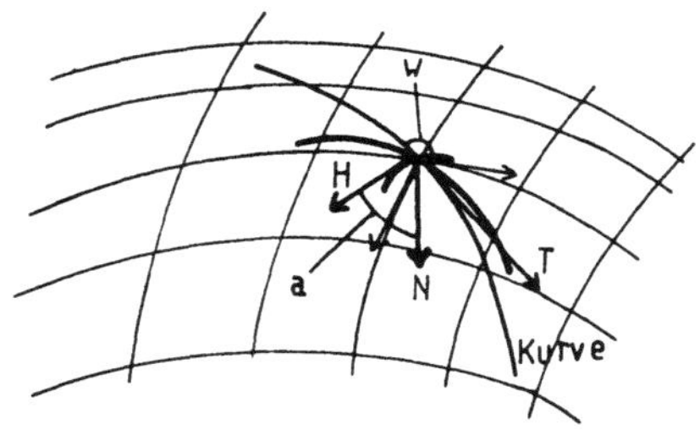

Bild 3-3 Krümmung einer Flächenkurve und Hauptkrümmungen der Fläche

3.2.3 Abbildungen und Invarianten

Für umkehrbar eindeutige Beziehungen entsprechender Punkte zweier Kurven oder Flächen kann man sich folgende Fragen stellen:

- Welche Größen bleiben bei dieser Art der Abbildung unverändert?
- Wie stellt sich eine Abbildung mit bestimmten Invarianten analytisch dar?
- Welche Invarianten müssen vorgegeben werden, damit die Kurve oder Fläche bis auf eine bestimmte Art der Abbildung eindeutig bestimmt ist (vollständiges Invariantensystem)?

Hierbei ist bei Parameterdarstellung stets eine zulässige Parametertransformation mit zu berücksichtigen.
Die wichtigste Abbildungsklasse umfaßt die geometrischen Bewegungen: Für Kurven bilden hier Krümmung und Windung ein vollständiges Invariantensystem, für Flächen stellen die 6 Fundamentalgrößen 1. und 2. Art (das sind bestimmte Skalarprodukte der 1. und 2. Ableitungen) unter gewissen Integrabilitätsbedingungen ein solches System dar.
Von technischem Interesse ist die Abwickelbarkeit einer Fläche, also ihre stetige Verbiegbarkeit in die Ebene ohne Verzerrungen. Sie ist nur gegeben, wenn eine längentreue (isometrische) Abbildung in eine Ebene möglich ist, was Winkeltreue und Flächentreue nach sich zieht. Im allgemeinen bedeutet eine identisch verschwindende Gauß'sche Krümmung, daß die Fläche abwickelbar ist. Als Beispiel sei ein gerader Kreiszylinder angegeben.
Winkel- und flächentreue Abbildungen spielen in der Kartographie eine Rolle (s. /11/).

3.2.4 Scharen und Hüllgebilde

Hängt eine Menge von Kurven oder Flächen, die in impliziter Form gegeben sind, in bestimmter Weise von einem Parameter w ab, so wird die Schnittpunktsmenge benachbarter Kurven oder Flächen durch ein Gleichungssystem

$$g\,(x,\ y,\ w) = 0 = g\,(x,\ y,\ w + h) \text{ bzw.}$$

$$f\,(x,\ y,\ z,\ w) = 0 = f\,(x,\ y,\ z,\ w + h)$$

gegeben. Subtrahiert man die erste Gleichung von der zweiten, dividiert durch h und macht dann den Grenzübergang für h nach 0, erhält man das Gleichungssystem für die Hüllkurve oder die Hüllfläche:

$$g\,(x,\ y,\ w) = 0 = \partial g/\partial w\,(x,\ y,\ w) \text{ bzw.}$$

$$f\,(x,\ y,\ z,\ w) = 0 = \partial f/\partial w\,(x,\ y,\ z,\ w)$$

Das Hüllgebilde ist dadurch gekennzeichnet, daß es alle Elemente der Schar mindestens einmal berührt. Für festes w ergibt sich aus den Gleichungen das jeweilige Berührgebilde, also einzelne Punkte bzw. Kurven. Falls eine Elimination von w aus den beiden Gleichungen analytisch nicht möglich ist, bleibt nur ein numerisches Verfahren.
Hüllkurven und insbesondere Hüllflächen sind von großer technischer Bedeutung, wenn sie durch Bewegung von erzeugenden Kurven oder Flächen längs einer Leitkurve entstehen. Viele Einbau- und Kollisionsuntersuchungen erfordern somit die Bestimmung der Hüllfläche. Falls keine implizite Darstellung vorliegt, ergibt sich aus der obigen Herleitung, daß sich Kurven auf der Hüllfläche als Umrißlinien der erzeugenden Flächen mit den Tangenten der Leitkurve als Projektionsrichtung ermitteln lassen.

3.3 Analytische Beschreibung von Kurven und Flächen

3.3.1 Bedeutung und Probleme

Analytische Kurven oder Flächen können in ihrem gesamten Definitionsbereich in expliziter, impliziter oder Parameterdarstellung geschlossen durch eine Formel beschrieben werden. Nichtanalytische, numerische Kurven oder Flächen werden durch Vorgabe von Größen nur an endlich vielen Punkten spezifiziert. Die Größen können Funktionswerte oder Werte von Ableitungen sein. Die Werte an den anderen Punkten werden nach bestimmten Interpolations- oder Approximationsverfahren errechnet.
Ohne Zweifel überwiegen in technischen Objekten die analytischen Kurven und Flächen in der Zahl ihrer Anwendungsfälle bei weitem, wobei man jedoch

berücksichtigen muß, daß die mathematischen und dv-technischen Grundlagen sowie die fertigungstechnischen Möglichkeiten für numerische Kurven und Flächen erst in den letzten 20 Jahren entwickelt wurden.
Die analytische Darstellung kommt oft mit einem Minimum an Speicherplatz aus und benötigt, wenn auch noch analytische statt numerischer Verfahren zur Ausführung geometrischer Operationen eingesetzt werden, auch weniger Rechenaufwand. Entscheidend sind hier nicht die dabei entstehenden geringeren Kosten - entsprechend dem Preisverfall der Hardware - sondern die geringere Antwortzeit bei interaktiven Systemen. Der Nachteil der analytischen Kurven und Flächen liegt in der begrenzten Zahl ihrer Anwendungsklassen, konkret steht nur ein begrenzter Vorrat von bestimmten, für geometrische Verarbeitungen brauchbaren Kurven oder Flächen zur Verfügung, zumal wenn analytische Verarbeitung angestrebt wird.
Die allgemeinste analytische Flächenbeschreibung zur geometrischen Behandlung ist die durch Bewegung eines stetig veränderlichen Kegelschnitts längs einer beliebigen Raumkurve erzeugte "verallgemeinerte Röhrenfläche" (s. /12/).

3.3.2 Technisch wichtige Flächen

Das Prinzip der Flächengenerierung durch kinematische Bewegung einer stetig veränderlichen Raumkurve (Erzeugende) entsprechend einer vorgegebenen Raumkurve (Leitlinie) kann zur Klassifizierung der wichtigsten in der Technik verwendeten Flächen dienen.
Die gebräuchlichsten analytischen Kurven für die Leitlinie sind Kreis und Schraubenlinie. Für die Erzeugenden werden Gerade, Kreise und beliebige ebene Kurven verwendet.
Technisch bedeutsam sind außer den analytischen Leitlinien und Erzeugenden in den letzten Jahren immer mehr numerische, d. h. nur durch Punkte gegebene Leitlinien und Erzeugende. Sie sind nicht geschlossen in Parameterdarstellung wie die analytisch erzeugten Flächen darstellbar, sondern nur stückweise in dieser Form gegeben. Der Aufwand ihrer Manipulation ist erheblich, sie bieten jedoch eine mit analytischen Methoden nicht erreichbare Vielfalt und Flexibilität.

Erzeugende / Leitlinie	beliebig	ebene Kurve $z = f(x)$	Kreis	Gerade; Regelflächen
beliebig				$R(u, v) = A(u) + v \cdot B(u)$ A : Leitkurve B : Erzeugende Abwickelbar genau dann, wenn Determinante $\partial A/\partial u, \partial B/\partial u, B$ stets gleich Null
Schraubenlinie; Schraubenflächen		$R(u, v) =$ $(u \cdot \cos(v), u \cdot \sin(v), f(u) + p \cdot v)$ u: Radius d. Bahnschraublinien v: Winkel der Meridiankurven p: Steigung d. Schraubenlinien	Kreisschraubfläche	Wendelfläche $R(u, v) =$ $(u \cdot \cos(v), u \cdot \sin(v), k \cdot u + p \cdot v)$ k: Steigung der Erzeugenden
Kreis: Drehflächen		$R(u, v) =$ $(u \cdot \cos(v), u \cdot \sin(v), f(u))$ u: Radius d. Meridiankurven v: Winkel der Bahnkreise Parameterlinien sind Hauptkrümmungslinien	Torus	falls Erzeugende u. Drehachse sich schneiden: Kegel – abwickelbar parallel sind: Zylinder – abwickelbar windschief sind: Einschal. Hyperboloid – nicht abwickelbar
Tangente der Erzeugenden	Torse $R(u, v) =$ $A(u) + v \cdot (dA/du)$ abwickelbar			

3.4 Numerische Beschreibung von Kurven und Flächen

Nicht immer kann ein Problem durch eine analytische Kurve oder Fläche im gesamten beschrieben werden. Es kann sich dabei um ästhetische Vorstellungen bei einem Designprozess, um empirisch bestimmte Daten aus Windkanalmessungen oder um Darstellungen nichttechnischer, biologischer Natur handeln. Oft sind auch physikalische Zusammenhänge nicht in geschlossener analytischer Form darstellbar, wenn sie sich als Lösungen von Differentialgleichungen ergeben. Statt einer Formel für eine Kurve bzw. Fläche ist eine Punktfolge bzw. eine Folge von Punktfolgen gegeben (ungeordnete Punktmengen werden in Abschnitt 3.4.4 behandelt). Für die geometrische Verarbeitung und Ausgabe werden jedoch zusätzliche Zwischenpunkte benötigt, mathematisch handelt es sich also um die Gewinnung eines Interpolationsverfahrens. Aus rein mathematischer Sicht kann man durch eine Folge von Punkten stets ein Polynom entsprechend hohen Grades legen, das jedoch aufgrund seiner vielen Maxima und Minima sehr wellig ist und damit den Anforderungen obiger Problemstellungen nicht genügt.

3.4.1 Geometrische Forderungen

Außer der geringen Welligkeit ist jedoch eine hinreichende Glätte der Interpolationskurve oder -fläche erwünscht, es sollen keine Sprünge oder Knicke auftreten. Die beliebige Transformationsmöglichkeit im geometrischen Sinn sowie eine effiziente Ausgabemöglichkeit legen somit die Verwendung von stückweise analytischen Interpolationsverfahren in Parameterdarstellung nahe. Als "Stücke" werden dabei im Falle von Kurven der Bereich zwischen zwei aufeinanderfolgenden Punkten, im Falle von Flächen der von entsprechenden Punktepaaren aufeinanderfolgender Punktfolgen aufgespannte Bereich verstanden. Um den unterschiedlichen Forderungen der Glätte zu genügen, müssen an den Grenzen der Stücke entsprechende Anschlußbedingungen eingehalten werden. Je nach Anwendung werden Stetigkeit der Werte, Tangenten oder Krümmungen gefordert, was zu jeweils komplizierteren Interpolationsverfahren führt. Die stückweise analytische Interpolation läßt auch die Verringerung der globalen Empfindlichkeit der oben genannten geschlossenen Polynominterpolation auf nur lokale Empfindlichkeit erwarten: Die Änderung von Punktkoordinaten oder das Einfügen oder Weglassen von Punkten soll sich nur in benachbarten Stücken bemerkbar machen. Da der Grad des Interpolationspolynoms von der Anzahl der Punkte abhängt, Polynome unterschiedlichen Grades aber verschiedenen

Verlauf zeigen, ergäben sich durch Weglassen des letzten Punktes einer Punktfolge für die vorangehenden Stücke andere Kurvenformen.
Für die weiteren, detaillierteren Überlegungen beschränken wir uns auf 1-dimensionale geometrische Objekte, also Kurven. Für Flächen lassen sich Ergebnisse dann in der Regel formal verallgemeinern.

3.4.2 Gewichtsfunktionen und Interpolation

Die Stetigkeit der Werte wird durch die lineare Interpolation, also mit einem Polygonzug durch die Punktfolge erreicht. Eine geeignete mathematische Darstellung dieser linearen Interpolation läßt den Ansatz auch für höhere Stetigkeiten erkennen. Da der Ansatz für alle Koordinaten der gleiche ist, beschränken wir uns auf die x-Koordinate. Es sei t ein Parameter mit Werten von Null bis Eins, xo bzw. x1 die x-Koordinaten zweier aufeinanderfolgender Punkte. Dann ist durch

$$x\,(t) = (1-t) \cdot xo + t \cdot x1$$

und durch analoge Formeln für die anderen Koordinaten eine Strecke zwischen den beiden Punkten beschrieben.
Formal stellt sich das Interpolationsverfahren als Summe von Produkten aus Gewichtsfunktionen (1-t, t) und Koordinaten dar. Man wendet dieses Verfahren in gleicher Weise an, um bei beliebig vorgegebenen Tangenten in den Punkten Po und P1 eine knickfreie Darstellung zu erreichen. Lineare Gewichtsfunktionen reichen dabei aufgrund der 4 geforderten Randbedingungen sicher nicht aus, es sind solche dritten Grades in t angebracht. Die erste Gewichtsfunktion ho (t) sollte dabei zweckmäßigerweise zusätzlich zu den Bedingungen

$$ho\,(o) = 1,\ ho\,(1) = o$$

auch noch

$$dho/dt\,(o) = o,\ dho/dt\,(1) = o$$

erfüllen, um für x (t) keinen Beitrag zur Ableitung in t = o zu leisten.
Dieselben Überlegungen führen bei der Gewichtsfunktion go (t) für die erste Komponente des Tangentenvektors in Po zu

$$go\,(o) = o,\ go\,(1) = o$$

und weiter zu

$$dgo/dt\,(o) = 1,\ dgo/dt\,(1) = o$$

Die Hermite'schen Funktionen

$$ho\,(t) = (1-t)^2 \cdot (2 \cdot t + 1) \text{ und } go\,(t) = (1-t)^2 \cdot t$$

erfüllen diese Bedingungen und für P1 lassen sich analoge Funktionen h1 und g1 finden. Die Parameterdarstellung für x-Koordinate eines Kurvenstückes zwischen Po und P1 mit den Tangentenvektorkomponenten ko und k1 lautet also

$$x (t) = ho (t)\cdot xo \quad go (t)\cdot ko + h1 (t)\cdot x1 + g1 (t)\cdot k1$$

Entsprechende Formeln gelten wieder für die übrigen Koordinaten. Eine Verallgemeinerung dieser Darstellung unter der Forderung des nicht ohne weiteres sichtbaren stetigen Krümmungsübergangs in den Stütztpunkten führt auf entsprechende Gewichtsfunktionen fünften Grades in t (s. /13/).

Falls die Tangentenvektoren in den Stützpunkten Po, P1, ... nicht vorgegeben sind, läßt sich mit der zusätzlichen Forderung der Krümmungsstetigkeit ein lineares Gleichungssystem für die Tangentenvektoren herleiten. Man spricht dann bei Verwendung der Lösungen als Tangentenvektoren von Spline-Interpolation - in Anlehnung an die Benutzung einer elastischen Latte zum Interpolieren. Bei beiden Verfahren ist das Integral des Quadrats der Krümmung, das als Maß für die Welligkeit dienen könnte, längs des Kurvenstücks minimal gegenüber anderen Methoden. Für die konkrete Anwendung empfiehlt es sich, die Splinekurven durch eine Parametertransformation s = t/d und durch Normierung der Tangentenvektoren auf die Länge 1 näherungsweise in natürliche Parameterdarstellung zu bringen.
Der Abstand zwischen Po und P1 ist d.
Bei der Übertragung der Methode auf Flächeninterpolation geht die Forderung nach Stetigkeit der Werte, Tangenten und Krümmungen in den 2 Stützpunkten über in die nach Stetigkeit der Werte, Tangentialebenen und Hauptkrümmungen längs der Begrenzungslinien des betrachteten Stützpunktvierecks, das Patch genannt wird (s. Bild 3-4). An die Stelle des Parameters t treten die beiden Parameter u und v und demgemäß an die Stelle der normalen Ableitung nach t die partiellen Ableitungen nach u und v. Als Gewichtsfunktionen erscheinen letztlich Produkte der Hermite'schen Funktionen in u bzw. v (s. /14/). Zur Bildung von Interpolationswerten und Tangentialebenen längs der Begrenzungslinien eines Patches kann die oben beschriebene Spline-Interpolation längs der Parameterlinien u = o, v = o, u = 1 vorgenommen werden (s. Bild 3-4).
Eine wesentliche Voraussetzung dieses Flächeninterpolationsverfahrens ist aus Bild 3-4 zu erkennen: Es muß stets ein rechteckiges Schema von Stützpunkten vorliegen. Dies kann jedoch bei der genannten Herkunft der Punkte nicht immer erwartet werden. Das Weglassen von Punkten verbietet sich aufgrund des damit verbundenen Informationsverlustes, zusätzlich errechnete Punkte würden die Anzahl der Patches und damit den Aufwand wesentlich er-.

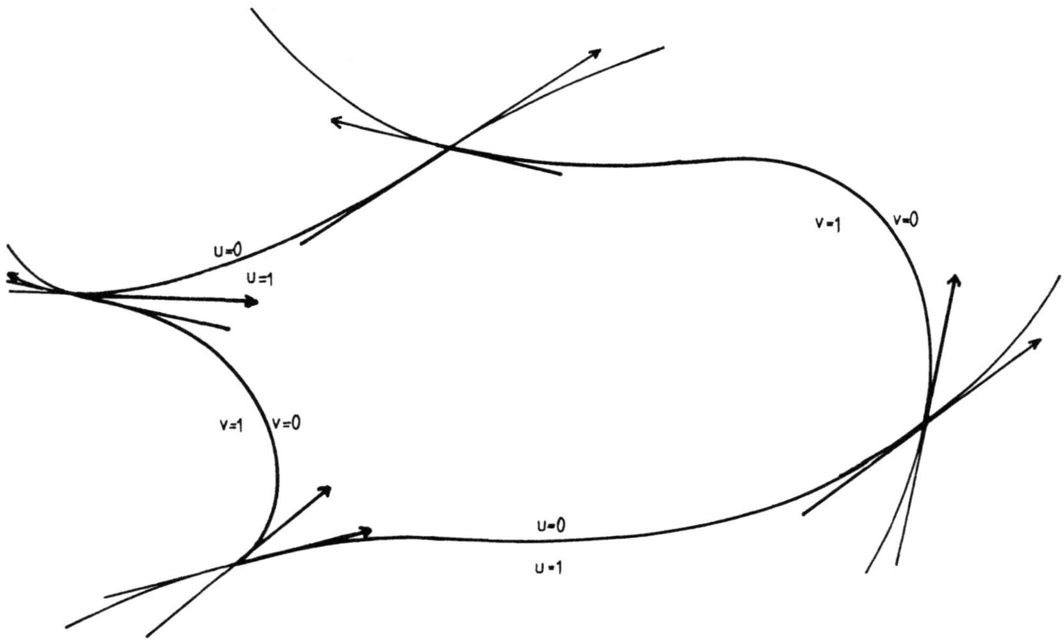

Bild 3-4 Zusammensetzung von Patches zu einer numerischen Fläche

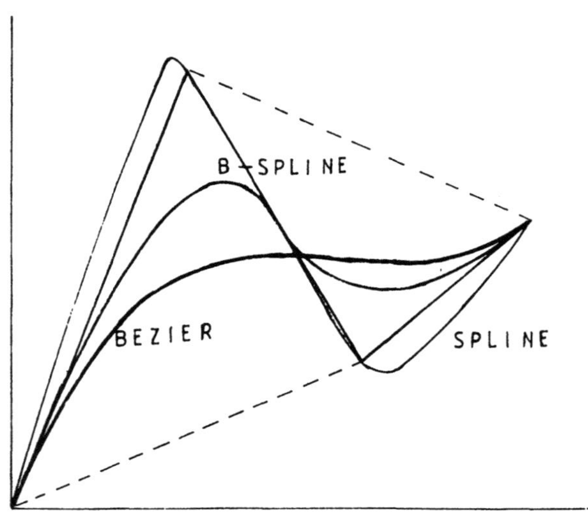

Bild 3-5 Interpolation und Approximation für geometrische Anwendung

höhen. Das Einfügen von dreieckigen Patches bringt eine akzeptable Lösung, zumal sie bei bestimmten Flächentypen, wie etwa einem Kegel, ohnehin nötig sind. Um formal den gleichen Weg wie bei den viereckigen Patches beschreiten zu können, müssen Parameter p und q eingeführt werden, die an den Rändern des Dreiecks die Werte o bzw. 1 annehmen wie die Parameter u und v an den Rändern des entsprechenden Vierecks (s. Bild 3-4). Damit läßt sich das Interpolationsverfahren für dreieckige Patches analog als Summe von Produkten aus Gewichtsfunktionen und Punktkoordinaten sowie Tangentenvektorkomponenten beschreiben (s. /13/). Falls nur Stetigkeit der Werte gefordert wird, wie bei Dreieckselementen der Finiten-Elemente-Methode, sind die Gewichtsfunktionen linear.

3.4.3 Approximation

Viele empirisch gewonnene Daten sind aufgrund zufälliger oder systematischer Einflüsse der Meßgeräte mit erheblich größeren Fehlern als die Rundungsfehler in der Rechenanlage behaftet. Hier ist ein Interpolationsverfahren, das die Stützpunkte als Funktionswerte stets erreicht, nicht sinnvoll. Für Approximationsverfahren ist außer der Art der Grundfunktionen das zu minimierende Abweichungsmaß von ausschlaggebender Bedeutung. Die bekannte Gauß'sche Approximation verwendet als Abweichungsmaß die Summe der Quadrate der Abweichungen des Approximationspolynoms von den Stützpunkten. Problematisch ist dabei die Wahl des Polynomgrades: Ist er zu klein, wird der Stützpunktsverlauf nur ungenügend approximiert, bei hohem Polynomgrad tritt Welligkeit auf. Auch die gleichmäßige Approximation nach Tschebyscheff, bei der das Maximum der Abweichung minimiert wird, zeigt nicht die geometrisch erwünschten Eigenschaften.
Bezier verwendete als Gewichtsfunktionen die Bernsteinpolynome vom Grad n-1, wobei n die Anzahl der Stützpunkte einer Kurve bedeutet. Die Werte der Ableitungen mit ihren Gewichtsfunktionen fehlen hier. Die Bezierapproximation gibt den Verlauf des Polygons der Stützpunkte einschließlich seiner Schleifen recht gut wieder und interpoliert den Anfangs- und Endpunkt tangential zur ersten bzw. letzten Polygonstrecke. Eine Bezierkurve liegt stets in der konvexen Hülle des Polygonzugs. Der Nachteil besteht im Aufwand durch den hohen Polynomgrad bei vielen Stützpunkten sowie in der Globalität des Verfahrens: Da alle Stützpunkte in der Summe auftreten, beeinflußt die Änderung eines Stützpunktes den gesamten Verlauf der Kurve oder Fläche und nicht nur den Verlauf in seiner Umgebung (s. Bild 3-5).

Falls man Gewichtsfunktionen finden könnte, die außer den erwünschten geometrischen Eigenschaften nur in der Umgebung des entsprechenden Stützpunktes nicht von Null verschieden sind, und deren Grad unabhängig von der Anzahl der Stützpunkte ist, so hätte man die für Approximation idealen Gewichtsfunktionen gefunden. Die B-Splines sind Polynome maximal (n-1)-ten Grades, die diese Forderungen erfüllen und für den Grad n-1 bzw. 3 bzw. 1 als Gewichtsfunktionen eine Bezier- bzw. Spline-Kurve bzw. das Stützpunktspolygon liefern.
Die Handhabung von B-Splines wird durch die den Stützpunkten entsprechenden Werte des Parameters t, den Knotenvektor, gesteuert: Durch Angabe von Mehrfachknotenwerten verläuft die erzeugte Kurve näher an den Stützpunkten, wobei für Anfangs- und Endpunkt eine um 1 höhere Vielfachheit als der Grad des B-Spline-Polynoms angegeben werden muß. Der Einfachheit halber werden die Knotenwerte als ganze Zahlen spezifiziert, der Parameter t läuft dann von o bis n-g (g ist der Grad).
Die Summenformeln für Bezier- und B-Spline-Kurven können - wie im vorigen Abschnitt beschrieben - auf die Flächendarstellung verallgemeinert werden (s. /15/). Dabei kann die Stützpunktsmatrix statt quadratisch auch rechteckig sein, wenn in v-Richtung eine von der u-Richtung verschiedene Stützpunktzahl zugelassen wird.

3.4.4 Ungeordnete Stützpunktmengen

Vor allem bei Meßdaten ist es nicht immer möglich, Werte als Folge von Punktfolgen in Form eines rechteckigen Schemas zu gewinnen. Trotzdem will man durch solche Punkthaufen interpolierende oder approximierende Flächen legen. Das Verfahren verläuft in drei Schritten:
- geeignete Einpassung von Dreiecken in den Punkthaufen
- Optimierung dieser Triangulierung
- Interpolation oder Approximation für dreieckige Patches

Da im allgemeinsten Fall auch nicht eineindeutig auf eine Koordinatenebene abbildbare Flächen zugelassen sind, muß zunächst eine Zerlegung des Punkthaufens in eineindeutig abbildbare Teilflächen erfolgen. Ausgehend von einem möglichst kleinen Dreieck wird ein nächstgelegener Punkt in dem Halbraum der Ebene senkrecht auf die Koordinatenebene gesucht, die durch eine noch freie Dreiecksseite geht. Für die Nähe eines Punktes sind der Umkreis und die Normale des neuen Dreiecks wichtig. Falls kein neuer

Punkt gefunden werden kann, muß mit der Triangulierung dieser neuen Teilfläche von vorne begonnen werden.

Eine Optimierung kann dadurch erfolgen, daß in den durch aneinandergrenzende Dreiecke gebildeten Vierecken die Diagonalen umgesetzt werden, falls sich damit Dreiecke mit größeren Winkeln ergeben. Dies ist vor allem in der Methode der Finiten Elemente für die Genauigkeit der Lösungen von Bedeutung. Um die Anzahl der Dreiecke zu vermindern, kann ein Prüfung durchgeführt werden, ob angrenzende Dreiecke in einer Ebene liegen (s. /16/).

3.5 Schnitt von Kurven und Flächen

Die Komposition komplizierter 2-dimensionaler oder 3-dimensionaler geometrischer Objekte aus einfachen Teilen sowie deren Beschreibung durch Begrenzungskurven oder Flächen (s. Abschnitt 2.4) läßt den Schnitt von Flächen und Kurven als wichtigste geometrische Operation erkennen. Um eine verarbeitungsfähige Darstellung zusammengesetzter Objekte zu erhalten, sind nicht nur Schnittpunkte zu errechnen, sondern auch in entsprechende Kanten zu ordnen.

3.5.1 Gewinnung von Schnittpunkten

Die Verschneidung geometrischer Objekte ist mathematisch als im allgemeinen nichtlineares Gleichungssystem für die x-, y-, z-Koordinaten oder die Parameter u, v als Unbekannte darstellbar. Mit den beschriebenen numerischen Methoden können vorhandene Lösungen gefunden werden. Der Aufwand im allgemeinsten Fall zweier numerischer Flächen ist jedoch erheblich: Durch Gleichsetzen von x-, y- und z-Koordinaten zweier zu verschneidender Patches ergibt sich durch Festhalten eines Parameters u ein aus 3 Gleichungen bestehendes nichtlineares System für die übrigen Parameter. Um die Schnittkurve genügend genau zu berechnen, muß ein solches Gleichungssystem für viele Werte von u gelöst werden.Ferner müßte dieses gesamte Verfahren auf alle möglichen Paare von Patches der zu verschneidenden Begrenzungsflächen angewendet werden, da nicht von vornherein feststeht, welche Patches sich schneiden und welche nicht. Die gleiche Überlegung gilt auch für alle Begrenzungsflächen der beiden 3-dimensionalen Objekte. Eine Verringerung des Aufwandes läßt sich auf zwei Wegen erreichen: Erstens kann durch Projektion der Objekte in die drei Koordinatenebenen eine Reihe von sich sicher nicht schneidenden Begrenzungsflächen

ausgeschieden werden. Mit Hilfe von ein Patch approximierenden zwei Dreiecken kann dies ebenso für eine Anzahl von Patches erfolgen. Zum zweiten versucht man, eine der beiden Begrenzungsflächen in impliziter Darstellung zu halten, in die dann die Parameterdarstellung der anderen eingesetzt wird. Bei festgehaltendem Parameter u entsteht dann eine nichtlineare Gleichung für v.
Analytische Darstellung in geschlossener Form, insbesondere in expliziter oder impliziter Schreibweise, vermindert den Aufwand zur Schnittermittlung weiter. Bei speziellen Flächenformen, etwa Rotations- oder Profilflächen, kann durch eine geometrische Transformation eine Rückführung auf die Schnittpunktsermittlung von Kurven erreicht werden (s. /17/).

3.5.2 Aufteilung in Kurvenzüge

Falls eine der beim Schnitt betrachteten Begrenzungslinien oder -flächen keine Gerade oder Ebene ist, können sich mehrere Lösungen der entsprechenden Gleichungen ergeben, die i. a. zu verschiedenen Schnittkanten gehören. Lösungen außerhalb der betroffenen Begrenzungslinien oder -flächenstücke brauchen nicht weiter betrachtet werden. Die Zuordnung der einzelnen Lösungen zu den entsprechenden Kurvenzügen kann nur bei Berechnung hinreichend nahe beieinanderliegender Kurvenpunkte aufgrund ihres Abstandes entschieden werden (s. /12/). Die durch die Schnittkurve zertrennten ursprünglichen Patches müssen an ihren neuen Ecken die dortigen Tangenten- und Krümmungswerte übernehmen, ohne die vorher gegebene Flächenform zu verändern. Hier spielt die Globalität des Interpolationsverfahrens eine entscheidende Rolle. Neu entstehende fünfeckige Patches können auf die Standardformen von dreieckigen und viereckigen zurückgeführt werden.

3.6 Schnitt von Körpern

Wie ausführlich beschrieben, wird bei der rechnerinternen Speicherung geometrischer Objekte nur Information über die Oberfläche, nicht über das Innere abgelegt. Nach dem Umfang der abgespeicherten Information kann man CAD-Systeme in kanten-, flächen- und volumenorientierte einteilen. Sind nur die Kanten gespeichert, so können an den Objekten zwar alle geometrischen Transformationen numerisch nachvollzogen werden, aber außer der Erzeugung von Bildern mit all diesen Kanten bestehen keine weiteren

Möglichkeiten.Die Ermittlung von verdeckten Kanten oder Kantenteilen ist aufgrund der fehlenden Information über die Begrenzungsflächen nicht möglich. Flächenorientierte Systeme enthalten diese Information und bieten damit zusätzlich die Möglichkeit zur Entfernung verdeckter Linien,Erzeugung schattierter Bilder und Ermittlung von Schnittkurven. Für die Ermittlung der rechnerinternen Darstellung von Körperverschneidungen, für die Erzeugung von Daten für numerisch gesteuerte Werkzeugmaschinen sowie für die Berechnung von Volumen, Schwerpunkt oder Trägheitsmomenten ist jedoch noch zusätzliche Information über die Lage der Materie relativ zu den Begrenzungsflächen erforderlich. Wenn diese Information durch die Richtung der Flächennormalen bei der Datenerfassung eingegeben wurde und entsprechende Algorithmen zu ihrer Verarbeitung existieren, spricht man von einem volumenorientierten System. Im folgenden werden an einem besonders einfachen Beispiel die Prinzipien eines derartigen Algorithmus herausgestellt. Seine Verallgemeinerung auf beliebige Körper mit beliebigen Begrenzungsflächen harrt derzeit noch ihrer Implementierung.

3.6.1 Elementare Objekte und Transformationen

Wenn man sich das Volumen eines geometrischen Objektes aus Punkten zusammengesetzt denkt, so kann man durch Vereinigung und Durchschnitt dieser Punktmengen neue Objekte bilden. Ebenso kann man sich vorstellen, daß Objekte generell auf diese Weise zustande kommen, wenn man lineare Transformationen der elementaren Komponenten zusätzlich zuläßt. Ein Körper mit einer Bohrung würde dabei als Vereinigungsmenge des Komplements eines Zylinders mit dem Körper beschrieben werden. Die Probleme bei der Behandlung dieses Komplements nicht endlicher Ausdehnung im R^3 werden durch die Einführung seines Komplements als negatives endliches Objekt vermieden. Der negative Zylinder, der die Bohrung beschreibt, unterscheidet sich von dem entsprechenden positiven nur durch die andere Richtung der Normalen seiner Begrenzungsflächen. Die mögliche Analogie von geometrischer Komposition und Fertigung werden hier deutlich. Die Mächtigkeit eines CAD-Systems zeigt sich vor allem in der Vielfalt und Komplexität seiner elementaren Objekte, also in deren möglichen Kanten und Begrenzungsflächen.

3.6.2 Geometrische Subtraktion und Addition

Das hier verwendete Beispiel schließt an die Übungsaufgabe 9 des Kapitels

2 an, in der das Abschneiden des Fußes der Pyramide aus Bild 2-3 in der rechnerinternen Darstellung wiedergegeben werden soll. Stattdessen soll ein negativer Quader der Dicke 2 mit zur x-y-Ebene paralleler Grund- und Deckfläche aus der Pyramide eine Nut herausschneiden (s. Bild 3-6). Die Darstellung des Quaders ergibt sich aus einem elementaren Würfel durch Vergrößerung um den Faktor 15,22 und 2 in Richtung der x-, y- und z-Achse und aus einer anschließenden Verschiebung um den Vektor (6,-3,1). Die beiden Demonstrationsobjekte zeichnen sich gegenüber den in /18/ generell möglichen durch folgende Vereinfachungen aus:

- Kanten bzw. Begrenzungsflächen sind Geraden bzw. Ebenen.
- Bei der Pyramide gibt es keine durch geschlossene Kantenfolgen beschriebenen Löcher in den Flächen.
- Aufgrund der speziellen Lage der beiden Objekte zueinander findet keine Berührung von Flächen statt.

Ferner sind durch die Lage einige Tatsachen offensichtlich, die sonst durch Rechnung verifiziert werden müßten.
Im ersten Schritt werden die Schnittpunkte aller möglichen Kanten/Begrenzungsflächenpaare der beiden Objekte berechnet, wobei mit den Kanten der Pyramide begonnen wird. Schnittpunkte der entsprechenden Geraden und Ebenen werden nur berücksichtigt, wenn sie zwischen den Eckpunkten der Kante bzw. auf dem Begrenzungsflächenstück liegen. Die durch die Schnittpunkte entstehenden Kantenteile werden im weiteren wie ganze Kanten behandelt, wobei jedoch Kantenteile im Innern des negativen Quaders nicht mitgeführt werden. Der durch Schnittpunkt 8 entstandene Kantenteil 8,5 wird durch Punkt 7 in die Teile 7,5 und 7,8 zerlegt. Der letzte Teil liegt im Innern des Quaders, da er in seinen Endpunkten 7 und 8 mit den dortigen Normalen der Begrenzungsflächen des Quaders jeweils einen spitzen Winkel bildet. Dies äußert sich in einem positiven Skalarprodukt. Als Schnittpunkte 9 und 10 ergeben sich die Durchstoßpunkte der Kanten 15 , 18 und 11 , 14 des Quaders durch die Fläche 1,2,5 der Pyramide. Weitere Schnittpunkte von Kanten der Pyramidenfläche 1,2,5 mit Flächen des Quaders oder Durchstoßpunkte von Kanten des Quaders durch diese betrachtete Pyramidenfläche existieren offensichtlich nicht.
Im zweiten Schritt werden die Schnittpunkte der EKF-Tabelle von Bild 3-6 sowie die ursprünglichen Ecken der Pyramide außerhalb des Quaders zu einer geschlossenen Kantenfolge zusammengefügt, soweit sie zur betrachteten Pyramidenfläche 1,2,5 gehören. Als Anfangspunkt der ersten Kante wird 1

gewählt. Er tritt nicht in der EKF-Tabelle, jedoch in der ursprünglichen Kantenfolge als Vorgänger von Punkt 2 auf.

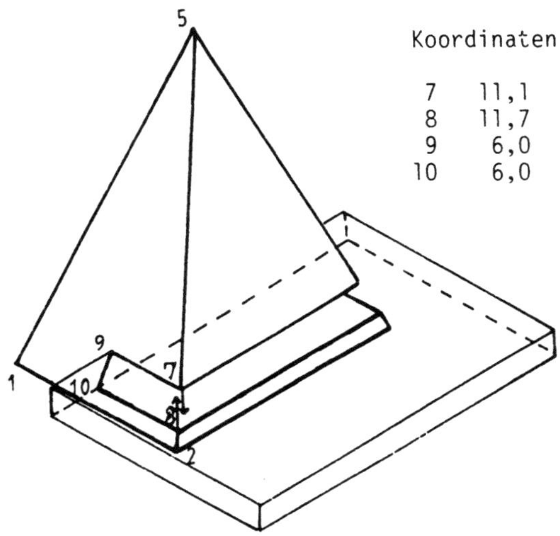

Koordinaten der neuen Schnittpunkte

7	11,1	1,2	3,0
8	11,7	0,4	1,0
9	6,0	1,2	3,0
10	6,0	0,4	1,0

Ecken-Kanten-Flächen-Tabelle

Ecke	Kante		Fläche				Rest	
8	2	5	11	12	13	14	2	8
7	8	5	15	16	17	18	7	5
9	15	18	1	2	5		9	18
10	14	11	1	2	5		10	11

....

....

....

Bild 3-6 Vereinigung von positiver Pyramide und negativem Quader

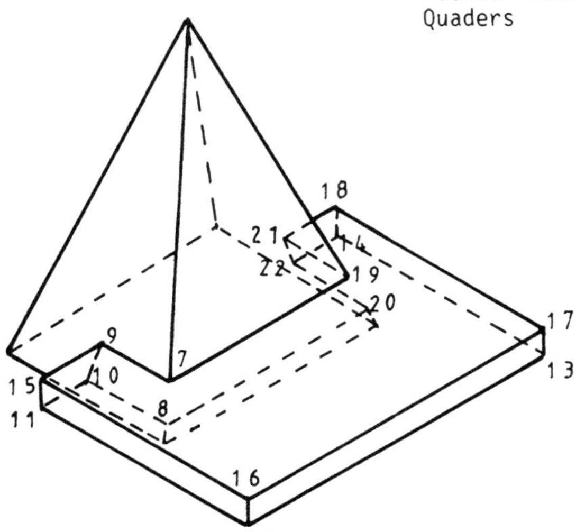

Rechnerinterne Darstellung des negativen Quaders

11	6,0	-3,0	1,0
12	21,0	-3,0	1,0
13	21,0	19,0	1,0
14	6,0	19,0	1,0
15	6,0	-3,0	3,0
16	21,0	-3,0	3,0
17	21,0	19,0	3,0
18	6,0	19,0	3,0

Begrenzungsflächen

11 12 13 14 11 (Grundfl.)
18 17 16 15 18 (Deckfl.)
11 14 18 15 11 (lke Stirnfl

....

für positiven Quader entgegengesetzer Umlaufsinn

Bild 3-7 Vereinigung von positiver Pyramide und positivem Quader

Also bildet dieser mit Punkt 1 die erste Kante. Punkt 2 tritt in der EKF-Tabelle als Anfangspunkt des Kantenteils 2,8 auf, womit dieser zur zweiten neuen Kante wird. Der Endpunkt der dritten neuen Kante könnte ein Schnittpunkt einer Kante der Pyramidenfläche mit der Punkt 8 enthaltenden Quaderfläche oder ein Durchstoßpunkt von Kanten dieser Quaderfläche durch die Pyramidenfläche 1,2,5 sein. Das erste ist nicht gegeben, wie man aus der EKF-Tabelle ersieht. Aus der Quaderdarstellung in Bild 3-7 und der EKF-Tabelle ergibt sich als einzige relevante Kante offensichtlich 14,11, die Punkt 10 erzeugt. Aus der Quaderdarstellung wird nun analog zum bisherigen Verfahren die zweite Quaderfläche ermittelt, die ebenfalls die Kante 14,11 enthält. Von dieser linken Stirnfläche erzeugt offensichtlich nur die Kante 15,18 einen Durchstoßpunkt mit der Pyramidenfläche und zwar laut EKF-Tabelle Punkt 9. Die folgenden Punkte 7, 5 und 1 ergeben sich aufgrund analoger Argumentation. Die neue Eckpunktnummernfolge bzw. Kantenfolge der Pyramidenfläche 1,2,5 ist also 1,2,8,10,9,7,5,1.
Der vollständige Aufbau der rechnerinternen Darstellung der Pyramide mit Nut erfordert analoge Abläufe für jede Pyramidenfläche.
Wird in entsprechender Weise mit einer negativen Pyramide verfahren und das Ergebnis dann negiert, so ergibt sich die Vereinigung der positiven Pyramide mit dem positiven Quader (s. Bild 3 -7). Eine Aufhebung der obigen Vereinfachungen führt zu einer erheblichen Steigerung der Komplexität (s. /18/).

3.6.3 Weitere Volumenoperationen

Kollisionsprüfungen oder Einbauuntersuchungen erfordern im Prinzip nur die Feststellung, ob zwei Objekte sich schneiden oder nicht. Die genaue und sehr rechenzeitaufwendige Ermittlung der gesamten Schnittkurve könnte durch ein entsprechendes Verfahren überflüssig werden. Unter den Voraussetzungen, daß alle Begrenzungsflächen der Objekte in impliziter Form vorliegen und die Objekte konvex sind, ist in /19/ ein Verfahren angegeben: In der impliziten Form ergeben die Nullstellen der linken Seite die Oberfläche, die die Punkte mit negativen Funktionswerten von denen mit positiven trennt. Es wird aus den Begrenzungsflächenfunktionen eine pseudocharakteristische Funktion gebildet, die durch einen negativen Wert anzeigt, daß die Objekte sich schneiden. Ist das Minimum der Funktion positiv, haben die Objekte keinen gemeinsamen Durchschnitt. Der Aufwand reduziert sich also auf die Suche des Minimums einer einzigen Funktion . Ein Verfahren für Objekte, die durch Polyeder begrenzt werden, ist in /20/ angegeben.

Der Gauß'sche Integralsatz gestattet die Rückführung der bei Volumen-, Schwerpunkts- und Trägheitsmomentberechnung auftretenden dreifachen Integrale über das Volumen auf die zweifachen Integrale über die geschlossene, orientierte Oberfläche /21/ - in Analogie zur Darstellung 3-dimensionaler geometrischer Objekte durch Beschreibung ihrer Begrenzungsflächen. Die entsprechenden Integranden sind 1 bzw. x bzw $x^2 + y^2$, wenn man etwa die x-Koordinate des Schwerpunkts bzw. die z-Achse als Rotationsachse betrachtet. Dieser Integrand ist die Divergenz der vektoriellen Funktion, die im zweifachen Integral ein Teil des Integranden ist. Zur Ermittlung dieses Integranden muß also die partielle Differentialgleichung gelöst werden, die sich aus der Gleichsetzung der Divergenz mit den vorigen Integranden 1, x, $x^2 + y^2$ jeweils ergibt. Lösungsvektorfunktionen sind

$1/3 \cdot (x, y, z)$ bzw. $1/2 \cdot (x^2, 0, 0)$ bzw. $1/3 \cdot (x^3, y^3, 0)$.

Insgesamt gilt:

$$\oint_{\text{Oberfläche}} F \cdot dN = \int_{\text{Volumen}} \operatorname{div} F \cdot dv$$

Bei Parameterdarstellung wird der Integrand mit der Funktionaldeterminante multipliziert und über den u, v-Parameterbereich integriert. Als Beispiel sei das Volumen des Einheitswürfels berechnet: Für ebene Begrenzungsflächen ist der Normalenvektor konstant, sein Skalarprodukt mit den Ortsvektoren der Ebene ist gleich dem Abstand der Ebene vom Ursprung. Das Integral geht in eine Summe der Produkte dieser Abstände mit den Flächeninhalten der Begrenzungsflächen über, also $1/3\,(0 \cdot 1 + 0 \cdot 1 + 0 \cdot 1 + 1 \cdot 1 + 1 \cdot 1 + 1 \cdot 1) = 1$. Das Ergebnis läßt sich als Aufteilung des Würfels in drei Pyramiden mit den Spitzen im Ursprung deuten.

3.7. Spezifizierung des Verarbeitungsablaufs

Das ursprüngliche Hauptziel der Entwicklung höherer Programmiersprachen war die Formulierung von numerischen Verfahren. Dazu wurden die entsprechenden Datentypen und Operatoren, Zuweisungs-, Verzweigungs- und Sprunganweisungen benötigt. Logisch abgeschlossene, öfters erforderliche Abläufe wurden zweckmäßigerweise in Prozeduren oder Subroutines zusammen-

gefaßt, für den Datenaustausch mit der Umwelt wurden entsprechende Ein- und Ausgabeanweisungen geschaffen. Die weitere Entwicklung stellte immer mehr Datentypen, flexiblere, dynamische Daten- und Programmstrukturen sowie Hilfsmittel zur übersichtlicheren, strukturierten Programmierung zur Verfügung. Die interaktive Arbeit brachte die interpretative Technik der Quellenprogrammausführung mit sich, bei der jede Anweisung unmittelbar nach ihrer Eingabe von einem Interpretierer ausgeführt wird. Eingabewerte für Variable werden hier bei Interpretation der entsprechenden Eingabeanweisung an der Datenstation verlangt. Es liegt nahe, diese bewährten Prinzipien auch beim Entwurf einer geometrischen Programmiersprache anzuwenden. Da viele Möglichkeiten der höheren Programmiersprachen auch bei der Formulierung geometrischer Probleme gebraucht werden, ist es - auch im Hinblick auf einen minimalen Realisierungsaufwand - sinnvoll, die geometrische Sprache in eine höhere Programmiersprache passend einzubetten. Dabei können die Fähigkeiten dieser Wirtssprache und auch der Assemblersprache voll genutzt werden, wenn Unterprogrammtechnik mit Ein- und Ausgabeparametern möglich ist. Die Einbettung wird von manchen höheren Programmiersprachen besonders unterstützt durch Definition neuer Datentypen in PASCAL /22/ oder durch allgemeine Vorübersetzermöglichkeiten in PL1 /23/. Die Schnittstelle zwischen Wirts- und geometrischer Sprache sollte es auch gestatten, Variablen der Wirtssprache zur Definition der zusammengesetzten geometrischen Variablen zu benutzen oder Teilwerte daraus anderen Variablen der Wirtssprache zuzuweisen. Ein besonderes Problem stellt die Rückschreibung einer geänderten Darstellung eines geometrischen Objekts in eine hierarchische Datenbank dar, wo die Änderung Einfluß auf andere Objekte auf anderen Stufen haben kann.
Analog zur Datenerfassung kann auch ein geometrischer Verarbeitungsablauf mittels Menütechnik spezifiziert werden, meist eine sinnvolle Ergänzung der sprachlichen Formulierung. Auch hier gibt es Schnittstellenprobleme: An der Datenstation werden geometrische Objekte durch Hindeuten mit Lichtstift oder Fadenkreuz identifiziert, wodurch ein Name an den Rechner zurückgegeben wird. Genau dieser erst zur Programmablaufszeit bekannte Name müßte schon vorher in den entsprechenden Verarbeitungsanweisungen angegeben worden sein. Eine pragmatische Lösung besteht in der Kennzeichnung solcher Namensvariablen, worauf bei der Interpretation diese Kennzeichnung berücksichtigt wird. Die zeitliche Synchronisation bei benutzergesteuerten Lichtstifteingabe kann durch Bereitstellung von Programmblöcken erfolgen, die aus dem generellen Ablauf der Anweisungsausführung ausgeklammert sind.

Zusammenfassung:

Ein CAD-System muß volumenorientiert sein, um den Anforderungen aller geometrisch bestimmter Anwendungen gerecht werden zu können. Seine Mächtigkeit ergibt sich im wesentlichen aus der Art und Menge der kombinierbaren Grundelemente, die auch vom Benutzer des Systems definierbar sein sollten. Die Grundelemente müssen neben der Möglichkeit analytischer auch die numerischer Kanten und Flächen zulassen, wobei auf vielgestaltige Definitionsmöglichkeiten durch den Benutzer zu achten ist. Die Schnittstelle des Systems zum Benutzer bietet am besten eine interaktive, menüorientierte Ergänzung zur sprachlichen Beschreibung der Verarbeitung an. All diese Forderungen gelten für 2-dimensionale CAD-Systeme, die durch die Zahl ihrer Anwendungsfälle überwiegen, ebenso wie für 3-dimensionale Systeme. Da diese einen wesentlich höheren Aufwand erfordern, bietet sich der Einsatz von 2-dimensionalen CAD-Systemen als Einstieg bei geeigneten Anwendungen an. Dabei ist ein unproblematischer Ausbau und eine konsistente Benutzerschnittstelle beim Übergang zur 3-dimensionalen Verarbeitung von besonderer Bedeutung.

3.8 Übungen zu Kapitel 3

1. Die Gleitpunktzahlen eines Rechners werden in der Mantisse durch sechs Stellen zur Basis sechzehn dargestellt. Wie groß ist der maximale relative Fehler bei der Summe und dem Produkt dieser Zahlen?

2. Zur Ermittlung der Nullstellen der Funktion $x^2 - 2 \cdot x - 1$ überlege man sich mehrere, verschiedene Iterationsverfahren. Wie unterscheidet sich ihr Konvergenzverhalten?

3. Man errechne den Schnittpunkt der Geraden $y = x$ mit dem Kreis $x^2 + y^2 = 1$ numerisch mit Hilfe des Newtonschen Verfahrens.

4. Ein geometrisches Objekt sei durch die Begrenzungsfläche $x = \cos(u)$ $y = \sin(u)$ und $z = v$ gegeben, wobei u von 0 bis $2 \cdot pi$ und v von 0 bis 10 läuft (pi = 3,14...). Die beiden restlichen Begrenzungsflächen sind eben. Man ermittle für jeden Punkt der ersten Fläche die Tangentialebene, Normale, Hauptkrümmungen und Gauß'sche Krümmung. Ist die Fläche wickelbar und der eingeschlossene Körper konvex? Man berechne aus der obigen Darstellung die Oberfläche.

5. Gegeben sei eine Flächenschar mit dem Scharparameter b:

   $x \cdot \cos(b) + y \cdot \sin(b) + 1 = 0$

   Gesucht ist das Hüllgebilde der Schar in impliziter Form. Man verschneide das Hüllgebilde mit der Fläche

   $1 - x + z = 0$

   und ermittle die Abwicklung eines der Teile des Hüllgebildes.

6. Eine Folge von drei Punkten, bei der im ersten und dritten die Steigung vorgegeben ist, soll durch eine Funktion dritten Grades in Parameterdarstellung interpoliert werden.

7. Eine Folge von drei Punkten soll durch Funktionen dritten Grades in Parameterdarstellung interpoliert werden, wobei die erste und zweite Ableitung im zweiten Punkt stetig sein sollen.

8. Zu einer vorgegebenen Kurve oder Fläche soll eine entsprechende ermittelt werden, die immer den gleichen Abstand zur ersten hat.

9. Für vorgegebene Werte an den Rändern eines viereckigen Patches gebe man ein möglichst einfaches glattes Flächenstück an.

10. Man trianguliere folgende Punktmenge: (1,0,0), (0,1,0), (-0.353,

-.353, o.866),(o.353, o.353, o.866), (-1,o,o), (o.353.-o.353, o.866), (-o.353, o.353, o.866), (o,-1,o), (o,o,1). Durch Berechnung von Höhenlinien mache man sich ein Bild vom Flächenverlauf.

11. a) Eine numerische Kurve werde verkürzt. Man ermittle eine Darstellung der verkürzten Kurve, so daß diese mit dem entsprechenden Teil der unverkürzten identisch ist.

    b) Man versuche die vorigen Überlegungen auch auf Patches anzuwenden.

12. Die Unstetigkeiten längs der Verschneidungskurve zweier Flächen können bei der Fertigung i. a. nicht nachgebildet werden. Man überlege sich statt der Verschneidung eine Ausrundungsoperation für zwei numerische Flächen, die stetige Ableitungen beim Übergang von einer Fläche zur anderen garantiert.

13. Man ermittle ohne Hilfe der geometrischen Anschauung die neue Kantenfolge der linken Seitenfläche des Quaders, wenn er mit einer negativen Pyramide verschnitten wird.

14. Das Volumen der Pyramide mit Nut soll berechnet werden.

15. Im Inneren einer geschlossenen Kurve befinden sich mehrere Inseln. Es soll das Innere mit Ausnahme der Inseln schraffiert werden.

4 Ausgabe geometrischer Information

Die interne Darstellung geometrischer Objekte durch die Eckpunkte der Kanten von Begrenzungsflächen mit den entsprechenden Interpolationsfunktionen muß zur externen Darstellung als Zeichnung einer Reihe von Umformungen erfahren. Genaueren Aufschluß über den Verlauf einer Kante erhält man durch die Berechnung von Interpolationszwischenpunkten. Durch Projektionen werden die x-, y- und z-Koordinaten in zwei Koordinaten der Bildebene übergeführt. Um eine erkennbare, realistische Wiedergabe der Kanten zu erreichen, müßten aufeinanderfolgende Punkte mit einer Kurve verbunden werden oder neue Zwischenpunkte so eng erzeugt werden, daß sie sich durch die endliche Dicke des Zeichenstiftes berühren. Diese Umformungen können auch von verschiedenen Hardwareeinheiten über unterschiedliche Zwischendarstellungen vorgenommen werden. Ist das Grundproblem des Verbindens zweier Punkte nach einer der vorigen Methoden gelöst, so können damit auch Buchstaben, Ziffern oder sonstige Symbole als Folge von Punkten gezeichnet werden.

4.1. Darstellung von 2-dimensionalen Objekten

Punkte, deren Abstand kleiner als der Durchmesser der Zeichenstiftspitze oder des Elektronenstrahls bei Bildschirmen ist, können vom Auge nicht mehr unterschieden werden und somit in der Zeichnung als identisch betrachtet werden. Die Zeichenebene besteht also aus diskreten, in einem Gitter angeordneten Punkten, deren Koordinaten man als ganzzahlig betrachten kann. Zuerst müssen also die Gleitpunktwerte der Koordinaten der interpolierten Zwischenpunkte auf die nächstgelegene ganze Zahl als Gerätekoordinate gerundet werden (s. Bild 4-1), wobei i. a. vorher Maßstabsfaktoren berücksichtigt werden müssen. Die Gerätekoordinateneinheit 1 entspricht ja einem bestimmten Wert in Millimeter. Dieser wird als Auflösungsvermögen bezeichnet. Die Diskretisierung kann auch direkt durch den Antrieb mittels Schrittmotoren oder durch statisch fixierte Gerätekoordinaten erzeugt werden. Beispiele dafür sind Zeilendrucker, bei denen feste Zeichenpositionen innerhalb einer Zeile bestehen, oder elektrostatische Punktdrucker, die mittels an einer Leiste möglichst dicht aufgereihter Spitzen Punktladungen auf Spezialpapier aufbringen, bei denen sich beim Durchgang durch den Toner Farbstoff anlagert. Die Linienqualität punkterzeugender Geräte ist nicht so gut wie die von Geräten, die Punkte mit kontinuerlichen Linien verbinden. Bei diesen entsteht das Gesamtbild durch Zeichnen der Einzelfiguren in zeitlicher Folge, die Einzelfiguren werden durch Verbinden von im Durchlaufsinn aufeinanderfolgender Punkte erzeugt. Gesamtbilder, die nur aus Punkten bestehen, könnten jedoch auch durch Ausgabe aufeinanderfolgender Zeilen des Gitterrasters der diskreten Bildebene erzeugt werden. Die Punkte einer Zeile werden dabei in zeitlicher Folge oder gleichzeitig ausgegeben. Beispiele dafür sind Fernsehgeräte bzw. elektrostatische Punktdrucker. In Analogie zu den entsprechenden Datenorganisationen spricht man von sequentiellem Zugang zu den Punkten, im Gegensatz zu dem direkten Zugang, bei dem von Punkt zu Punkt gefahren wird.

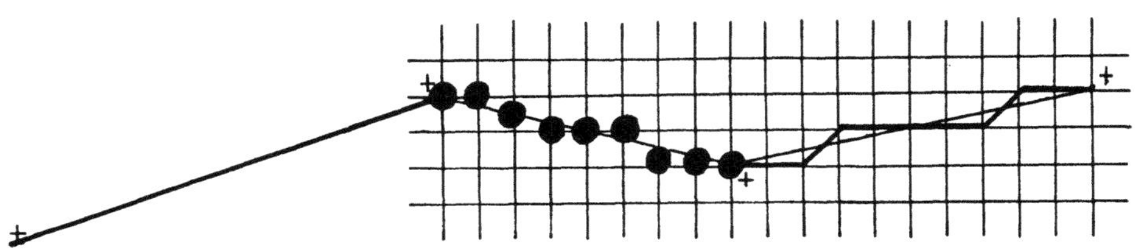

Bild 4-1 Verbindung von beliebigen Punkten (+) nach der Diskretisierung mit Vektorgenerator, ohne Vektorgenerator und mit der Rastermethode (stark vergrößert)

4.1.1 Vektorgeräte

In den meisten Geräten ist die Kurve, die zwei aufeinderfolgende Punkte verbindet, eine Gerade, daher die obige Bezeichnung. Dazu müssen die Geschwindigkeiten der Auslenkung in x- und y-Richtung in zeitlich konstantem Verhältnis stehen, welches die Steigung der Geraden wiedergibt. Kann jeder diskrete Bildpunkt von jedem auf diese Weise erreicht werden, spricht man von einem Vektorgenerator. Bei großen, mechanischen Zeichengeräten ist der direkte Zugang auf einen maximalen Abstand beschränkt, es stehen Geradenstücke mit den entsprechenden Steigungen zur Verfügung (s. Bild 4-1). Das Verfahren zum näherungsweisen Verbinden zweier Punkte ist klar: Die ausgewählten, zulässigen Steigungen liegen abwechselnd jeweils möglichst knapp über bzw. unter der anzunähernden Steigung. Diese kann auf Werte zwischen 0 und 1 beschränkt werden, da das Verfahren in anderen Wertebereichen entsprechend symmetrisch ist. Es garantiert hohe Linienqualität auch bei großen Abmessungen.
Zusätzlich zu diesen Fahrinformationen muß natürlich auch Heben und Sen-

ken des Zeichenstiftes oder Hell- und Dunkeltastung des Elektronenstrahls bei Bildschirmen möglich sein. Für ein zu verbindendes Punktepaar können all diese Informationen binär verschlüsselt an das Zeichengerät übergeben werden. Um bei umfangreicher Textausgabe die aufwendige Vektordarstellung von Zeichen zu vermeiden, verwendet man Zeichengeneratoren. Um die dafür erforderliche rechnerinterne Zeichenverschlüsselung nicht als Fahrinformation zu interpretieren, muß man zwei Betriebsarten bei Vektorgeräten unterscheiden, die durch entsprechende Steuerzeichen eingestellt werden: graphischer und alphanumerischer Modus. Die binäre Verschlüsselung der Steuerzeichen muß von der aller Fahrinformationen und alphanumerischer Zeichen verschieden sein.
Entsprechend der Entstehung des Gesamtbildes erhöht sich die Zeichenzeit mit der Anzahl der zu verbindenden Punkte.

4.1.2 Rastergeräte

Die erste Überlegung zur Ermittlung einer annähernd geraden Verbindung zweier Punkte bei Rastergeräten verläuft ähnlich wie bei Vektorgeräten: Das Verfahren wird aufgrund der Symmetrie auf Steigungen zwischen o und 1 beschränkt. Andernfalls werden entsprechende Vertauschungen der Koordinatenhalbachsen vorgenommen. Es gilt zunächst in jeder Zeile und Spalte des diskreten Gitters den Punkt zu berechnen, welcher der Verbindungsgeraden der zwei Punkte möglichst nahe liegt. Aus der Geradengleichung ergeben sich für jede Spaltenposition y-Werte, die noch auf die nächstliegende ganze Zahl gerundet werden müssen. Mit einem Nadeldrucker, der über Zeilen- und Spaltenrückführungsmechanismus verfügt, könnte man dieses Punktmuster verfolgen, was einem Vektorverfahren gleichkäme. Für das Rasterverfahren müssen in einer Matrix in den Zeilen und Spalten Kennzeichen für weiß oder für schwarz gesetzt werden, am einfachsten durch o bzw. 1. Die Ausgabe dieser Matrix dauert immer gleich lang, unabhängig von der Menge der graphischen Information. Sie nimmt jedoch einen entsprechenden Speicherplatz in Anspruch, insbesondere wenn Farb- oder Grauwertinformationen für jeden diskreten Bildpunkt gespeichert werden. Bei entsprechend feiner Auflösung können Linien durch drei in y-Richtung übereinanderliegende Punkte mit unterschiedlichen Grauwerten ohne die sonst unvermeidbare Stufung dargestellt werden /24/.Der für ein Rastergerät erforderliche Informationsfluß ist i. a. höher als der für ein Vektorgerät und wächst auch noch quadratisch mit dem Auflösungsvermögen und der

Bildgröße. Deshalb ist es besser, auf den Übertragungswegen eine der bei Vektorgeräten ähnliche Informationsdarstellung zu verwenden, und die Umsetzung in eine Bitmatrix erst direkt beim Bildschirm vorzunehmen. Der größte Vorteil von Rasterschirmen liegt beim schnellen Ausfüllen von begrenzten Teilen der Bildebene mit einheitlicher Farbe oder Grauwerten, womit sogar dynamisch sich verändernde geometrische Objekte realistisch dargestellt werden können.

4.1.3 Bildwiederholungsgeräte

Ausgehend von der graphischen Darstellung wird bei der interaktiven Arbeit mit CAD-Systemen die rechnerinterne Darstellung geometrischer Objekte verändert und diese dann zur Kontrolle wieder graphisch ausgegeben. Oft werden räumliche Bewegungen des Objekts im zeitlichen Ablauf dargestellt.Statische graphische Darstellungen sind hier unbrauchbar. Auf Phosphor mit Elektronenstrahl erzeugte Bilder sind entsprechend der Nachleuchtdauer der Phosphorart mehr oder weniger schnell flüchtig, so daß flimmerfreie,stehende Bilder nur durch eine erneute Erzeugung innerhalb 1/30 Sekunde zustande kommen. Eine geometrische Veränderung des Bildes könnte im darauffolgenden Wiederauffrischungszyklus zum Ausdruck kommen. Erst das jetzige Preis-Leistungsverhältnis der Hardware erlaubt den Einsatz dieses Verfahrens ohne die empfindlichen Beschränkungen in früheren Jahren, hauptsächlich durch die geringe Anzahl darstellbarer Vektoren und ihre Qualität. Dies führte zur Entwicklung von Speicherbildschirmen, die durch ein gespeichertes Ladungsbild ohne Wiederauffrischungszyklen auskommen. Löschung von Bildteilen kann erst beim erneuten Zeichnen nach vorheriger Löschung des Gesamtbildes wirksam werden. Die Linienqualität und das Auflösungsvermögen sind höher als bei Wiederauffrischung. Die Möglichkeit der Eingabe von Bildkoordinaten durch Positionierung wird durch Ausgabe eines Steuerzeichens an den Bildschirm aktiviert. Für eine geometrisch orientierte, interaktive Arbeitsweise ist jedoch dies nicht ausreichend. Nicht nur Koordinateneingabe, sondern auch die Identifikation von Teilen eines geometrischen Objekts werden üblicherweise durch "Hindeuten" vorgenommen. Bei sich überlappenden verschiedenen Objektteilen kann diese Identifikation nicht auf dem Umweg über die Koordinateneingabe realisiert werden. Dies gilt insbesondere für Rastergeräte der bisher besprochenen Form. Die Ähnlichkeit im Ablauf der Wiederauffrischungszyklen mit dem Ablauf einer Programmschleife legt folgende mehrstufige

Lösung nahe: Ein graphisches Anwendungsprogramm erzeugt aus der rechnerinternen Darstellung eine Folge von Befehlen, also ein Programm. Dieses spiegelt in einer Hierarchie von Unterprogrammen genau die Hierarchie des darzustellenden Objekts wider. Das Befehlsrepertoir umfaßt im wesentlichen die Funktionen Sprung, Anfahren eines absolut oder relativ adressierten Punktes, Betriebsart setzen.
Dieses Bildschirmprogramm wird - evtl. nach Transport in den entsprechenden Hauptspeicher - von einer weiteren Zentraleinheit ausgeführt, wobei das Bild erzeugt wird. Der letzte Sprungbefehl des Programms führt zum Anfang zurück und bewirkt den Start eines neuen Wiederauffrischungszyklus.
Bei Rasterbildschirmen wird beim Ablauf des Bildschirmprogramms nicht direkt das Bild, sondern die entsprechende Bildmatrix erzeugt, aus der mit einer gesonderten Hardwareeinrichtung das Bild am Schirm gewonnen wird.
Die Identifikation wird bei Vektorgeräten durch Antippen einer Kante des entsprechenden Objektteils mit einem lichtempfindlichen Stift ausgelöst, wodurch die Abarbeitung des Bildschirmprogramms nach dem die Kante erzeugenden Befehl unterbrochen wird. Mittels der Speicheradresse dieses Befehls kann das ihn enthaltende Unterprogramm bestimmt werden. Die Unterbrechungsbehandlung besteht in der Modifikation des Unterprogramms oder der Befehlsfolge, die seinen Ansprung vorbereitet. Zum Löschen des Objektteils wird der Ansprungbefehl in einen "Tue nichts"-Befehl umgewandelt. Zum Verschieben wird ein entsprechender anderer Bildpunkt als Anfangspunkt angesteuert. Die Zeichenbefehle des Unterprogramms müssen dabei relative Koordinaten als Operanden benützen. Durch Erhöhung der Linienintensität im Unterpgrogramm wird das Objektteil entsprechend hervorgehoben gezeichnet. Bei Rastergeräten wird durch Positionierung einer Marke auf das Bild eines Objektteils ein Speicherplatz in der Bildmatrix ausgewählt, der dem eingestellten Bildpunkt entspricht. Wird bei der Abarbeitung des Bildschirmprogramms ein Befehl ausgeführt, der diese Speicherplatzadresse anspricht, erfolgt eine Unterbrechung des Programms.

4.1.4 Darstellung im zeitlichen Verlauf

Veränderungen in der Darstellung von geometrischen Objekten können vom Bildschirmbenutzer explizit ausgelöst worden sein, oft wird auch durch die rasche zeitliche Folge entsprechend veränderter Darstellungen auf dem Schirm die Bewegung eines erst gedachten Objekts simuliert. Durch Veränderung von Parameterwerten können die Eigenschaften des Objekts in weiten Bereichen leicht geändert werden und somit eine Optimierung erzielt werden. Das Anwendungsspektrum von Animation reicht von Trickeffekten in Filmen über Kontrolle von Fertigungsvorgängen bis zur Schulung von Fahrern bewegter Objekte. Das Hauptproblem im letzten Fall ist die Interaktion, nämlich die Berücksichtigung der Reaktion des Betrachters der Szene bei ihrer Wiedergabe. Ohne diese Forderung kann das vom Filmen her bekannte Verfahren angewandt werden, die Einzelbilder erzeugt hier der Rechner ohne die harten Zeitbedingungen der interaktiven Anwendung. Eine Beschleunigung des mehrstufigen Prozesses der Erzeugung von Bildern aus einer sich ständig ändernden rechnerinternen Darstellung eines bewegten Objektes erzielt man durch eine Aufteilung in parallel ablaufende Teilprozesse. Jeder Teilprozeß läuft auf einer unabhängig arbeitenden Hardwarekomponente ab, die Datenübergabe erfolgt in gemeinsam ansprechbaren Speichern. Um dort Behinderungen und Inkonsistenzen zu vermeiden, wird in zwei getrennte Speicherbereiche abwechselnd jeweils von einem Prozeß Information eingespeichert und vom anderen dort bearbeitet. Durch eine Aufsummierung der Ausführungszeiten der Befehle beim Ablauf der einzelnen Teilprozesse kann abgeschätzt werden, ob die Zeitbedingungen eingehalten werden. Diese sind durch die Wiederauffrischungsrate und die geforderte Bildgeschwindigkeit vorgegeben. Soll diese der realen Objektgeschwindigkeit entsprechen, spricht man von Echtzeitsimulation. Für komplexe 3-dimensionale Objekte ist Echtzeitbewegungssimulation derzeit nur mit erheblichem Aufwand an Spezialhardware möglich.

4.1.5 Geräte- und Rechnerunabhängigkeit

Unter Portabilität versteht man die Übertragbarkeit von Programmen oder Daten auf unterschiedliche Rechner. Bei der raschen Ablösung von Hardwaregenerationen ist dies nicht nur für Softwareentwickler, sondern auch für Anwender der Datenverarbeitung von großer Bedeutung. Entsprechend den hierarchischen Problemschichten der geometrischen Datenverarbeitung läßt sich auch das Portabilitätsproblem zweiteilen: Die Portabilität von Datenstrukturen der rechnerinternen Darstellung von Objekten wurde in Abschnitt 2.4.4 behandelt, einige Punkte der Portabilität der entsprechenden Anwendungsprogramme in Abschnitt 3.1. Die Portabilität der

Schicht der Ein|Ausgabeprogramme wäre gegeben, wenn auf allen Rechnern zum Betrieb ein einheitlicher Satz von Unterprogrammen für jedes Gerät vorhanden wäre. Um bei der Vielzahl der angebotenen Geräte eine besser zu überblickende Vereinheitlichung zu erreichen, wurde der abstrakte Begriff der Arbeitsstation (workstation) als Zusammenfassung bestimmter Grundfunktionen geschaffen. Als Grundfunktionen der Eingabe stehen zur Verfügung: Graphische Koordinantenübergabe (locator), Eingabe eines Zahlenwertes (valuator), Auswahl in einem Menü durch Eingabe einer ganzen Zahl (choice), Eingabe einer Zeichenfolge (string) und Identifzierung von Objekten durch "Hindeuten" (pick). Bei der Ausgabe sind Polygonzüge (polyline), Folgen von Markierungssymbolen (polymarker), Zeichenketten an bestimmter Stelle (text). Ausfüllen von Polygonzügen (fill area) und Punktmuster (cell array) möglich. Die spezielle Form der Elemente wird durch Attribute spezifiziert, etwa die Linienbreite oder Schriftart. Logisch zusammengehörige und identifizierbare Ausgabeelemente können zu arbeitsstationsunabhängigen Segmenten zusammengefaßt und abgespeichert werden. Zur Archivierung oder Übertragung der in Segmente strukturierten Bilder auf andere Installationen existieren sogenannte Metafiles.
Die Normierungsbestrebungen dieses "Graphischen Kern Systems" (GKS) werden sich erst in den kommenden Jahren auswirken, eine Umstellung der zahlreichen eingesetzten CAD-Systeme wird nachträglich sicher nicht erfolgen. Ferner wäre eine Integration der IGES- und der GKS-Metafile-Spezifikation erforderlich, wie es das CORE-System bietet. Eine beispielhafte Implementierung mit ausführlicher Diskussion der dabei aufgetretenen vielfältigen Probleme findet man in /25/.

4.2 Darstellung von 3-dimensionalen Objekten

4.2.1 Transformationen und Projektionen

Unter den allgemeinen möglichen Abbildungen spielen in der Geometrie die affinen eine besonders wichtige Rolle, da die häufigsten geometrischen Operationen mathematisch damit beschrieben werden können. Das Bild R' eines Urbildvektors R einer umkehrbar eindeutigen linearen Abbildung oder Transformation läßt sich linearer Ausdruck $R' = R \cdot A + T$ schreiben, wobei A eine Matrix mit nicht verschwindender Determinante und T der Vektor einer Translation ist. Eine Folge von Einzeltransformationen kann also druch das Produkt der Einzelmatrizen beschrieben werden, wobei die

Reihenfolge wesentlich ist. Die Art der geometrischen Transformation spiegelt sich in der Form der Matrix A wider: Eine Diagonalmatrix zeigt eine Vergrößerung oder Verkleinerung mit ev. unterschiedlichen Skalierungsfaktoren der Diagonale an, bei einer Drehung um die z-Achse erscheint in den Elementen der ersten beiden Spalten und Zeilen der Matrix A der Kosinus und Sinus des Drehwinkels. Eine Drehung um eine beliebige Achse läßt sich durch eine Verschiebung in den Ursprung, eine allgemeine Drehung und eine erneute Verschiebung zurück darstellen (s. /26/). Zu den Invarianten dieser auch "affin" genannten Abbildungen zählen das Verhältnis zweier Streckenteile auf einer Geraden und insbesondere die Parallelität von Geraden.
Wenn die Determinante der Matrix gleich Null ist, handelt es sich nicht mehr um eine umkehrbar eindeutige Abbildung, man spricht insbesondere bei einer Abbildung des 3-dimensionalen Raumes auf eine Ebene von Projektion. Bei der senkrechten Parallelprojektion auf die x-y-Ebene ist die dritte Spalte der Matrix überall gleich Null. Die senkrechte Parallelprojektion auf eine beliebige Ebene kann dann durch eine vorangegangene Drehung und Verschiebung beschrieben werden. Da diese Projektionsart häufig für anschauliche Darstellungen verwendet wird, aus denen Rückschlüsse auf die 3-dimensionalen Verhältnisse gezogen werden, ist die isometrische besonders wichtig. Bei ihr ist das Vergrößerungs- bzw. Verkleinerungsverhältnis für alle Koordinantenachsen gleich.
Aus Bild 4-2 erkennt man, daß bei der Zentralprojektion alle Punkte der Ebene parallel zur Bildebene, die durch das Projektionszentrum geht, keine endlichen Bildpunkte haben. Um mit diesen fernen Punkten wie bisher mit den endlichen rechnen zu können, führt man in gleicher Weise die homogenen Koordinanten (x, y, z, 1) für endliche Punkte und (x, y, z, o) für unendlich ferne Punkte ein. Diese Koordinaten sind nur bis auf einen Faktor eindeutig bestimmt: (1, 1, 1, 1) und (2, 2, 2, 2) stellen denselben Punkt dar. Die Erweiterung der Vektoren um eine Komponente bedingt eine zusätzliche Zeile und Spalte bei der Matrix A, deren Elemente eine Translation bzw. die Verschwindungspunkte der zu den Koordinantenebenen parallelen Geraden festlegen. Damit ist eine Translation auch im Rahmen einer Matrixmultiplikation darstellbar. Wenn man die Komponenten des Bildvektors R' als ganzzahlige Gerätekoordinaten betrachtet, kann man also alle Transformationen der sog. Weltkoordinanten des Benutzers R = (x, y, z, 1) in die Gerätekoordinaten R' = (x', y', 1) zusammenfassen in R' = B•R.
Die Matrix B enthält dabei in der dritten Spalte nur Nullen. Im konkreten

Fall wird dabei nur ein bestimmtes Fenster der Weltkoordinaten auf einen Bildausschnitt übertragen. Das Fenster hat im Fall der Parallelprojektion die Form eines Ouaders. bei der Zentralprojektion die Form eines Pyramidenstumpfes (s. Bild 4-2). Der Effekt des Zooming kann durch Verkleinern des Fensters unter Beibehaltung des Bildausschnittes herbeigeführt werden. Falls Kanten oder deren Projektionen das Fenster oder den Bildausschnitt schneiden, sind diese Schnittpunkte zu berechnen.
Zu einem Bildpunkt einer Projektion kann es mehrere ursprüngliche Objektpunkte geben (s. Bild 4-2), eine eindeutige Berechnung ist jedoch möglich, wenn noch eine weitere Projektion der Objektpunkte vorliegt. Ebenso kann die Matrix B durch Auflösung eines linearen Gleichungssystems ermittelt werden, wenn die Bildpunkte von sechs Objektpunkten bekannt sind (s. /26/).

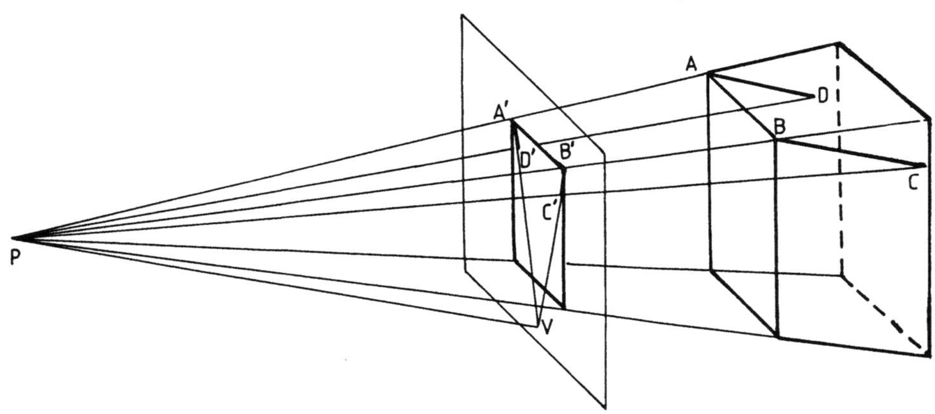

Bild 4-2 Fenster, Bildausschnitt und Zentralperspektive

4.2.2 Simulation der dritten Dimension

Die unanschauliche rechnerinterne Darstellung geometrischer Objekte erfordert zur Überprüfung vorangegangener Operationen die anschauliche externe Darstellung. Sie soll als Ersatz für ein wesentlich aufwendigeres 3-dimensionales Modell die Inspiration für weitere detaillierende und optimierende Verarbeitung geben. Im allgemeinen werden aus einer anschaulichen Darstellung keine Maße entnommen, so daß sie nicht den hohen Genauigkeitsanforderungen der rechnerinternen genügen muß. Dies wird bei der Erzeugung von anschaulichen Bildern auf Rastergeräten zugunsten der Geschwindigkeit berücksichtigt. Die direkte Abarbeitung der rechnerinternen Darstellung durch Projektion aller Kanten ergibt nur ein bedingt

realistisches Bild des Objektes: Unsichtbare und teilweise sichtbare Kanten werden wie die sichtbaren gezeichnet, ferner fehlen die sog. Sichtkanten bei nichtebenen Begrenzungsflächen. Ein Zylinder würde beispielsweise nur durch Grund- und Deckellipse dargestellt, es fehlen die entsprechenden Mantellinien. In den Punkten der Sichtkanten berühren die Projektionsstrahlen die entsprechenden Begrenzungsflächen, ihre Ermittlung erfordert somit die Auflösung nichtlinearer Gleichungssysteme. Dies mag für analytische Flächen noch vertretbar sein (s. /23/), für numerische Flächen erfolgt meist eine Näherung durch viele einbeschriebene Dreiecke. Auf diese Weise entstehen nur von ebenen Flächen begrenzte Objekte. Die unmittelbar durch das vor ihnen liegende undurchsichtige Volumen verdeckten Flächen können mit dem Flächentest ermittelt werden: Wenn das Skalarprodukt von Projektionsstrahl und Flächennormale größer als Null ist, handelt es sich um eine verdeckte Fläche. Verdeckte Kanten in diesem Sinne sind gemeinsame Kanten verdeckter Flächen.
Bei konvexen Körpern führt der Flächentest zu einer vollständigen Lösung des Problems der verdeckten Linien (s. Bild 4-3). Bei konkaven Körpern, etwa zwei getrennt im Raum liegenden Körpern, müssen von den restlichen Kanten noch die unsichtbaren Teile bestimmt werden. Nach Klärung der Sichtbarkeitsverhältnisse der Eckpunkte werden Veränderungen der Verhältnisse längs der Kante gesucht. Diese können nur an Schnittpunkten der Bilder der betrachteten Kante mit den übrigen Kanten auftreten. Zum Schluß können alle sichtbaren Punktepaare der nach dem Flächentest verbliebenen Kanten mit Geraden verbunden werden. Der Nachteil dieser weitgehend im 3-dimensionalen Raum ausgeführten Sichtbarkeitsklärung liegt im Aufwand, der mit dem Quadrat der Kantenzahl steigt. Ihr Vorteil ist in ihrer Brauchbarkeit für Vektorgeräte und ihrer Invarianz gegenüber Umskalierungen zu suchen. Ferner können dem Betrachter abgewandte Objektteile durch Strichlierung verdeckter Kanten dargestellt werden. Im Zusammenwirken mit der Steroeskopie läßt sich damit ein wirkungsvoller 3-dimensionaler Eindruck erzielen. Die Stereoskopie bietet jedem Auge des Betrachters jeweils eine unterschiedliche Projektion des Objekts in unterschiedlicher Farbe oder Polarisation an. Die Entfernung der beiden Projektionszentren entspricht dem Augenabstand.
Bei Sichtbarkeitsklärungen für Rastergeräte mit Graustufen geht man von der Beobachtung aus, daß Kanten durch Begrenzungsflächen unterschiedlicher Helligkeit oder Farbe dargestellt werden. Im Hinblick auf den Hintergrund oder auf weiter zurückliegende Flächen gilt dies auch für Sichtkanten,

die sich damit automatisch ergeben. Das allen Verfahren gemeinsame Prinzip besteht in der Bestimmung des Grauwertes für einen Punkt der Bildebene desjenigen entsprechenden Objektpunktes, der dem Projektionszentrum am nächsten liegt (s. Bild 4-3). Der Grauwert wird aus der Lage der Tangentialebene in dem Punkt und aus seiner Entfernung ermittelt, eine genauere Erörterung folgt weiter unten.

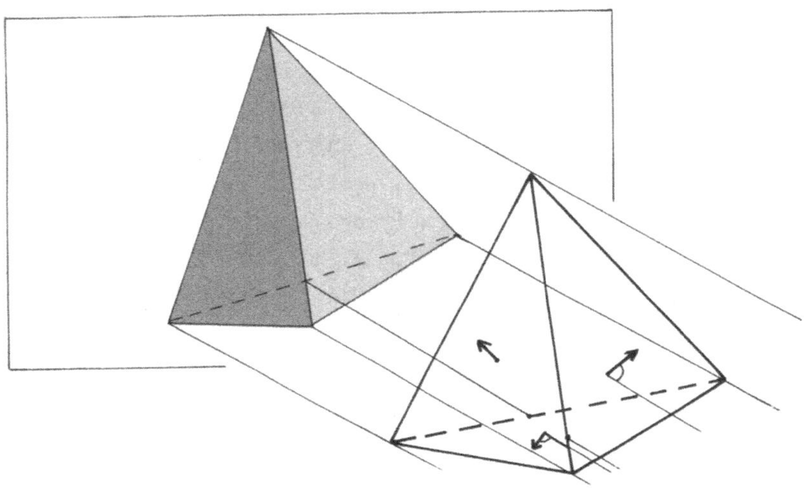

Bild 4-3 Simulation der dritten Dimension durch verdeckte Linien und Flächen und durch Schattierung

Da dieses Vorgehen für alle Bildpunkte angewandt wird, ist sein Aufwand von der Größe des Bildausschnittes, aber nicht wesentlich von der Komplexität der Objektszene abhängig. Der Aufwand kann dadurch verringert werden, daß Gebiete gleicher Grauwerte bestimmt werden, in denen die Grauwertermittlung dann nur einmal erfolgen muß. Als solche Gebiete kommen Teile einer Bildzeile oder Objektbegrenzungsflächen in Frage. Besonders wichtig sind solche Überlegungen bei deren Gewinnung der einzelnen Phasen in der Bewegungsdarstellung eines Objekts. Ein Überblick über die Möglichkeiten und Rechenzeiten der verschiedenen Verfahren ist in /27/ zu finden.

Ein einfaches mathematisches Verfahren zur Ermittlung realistischer Grauwerte berücksichtigt nur die Intensität des diffusen Anteils des reflektierten Lichts einer punktförmigen Quelle. Sie ist proportional dem Kosinus des Winkels zwischen Einfallsrichtung und Flächennormale und umgekehrt proportional der Entfernung des Objektpunktes vom Betrachter. Die Annäherung nichtebener Begrenzungsflächen durch Dreiecke bewirkt aufgrund der Unstetigkeit der Flächennormalen ein entsprechendes Verhalten der Grauwerte. Dies kann durch geeignete Interpolation der Flächennormalen behoben werden. Eine Erweiterung dieses einfachen Schattierungsmodells kann auch spiegelähnliche Reflexe und Durchsichtigkeit der Flächen wiedergeben. Beim Karosserieentwurf werden die berechneten Reflexe linienförmiger Lichtquellen zur Überprüfung der Gleichmäßigkeit der Oberfläche dargestellt.

Zur Erzeugung farbiger Flächen verwendet man für Bildschirme das additive Rot-Grün-Blau-Modell, für Ausgabe auf Papier das subtraktive Cyan-Magenta-Gelb-Modell für die Einzelfarben in gleicher Weise wie beim Schattieren. Die Komposition der Einzelfarben ergibt im ersten Fall die direkte Addition der Farben, im zweiten Fall die durch Subtraktion der Komplementärfarben aus Weiß entstehende Farbe. Als Beispiel entsteht Gelb am Schirm durch Mischung von Rot und Grün, die Farbe Grün auf Papier durch Aufbringen von Cyan und Gelb, die Rot bzw. Blau aus Weiß zurückhalten. Eine ausführliche Diskussion verschiedener Farbenmodelle findet man in /24/.

Zusammenfassung

Mit entsprechendem Rechenaufwand können auf geeigneten graphischen Ausgabegeräten durchaus mit Photographien vergleichbare realistische Darstellungen geometrischer Objekte erzeugt werden. Auch eine Bewegungssimulation ist mit vertretbarem Aufwand in beschränktem Umfang möglich. Ein wichtiges Einsatzgebiet dieser Verfahren ist die über die rein technische Darstellung hinausgehende Präsentation von Produkten in Vertrieb und Dokumentation, etwa durch werbewirksame Effekte oder mittels Explosionsdarstellungen. Ein hinreichend genaues 3-dimensionales Modell eines technischen geometrischen Objekts in leicht bearbeitbarem Material wird jedoch immer vorgezogen werden. Die langsame manuelle und die teuere maschinelle Erzeugung solcher Modelle durch numerisch gesteuerte Werkzeugmaschinen könnte durch Fertigung mittels Robotern ersetzt werden.

4.3 Übungen zu Kapitel 4

1. a) Man schätze die Informationsmenge in Bit ab, die für ein bestimmtes Bild nötig ist, bei einem Schwarz-Weiß-Rasterbildschirm, einem Vektorspeicherbildschirm und einem Stiftzeichengerät. Alle Geräte haben das gleiche Auflösungsvermögen.

   b) Die Zeichenzeit für einen Vektor auf einem Wiederholungsvektorbildschirm betrage 10µsec. Wieviel Vektoren können maximal flimmerfrei dargestellt werden?

2. Der Buchstabe T von 1 cm Höhe und Breite soll unter einem Winkel von 60 Grad gegen die x-Achse durch Vektoren erzeugt werden. Als Elementarschritte sind in x- und y-Richtung jeweils 1 mm und der entsprechende Schritt auf der Geraden y = x möglich.

3. Zum Zeichnen von dem Auge glatt erscheinenden Kurven durch Sehnen soll eine automatische Sehnenlängensteuerung entworfen werden.

   Die Kurven seien in Parameterdarstellung gegeben. Welches graphische Grundprogramm muß für das Zeichengerät verfügbar sein?

4. Für langdauernde Zeichnungen empfiehlt sich das Abspeichern der Zeicheninformationen auf Band, von dem dann ohne Hilfe des Zentralrechners direkt zum Zeichengerät übertragen wird. Man überlege sich ein Wiederaufsetzverfahren, das es bei Defekten gestattet, den bereits erzeugten Teil der Zeichnung zur fertigen zu ergänzen.

5. Es sei das CALCOMP-Unterprogrammpaket für ein graphisches Offline-Zeichengerät vorhanden. Eine schnelle Erzeugung von Übersichtszeichnungen auf dem Zeilendrucker soll ohne Änderung der graphischen Anwendungsquellenprogramme möglich sein. Das CALCOMP-Paket umfaßt als wichtigste Unterprogramme die folgenden:

PLOT (x, y, nst)	Anfahren eines Punktes mit gehobenem oder gesenktem Stift der angegebenen Nummer
SYMBOL (x, y, h, iz, w, nz)	Ausgabe von nz der in iz gespeicherten Zeichen mit der Größe h und unter dem Winkel w gegen die x-Achse beginnend am Punkt x, y

WHERE (x, y, f) — Rückgabe der aktuellen Stiftposition und des aktuellen Skalierungsfaktors, der einem Unterprogramm FACTOR übergeben wurde.

Winkel sind in Grad, Koordinaten in Zentimeter anzugeben.

Das CALCOMP-Paket bietet außerdem noch folgende Unterprogramme an:

PLOTS — Initialisierung des Unterprogrammpakets

NUMBER — Ausgabe der externen Zifferndarstellung einer Gleitpunktzahl analog dem Unterprogramm SYMBOL

6. Man erzeuge von dem folgenden Gebilde eine allgemeine Parallelprojektion:
   $x^2 + y^2 = 1 \quad z = x - 1$
   Welche Bilder können dabei in Anhängigkeit von der Projektionsrichtung entstehen?

7. Der von der positiven x-, y- und z-Achse gebildete Einheitswürfel soll verschoben, gedreht und dann auf die x-y-Ebene projiziert werden. Der Verschiebungsvektor ist (vx, o, vz), der Vektor der Drehachse ist (1, o, o), der Drehwinkel sei w und als Projektionszentrum wird der Punkt (o, o, pz) angenommen.

8. Man ermittle die x-, y- und z-Koordinaten eines Punktes aus seinen Projektionen in Grund- und Aufriß durch vollständige und allgemeine Matrixoperationen.

9. Man gebe die zwei Transformationsmatrizen für eine stereoskopische Darstellung auf die x-z-Ebene an. Die Projektionszentren der beiden Zentralprojektionen sind in den Augen des Betrachters zu denken, ferner ist der übliche Betrachtungsabstand anzunehmen.

10. a) Einzelne Bewegungsphasen sind in Form von Gerätekoordinatenfolgen auf Platte gespeichert und sollen zur Echtzeitbewegungssimulation

auf einem Bildschirm ausgegeben werden. Welche technischen Daten der betroffenen Geräte müssen dazu bekannt sein? Welche Bedingungen müssen von diesen Daten erfüllt werden? Wie können die Beschränkungen verringert werden?

b) Man schätze grob ab, ob die Simulation auch noch bei gleichzeitiger Transformation der Weltkoordinaten des Objekts in die Gerätekoordinaten möglich ist. Verdeckte Linien sollen dabei entfernt werden.

11. Es soll ein Modell zur Darstellung von Texturen und Reflexen auf Oberflächen entwickelt werden. Texturen entstehen physikalisch gesehen durch unterschiedliche Reflexionen an kleinen Oberflächenteilen. Spiegelähnliche Reflexe ergeben sich durch bevorzugte Reflexion in einer bestimmten Richtung.

12. Man ermittle den sichtbaren Urbildpunkt des Schnittpunktes der beiden Kantenbilder von Bild 4-3 unter der Annahme eines regulären Tetraeders (Pyramide mit dreieckiger Grundfläche und sechs gleich langen Kanten) und einer geeigneten Projektionsrichtung.

5 NC-Fertigung

5.1 Einführung

Versteht man unter NC (Numeric Control) die maschinelle Positionierung und Handhabung von Werkzeugen, so gibt es dafür zahlreiche Anwendungen in der Praxis: Zeichnen, Bohren, Drehen, Fräsen, Nieten, Schweißen, Erodieren, Montieren und Messen werden in zunehmenden Maße von programmierbaren Automaten übernommen. Die NC-Fertigung im engeren Sinne ist durch hohe Genauigkeitsforderungen und große Bearbeitungskräfte gekennzeichnet, woraus aufgrund der stabilen Bauweise geringe Bearbeitungsgeschwindigkeiten resultieren. Dies gilt vor allem für die spanende Fertigung, die außer ihrem Selbstzweck auch für die Herstellung von Formen bei Guß- und Schmiedeteilen von Bedeutung ist. Steht wie bei der Montage die Beweglichkeit und intelligente Reaktion auf Umweltveränderungen im Vordergrund, so werden Roboter eingesetzt. Die Unterschiede zwischen automatischem Zeichnen und NC-Fertigung sind technologischer Art: geringe Trägheitskräfte und Reaktionskräfte des Materials stehen komplexen Zusammenhängen zwischen Antriebsleistung, Werkzeugart, Schnittiefe und Bewegungsgeschwindigkeiten sowie Material gegenüber. Diese Sachverhalte werden entsprechend der Zielsetzung dieses Buches nicht behandelt.

Die Unterschiede geometrischer Art ergeben sich aus der ausdehnungslosen Zeichenstiftspitze, die Kollisionen durch Ausweichen in die dritte Dimension vermeiden kann. Ein Überzeichnen wird durch Heben des Stiftes ausgeschaltet. Da bei der Positionierung auf die Koordinaten der Fräserspitze Bezug genommen wird, muß die Geometrie des Fräsers ebenso berücksichtigt werden wie diejenige seiner Umgebung, um das gewünschte Teil ohne Kollisionen zu erhalten.Anfangs wurden die Koordinaten der anzufahrenden Punkte manuell berechnet und in möglichst dichter Folge zusammen mit Steuerzeichen für bestimmte Funktionen über Lochstreifen in die Steuerung der Maschinen eingegeben. Für komplizierte 3-dimensionale und umfangreiche Anwendungen muß dieses langsame und fehleranfällige Verfahren durch ein Programmiersystem ersetzt werden, das durch entsprechende Hard- und Software vor allem die geometrische Problematik bei Lösung und Test unterstützt. Ähnlich wie bei höheren Programmiersprachen kann dabei eine Maschinenunabhängigkeit der Programme erreicht werden.

Die zahlreichen NC-Systeme unterscheiden sich graduell in ihren technologischen, geometrischen und programmtechnischen Möglichkeiten. Anhand des international weit verbreiteten und richtungsweisenden APT-Systems sollen die Prinzipien der NC-Programmierung erläutert werden. Da bei der Drehbearbeitung die geometrischen Probleme - abgesehen von der automatischen Schnittaufteilung - gegenüber der Fräsbearbeitung mehr in den Hintergrund treten, wird hier die letztere auch in ihrer fortgeschrittensten Form des 5-Achsenfräsens behandelt. Dabei ist es nicht nur möglich, die Fräserspitze auf jeden beliebigen Punkt zu positionieren, sondern die Fräserachse kann auch eine beliebige Orientierung im Raum haben.

5.2 APT-System

Die technologischen Gegebenheiten, die Geometriedefinitionen für das Werkzeug und dessen Führung sowie der Ablauf der Werkzeugbewegung werden zusammen mit Anweisungen zur Berechnung, Programmsteuerung und Ein- und Ausgabe einem Sprachinterpretierer mit zwei wesentlichen Funktionsphasen - Interpretation und arithemtische Berechnung - zur Bearbeitung übergeben. Das wichtigste Ergebnis ist eine sequentielle Datei CLDATA, die in standardisierter Form (s. DIN 66215) alle technologischen und geometrischen Informationen über den Fertigungsablauf enthält. Diese Datei wird von einem NC-maschinenspezifischen Programm - dem Postprozessor - gelesen, der daraus die entsprechende Steuerinformationen für die jeweilige Maschine erzeugt. Damit ist ein APT-Programm maschinenunabhängig.
Die umfangreichen, z. T. auch iterativen Berechnungen in APT, lassen den Stapelbetrieb durchaus angebracht erscheinen, eine interaktive geometrische Unterstützung besteht jedoch dann nicht. Nachträglich kann aber mittels eines Postprozessors für ein graphisches Ausgabegerät der Werkzeugweg verfolgt werden. Ein Rückbezug zu den Anweisungen im APT-Programm ist in CLDATA festgehalten. Trotz dynamischer 3-dimensionaler Darstellung der Fräserbewegung unter Berücksichtigung der Sichtbarkeitsverhältnisse empfiehlt es sich stets, ein 3-dimensionales Testteil aus leichtem Material zu fertigen. Der hohe Maschinenstundensatz der NC-Maschinen legt dabei ein Ausweichen auf andere Techniken - etwa Roboter - nahe.

5.2.1 Geometriedefinitionen zur Werkzeugführung

Wenn der Fräser - analog einem Zeichenstift - mit seinem Mittelpunkt auf dem Werkstückrand verfahren würde, entstünde ein viel zu kleines Teil (s. Bild 5-7). Er muß also mit den Begrenzungslinien des Teils ebenso

in Berührkontakt bleiben wie mit der x-y-Ebene, da es sich um ein ebenes Teil handelt. Besonders die Art des Kontaktes beim Übergang von einer Begrenzungslinie zur nächsten ist zu beachten, also die Beendigung des Kontaktes mit der bisherigen Begrenzungslinie: Fräserstellung B' würde ein falsches Teil ergeben. Die Verallgemeinerung auf 3-dimensionale Verhältnisse ergibt folgendes Verfahren:
Der Fräser bewegt sich in Berührkontakt mit zwei Flächen, der Teiloberfläche und einer Führungs- oder Leitfläche, bis er in Kontakt mit einer Grenz- oder Hemmfläche kommt. Im allgemeinen wird die letzte Grenzfläche zur nächsten Leitfläche, wenn keine andere angegeben ist. Die Richtung der Fräserachse kann dabei durch die z-Achse (3-Achsenfräsen) oder relativ zur Bewegungsrichtung als Voreilung, relativ zur Normalen von Leit- oder Teiloberfläche, in einer bestimmten Ebene liegend oder fest im Raum vorgegeben werden (5-Achsenfräsen). Der Frasermittelpunkt bewegt sich dabei i. a. nicht auf der Schnittkurve von Teiloberfläche und Leitfläche.

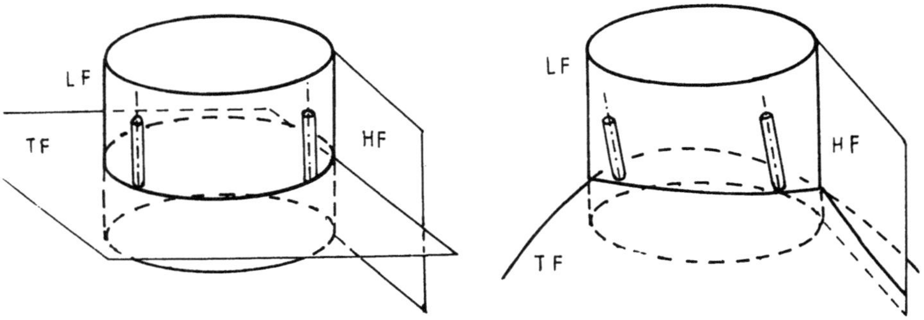

Bild 5-1 Kontaktflächen und Lage der Fräserachse

APT fordert bei Berührkontakt eine gemeinsame Tangentialebene und entgegengesetzte Normalenrichtung, was sinnlose Stellungen von Fräser und Teil ausschließt (s. Bild 5-2). Hier liegt auch eine konkrete Möglichkeit, aus den Geometriedefinitionen eines Teils in einem CAD-System die Fräserbahn punktweise zu berechnen. Vom Berührpunkt führt der Fräserverschiebungsvektor (cutter offset), der sich aus der Fräsergeometrie ergibt, zum Frasermittelpunkt. Aus Bild 5-7 ist ein weiterer Zusammenhang zwischen Fräsergeometrie und konkaven Begrenzungslinien abzuleiten: Der Radius des

Fräsers muß kleiner sein als der Radius des Kreises c2 zwischen Position F und G. Die Verallgemeinerung auf den 3-dimensionalen Fall führt außer der analogen Bedingung für die Hauptkrümmungsradien der Fläche bei Fräsern mit ebener Stirn zu bestimmten erforderlichen Voreilwinkeln, um ein Nachschneiden der hinteren Fräserkante zu vermeiden (s. Bild 5-3). Durch die zumindest stückweise analytische Darstellung von Flächen können entsprechende Berechnungen mit Mitteln der Differentialgeometrie durchgeführt werden.

Bild 5-2 Gültiger und ungültiger Berührkontakt für Fräser

Aus Bild 5-7 ist zu erkennen, daß es für die Grenzfläche 13 (Fräserposition C) und c1 (Fräserposition D) unterschiedliche Kontaktpositionen geben muß. Bei C muß der Fräser solange fahren, bis er hinter (PAST) 13 steht, bei D darf er c1 gerade erst berühren (TANTO: tangential to). Diese Differenzierung ist für alle Kontaktflächen entsprechend der Geometrie des Teils erforderlich. In Bild 5-4 ist eine Übersicht der möglichen Kombinationen zusammengestellt.
Die Fräsergeometrie vervollständigt die durch die Definition der Kontaktflächen und Kontaktpositionen spezifizierten geometrischen Informationen zur Werkzeugführung. Die Art des Fräsers wird dabei in erster Linie von technologischen Gesichtspunkten bestimmt, Fräser unterschiedlicher geometrischer Abmessungen werden zur groben Schruppbearbeitung und genauen Schlichtbearbeitung verwendet. Der Schnitt eines rotationssymmetrischen Fräsers kann mit sieben Größen in seiner Form variiert werden (s. Bild 5-3). Die Größen müssen in bestimmter Reihenfolge in der Anweisung zur Beschreibung des Fräsers angegeben werden.

5.2.2 Verarbeitungsoperationen und Ergebnisse

Aus den statischen Definitionen der Geometrie geht nicht der detaillierte

Ablauf der Bewegung des Fräsers hervor, wodurch Fertigungszeit und -güte jedoch wesentlich beeinflußt werden. Die Veränderungen des Teils im Laufe des Fertigungsvorgangs können bei Kollisionsüberlegungen wichtig sein. Jede einzelne Bewegung des Fräsers wird demgemäß relativ zur bisherigen Bewegungsrichtung durch ein Kommando spezifiziert (directional modifier). Nach Erreichen von Position A (s. Bild 5-7) wäre grundsätzlich eine Bewegung des Fräsers in Richtung der negativen y-Achse entlang der Leitlinie 11 möglich, was durch GOLFT (gehe nach links) in Anweisung 18 ausgeschlossen wird. In Bild 5-5 wird ein Überblick über die möglichen Bewegungsrichtungen gegeben.

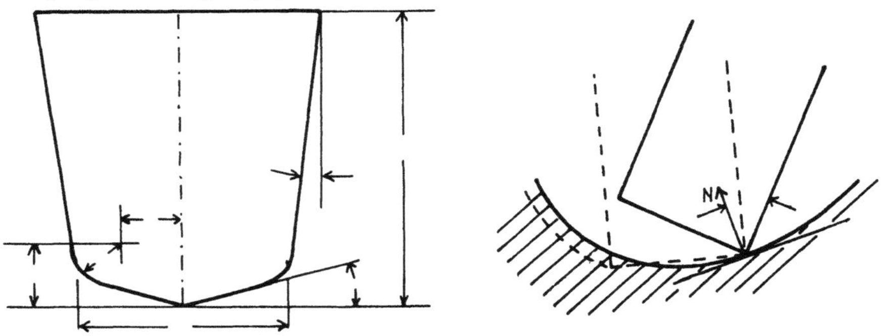

Bild 5-3a Fräsergeometrie in APT   5-3b Voreilung und Nachschneiden

Die Schreibweise eines allgemeinen Bewegungsbefehls lautet:

```
Kontaktposition zu    neue Relativ-   LF-An-   Kontaktposition   HF-An-
 LF         TF        bewegung        gabe     zu     HF         gabe
[ TLLFT  ] [ TLONPS ]  GOLFT                    [ [  TO    ] ]
{ TLRGT, } { TLOFPS },  GORGT                    [ ,{ ON    }, ]
[ TLON   ] [        ] { GOFWD   }   /  name     [ [  PAST  ] ]   name
                         GOBACK                  [ [  TANTO ] ]
                         GODOWN
```

Erklärung:

1. Reservierte Worte der APT-Sprache sind groß geschrieben.
2. Geschweifte Klammern erfordern eine Auswahl unter den angegebenen Möglichkeiten.
3. Eckige Klammern bedeuten, daß die Angabe auch fehlen kann. Dann ist die unterstrichene Angabe gültig. Bei Fehlen der Hemmfläche wird die Leitfläche des nächsten Bewegungsbefehls dazu verwendet.

LF: Leitfläche TF: Teiloberfläche HF: Hemmfläche

Die im Bewegungsbefehl nicht auftretende Teiloberfläche wird mit einer

Kontaktfläche	mögliche Kontaktart	APT-Wort (positional modifier)

Teiloberfläche
(Part Surface)

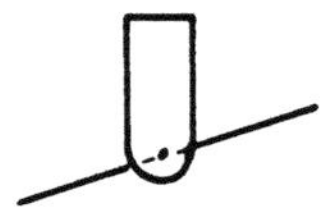

TLONPS

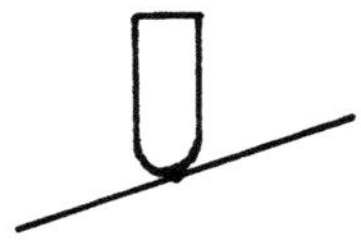

TLOFPS

Leitfläche
(Drive Surface)

TLLFT

TLRGT

TLON

Hemmfläche
(Check Surface)

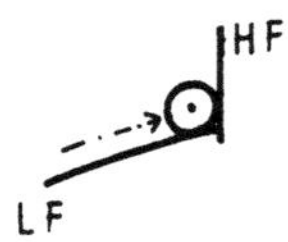

TO

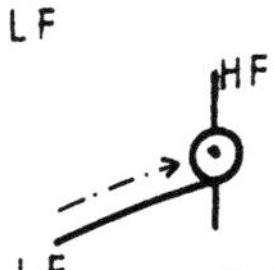

ON

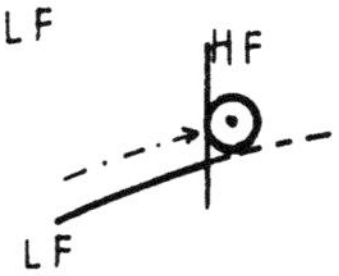

PAST

TANTO

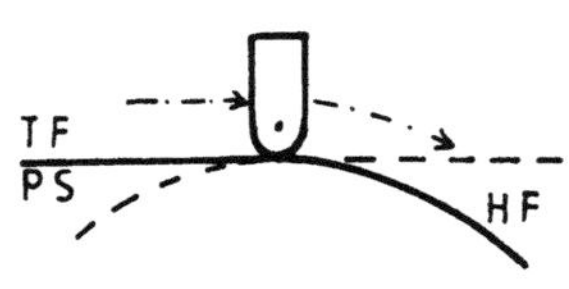

PSTAN

Bild 5-4 Mögliche Kontaktarten in APT

alte Bewegungsrichtg neue Bewegungsrichtg APT für die Änderung (directional modifier)

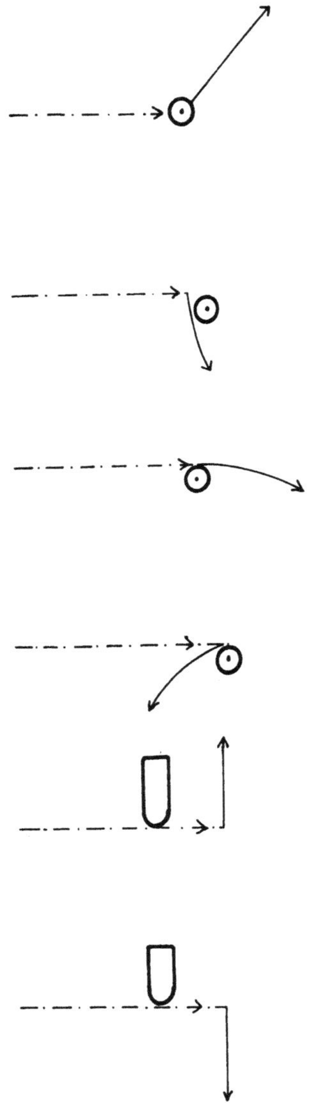

GOLFT

GORGT

GOFWD

GOBACK

GOUP

GODOWN

Bild 5-5 Mögliche Relativbewegungen in APT

gesonderten Anweisung PSIS/name angegeben. Fehlt diese Anweisung, dann ist die x-y-Ebene die Teiloberfläche (s. Bild 5-7).
Jeder Bewegungsbefehl erzeugt eine Folge von Vektoren, die als Polygonzug die wirkliche Bahnkurve des Fräsermittelpunktes annähern. Die Güte und Art der Näherung kann vom APT-Programmierer als Toleranzband auf beiden Seiten der Bahnkurve in besonderen Anweisungen angegeben werden (s. Bild 5-6). Auch ein gewünschtes Aufmaß beim Schruppen kann gefordert werden, wobei für das Schlichten keine neuen Geometriedefinitionen angegeben werden müssen.
Zum Herausfräsen der Oberfläche eines Teils müssen in der Regel mehrere, in ihrer Wirkung überlappende Bewegungsbefehle durch Parallelverschiebung der ursprünglichen Leitfläche angegeben werden. Die Verschiebung darf nicht größer sein als der Fräserdurchmesser, da sonst Material stehen bliebe. Bei doppelt gekrümmten Flächen, deren Gauß'sche Krümmung stets ungleich Null ist, läßt sich dies mit keiner Fräserform vermeiden (s. Bild 5-6). Der Zusammenhang dieser Welligkeit mit Voreilwinkel, minimalem Fräserweg, Fräserform und Flächendarstellung ist in /28/ ausführlich untersucht.
Die Folge der Schnittvektoren macht zusammen mit der Orientierung der Fräserachse und einer standardisierten Form jeder beteiligten Fläche (canonical form) die wesentliche Information der CLDATA-Datei aus (s. Beispiel 2). Da in APT jede Fläche - dazu zählen auch Kurven und Punkte - auf viele verschiedene Weisen angegeben werden kann, muß diese Rückführung auf ein Standardformat erfolgen.
Zum vollständigen Bewegungsablauf des Fräsers fehlt noch das Anfahren von Teil- und Leitfläche von einem bestimmten Start- oder Bezugspunkt aus. Dies kann durch GOTO/ mit Angabe eines Zielpunktes oder GO/ mit Angabe von Leit-, Teilober- und Hemmfläche mit den entsprechenden Kontaktpositionen erreicht werden. Weitere geometrische Operationen sind beliebige Transformationen mittels der REFSYS- und MATRIX-Anweisung sowie in beschränktem Maße die Verschneidung von Flächen durch die INTOF-Anweisung. Eine rechnerinterne Darstellung von geometrischen Objekten im Sinne eines CAD-Systems gibt es in APT nicht.

5.2.3 Gesamtumfang der APT-Sprache

Die Mächtigkeit einer Programmiersprache wird durch vielfältige und flexible Datentypen entsprechend der Anwendung und die dafür vorhande-

Toleranzbänder für Teil- und Leitfläche (nach /29/)

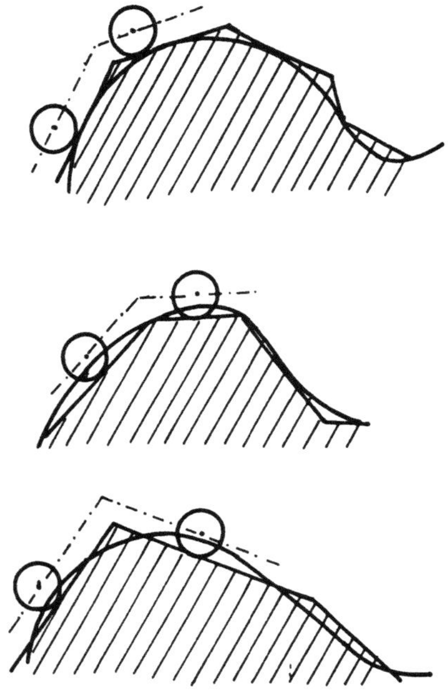

Überlappung (swath) und Welligkeit (scallop):

Bewegungsrichtung senkrecht zur Papierebene!

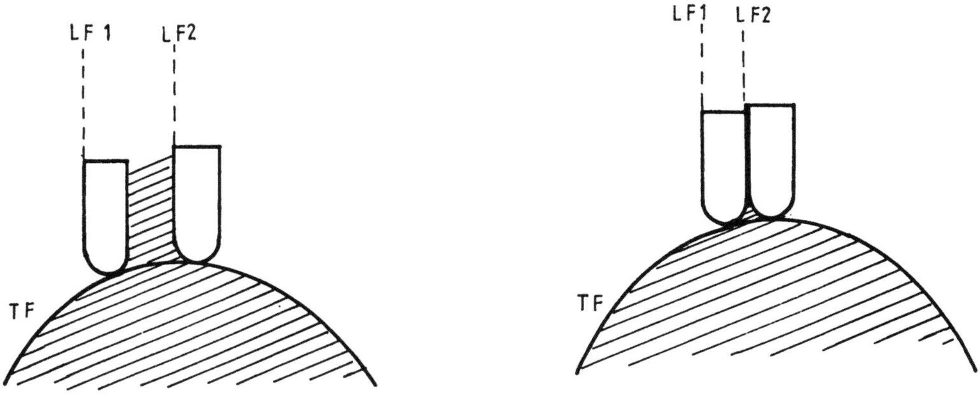

ohne Überlappung

mit Überlappung

Bild 5-6 Geometrisch bedingte Fertigungsungenauigkeiten in APT

nen Operationen bestimmt. APT gestattet die Definition von Punkten, Vektoren, Geraden, Kurven und Flächen zweiter Ordnung, Torus, allgemeinen Zylindern mit Splinekurven als Leitlinie, stückweisen Kegelschnittrotationsflächen, Regelflächen und numerischen Freiformflächen. Weiterhin stehen im wesentlichen die Ausdrucksmöglichkeiten von FORTRAN zur Verfügung, einschließlich der Fähigkeit, Unterprogramme oder Makros mit Parameterübergabe zu bilden. Analog können vordefinierte Werkzeugbeschreibungen aus Dateien in das Programm eingefügt werden. Auf Einzelwerte der kanonischen Formen kann mit Hilfe der OBTAIN-Anweisung direkt zugegriffen werden (s. /30/). Sehr wichtig für eine Insellösung wie APT ist die Möglichkeit der Kommunikation nach außen. Dabei ist der Aufruf von nicht in APT geschriebenen Programmen mit Übergabe von Parameterwerten zur Interpretations- und zur Berechnungszeit möglich. Eine Rückgabe von Parameterwerten aus den aufgerufenen Programmen in das APT-Programm kann nicht erfolgen. Ausgabe ist durch eine PRINT-Anweisung möglich, die einzig verfügbare READ-Anweisung kann jedoch nur kanonische Formen aus einer Datei unmittelbar hinter sich in das APT-Programm einfügen. Kanonische Formen können mit einer PUNCH-Anweisung in eine Datei gestellt werden.

Zusammenfassung

Das APT-System und andere ihm ähnliche waren als Insellösungen zum Schließen der Lücke zwischen Zeichnung und Fertigungsvorgang konzipiert worden und haben einen hohen geometrischen und technologischen Stand erreicht. Da in Zukunft die Geometrie von zu fertigenden Teilen immer mehr rechnerintern in CAD-Systemen gespeichert werden wird, liegt eine Verwendung dieser Geometrie durch ein NC-System nahe. Der Austausch findet über Dateien mit kanonischen Formen oder in symbolischer APT-Form von GOTO/ -Anweisungen statt. Ergänzend dazu hat bereits eine Entwicklung kompakter und umfassender Bewegungsbefehle stattgefunden, wodurch die mühsame und fehleranfällige Detailprogrammierung auf Ausnahmefälle beschränkt bleibt. Hier ist die Definition und das Abfahren von ganzen Konturen sowie das Ausräumen von Taschen ebenso zu nennen wie das einmalige Festlegen gesamter Punktmuster für eine Bohrbearbeitung. Das Ziel beim Oberflächenfräsen ist die automatische Erzeugung von elementaren Bewegungsbefehlen aus den Geometriedefinitionen eines CAD-Systems. Die Fräserführung kann dabei auf konzentrischen Schleifen - wie im APT-Beispiel 2 - oder auf Zickzack- und Pendelbahnen erfolgen. Sowohl der gesamte Verfahrweg als auch die Bearbeitungsgüte in Form der Welligkeit können bei den verschiedenen Methoden sehr stark voneinander abweichen. Der Grund liegt in den ungleichen Überlappungsverhältnissen und den unterschiedlichen Stellungen der Flächennormalen und der Fräserachse auf den verschiedenen Bahnen. Durch die Technik des 5-Achsenfräsens können sowohl Bearbeitungsgüte als auch Bearbeitungszeit optimiert werden. Weiterhin werden zur Verkürzung der Bearbeitungs- und Rüstzeiten gleichzeitige Bearbeitung mit mehreren Spindeln, automatischer Werkzeugwechsel aus steuerbaren Magazinen, Beschickung mit Teilen durch Roboter und gepuffertes Rüsten eingesetzt. Der Transport der Teile aus Hochregallagern zu den Bearbeitungszentren erfolgt ebenfalls rechnergesteuert. Die bisher getrennte Behandlung von Geometrie, Technologie und Steuerung wird dabei für die NC-Fertigung zunehmend in einem Rechner integriert (CNC).

Fräser-stellung	ISN	APT-Anweisung (APT-Worte groß)	Kommentar (kein Teil des APT-Programms)
	1	PARTNO Beispiel 1	Ebenes Teil (nach /30/)
	2	CLPRNT	Ausdruck von CLDATA (S. 91, 92)
	3	NOPOST	keine Postprozessorverarbeitung
	4	INTOL/0.05	Toleranz für Materialabnahme
	5	OUTTOL/0.05	Toleranz für Materialbelassung
	6	sp = POINT/0,0,0	Start- u. Bezugspunktfestlegung
	7	11 = LINE/4,0,0,4,8,0	Gerade durch 2 Punkte
	8	pt = POINT/4,8,0	Punkt pt
	9	12 = LINE/pt,ATANGL, 45	Gerade mit Winkel 45 durch pt
	10	13 = LINE/8,12,0,12,12,0	Gerade durch 2 Punkte
	11	14 = LINE/14,5,0,14,10,0	Gerade durch 2 Punkte
	12	15 = LINE/0,2,0,10,2,0	Gerade durch 2 Punkte
	13	c1 = CIRCLE/12,10,0,2	Kreis: Mittelpunkt u. Radius
	14	c2 = CIRCLE/14,2,0,3	Kreis: Mittelpunkt u. Radius
	15	CUTTER/0.5	Zylindr. Fräser mit Durchmesser
	16	FROM/sp	Initialisierung
A	17	GO/TO, 11	Flächenstart (11 check surface)
B	18	TLLFT,GOLFT/11,PAST,12	links von 11 bis hinter 12
C	19	GORGT/12, PAST, 13	entlang 12 bis hinter 13
D	20	GORGT/13, TANTO, c1	entlang 13 bis c1 berührt wird
E	21	GOFWD/c1, TANTO, 14	weiter auf c1 bis 14 berührt wird
F	22	GOFWD/14, PAST, c2	weiter auf 14 bis hinter c2
G	23	GORGT/c2, PAST, 15	rechts an c2 entlang hinter 15
H	24	GORGT/15, PAST, 11	rechts an 16 entlang hinter 11
I	25	GOTO/sp	Punkt-zu-Punkt-Fahren nach sp
	26	FINI	Ende des APT-Programms

Die Zuordnung zu CLDATA ergibt sich über ISN (interne Statementnummer)

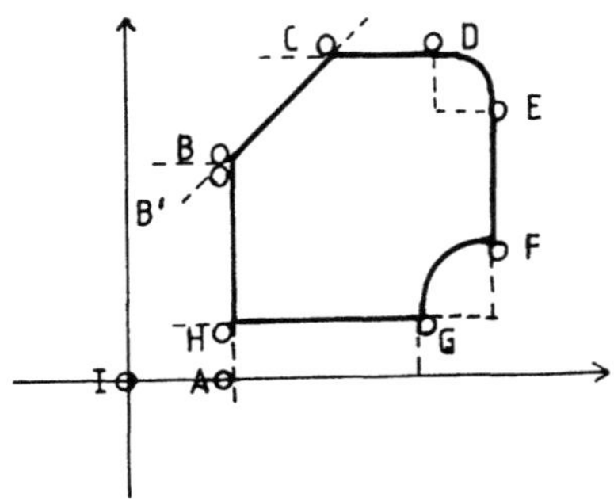

Bild 5-7 Zusammenhang zwischen Zeichnung, APT-Programm u. Fräserbahn

```
PARTNO   BEISPIEL 1                                                      RECNO      1 CARDISN     1

INTOL/     0.0        0.0        0.0        0.0                          RECNO      3 CARDISN     5

OUTTOL/    0.005000   0.005000   0.005000   0.005000                     RECNO      5 CARDISN     6

CUTTER/    0.500000                                                      RECNO      7 CARDISN    15

*** FROM/        SP  (     0)                                            RECNO      9 CARDISN    16
                                0.0            0.0            0.0

*** GO---/       L1  (     0)                                            RECNO     11 CARDISN    17
                                3.7500000      0.0            0.0

*** GO---/       L1  (     0)                                            RECNO     13 CARDISN    18
                                3.7500000      8.1035534      0.0

*** GO---/       L2  (     0)                                            RECNO     15 CARDISN    19
                                7.6964466     12.2500000      0.0

*** GO---/       L3  (     0)                                            RECNO     17 CARDISN    20
                               12.0000000     12.2500000      0.0

SURFACE DATA -  CIRCLE (  DS   ) **      C1   (     0) ** IMPL. TO **    RECNO     19 CARDISN    21
      CANON FORM IS    12.0000000,   10.0000000,    0.0      ,    0.0      ,    0.0 1.0000000,
                        2.0000000,
*** GO---/       C1  (     0)
                               12.1474841     12.2501719      0.0
                               12.4399287     12.2116708      0.0
                               12.7248460     12.1353274      0.0
                               12.9973610     12.0224480      0.0
                               13.2528109     11.8749640      0.0
                               13.4868248     11.6953988      0.0
                               13.6953988     11.4868248      0.0
                               13.8749640     11.2528109      0.0
```

```
                          14.0224480      10.9973610       0.0
                          14.1353274      10.7248460       0.0
                          14.2116708      10.4399287       0.0
                          14.2501719      10.1474841       0.0
                          14.2500000      10.0000000       0.0
                                                                     RECNO    22 CARD ISN     22
*** GO---/      L4   (     0)
                          14.2500000       4.7386128       0.0
                                                                     RECNO    24 CARD ISN     23
SURFACE DATA -  CIRCLE (  DS   ) **       C2   (     0) ** IMPL. TO **
     CANON FORM IS    14.0000000,      2.0000000,    0.0        ,     0.0       ,     0.0 1.0000000,
                       3.0000000,
*** GO---/      C2   (     0)
                          14.0896509       4.7485383       0.0
                          13.7685830       4.7402456       0.0
                          13.4506717       4.6945757       0.0
                          13.1402532       4.6121515       0.0
                          12.8415616       4.4940972       0.0
                          12.5586717       4.3420232       0.0
                          12.2954414       4.1580037       0.0
                          12.0554615       3.9445488       0.0
                          11.8420053       3.7045700       0.0
                          11.6579844       3.4413407       0.0
                          11.5059089       3.1584514       0.0
                          11.3878531       2.8597606       0.0
                          11.3054272       2.5493426       0.0
                          11.2597556       2.2314316       0.0
                          11.2514612       1.9103637       0.0
                          11.2613872       1.7500000       0.0
                                                                     RECNO    27 CARD ISN     24
*** GO---/      L5   (     0)
                           3.7500000       1.7500000       0.0
                                                                     RECNO    29 CARD ISN     25
*** GO---/      SP   (     0)
                           0.0             0.0             0.0
** FINI **                                                           RECNO    31 CARD ISN     26
```

Fräser-stellung	ISN	APT-Anweisung (APT-Worte groß)	Kommentar
	1	PARTNO Beispiel 2	Fräsen einer Halbkugel
	2	CLPRNT	CLDATA-Ausdruck (S. 95)
	3	NOPOST	kein Postprozessor
	4	INTOL/0.2	große Fehlertoleranz
	5	OUTTOL/0.2	
	6	v1 = VECTOR/0,0,0,0,1,0	Hilfsgrößen zur Defi-
	7	upt = POINT/0,0,0	nition der x-z-Ebene
	8	hf = PLANE/upt, PERPTO, v1	als Hemmfläche
	9	tf = SPHERE/0,0,0,6	Definition der Kugel
	10	PSIS/tf	als Teiloberfläche
	11	opt = POINT/0,0,6	Scheitel der Kugel
	12	spt = POINT/6,6,6	Startpunkt
	13	cd = 2.0	Fräserdurchmesser
	14	ci = cd/2	Zyl. radiusincrement
	15	r = cd	Zyl. radiusanfangswert
	16	CUTTER/cd	Schaftfräser
A	17	FROM/spt	vom Startpunkt
B	18	GOTO/opt	zum 1. Oberflächenpunkt
	19	LOOPST	Schleifenbeginn
	20	nds) lf=CYLNDR/CANON,0,0,0,0,0,1,r	Zylinder mit Radius r
C	21	TLON, GOLFT/hf	längs der x-z-Ebene
D	22	TLRGT, GORGT/lf, ON, hf	1. Halbkreis
C	23	TLRGT, GOFWD/lf, ON, hf	2. Halbkreis
	24	r = r + ci	Zyl. radius vergrößern
	25	if (r-8) nds, nds, fer	weiterer Durchlauf?
	26	fer) LOOPND	Schleifenende
	27	GODLTA/0,0,6	Fräser heben
A	28	GOTO/spt	zurück zum Startpunkt
	29	FINI	Programmende

Bild 5-8a Oberflächenfräsen mit APT

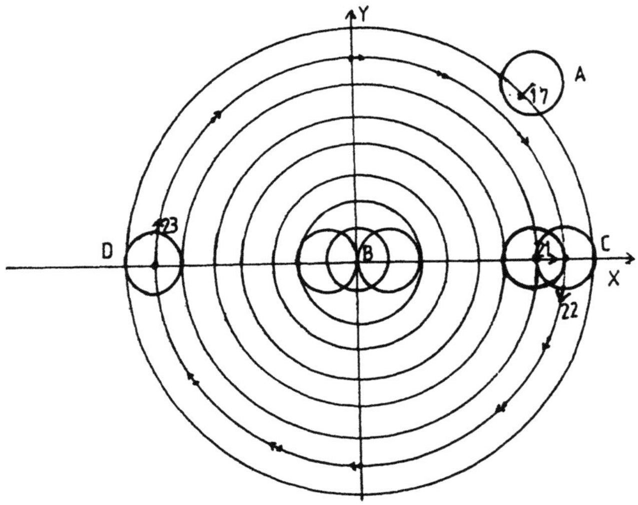

Bild 5-8b Oberflächenfräsen mit APT

Im Gegensatz zum Beispiel 1 demonstriert das APT-Beispiel 2 die 3-dimensionale Bewegung eines Fräsers im Raum unter Benutzung von drei Fräserachsen. Ein Fräserschnitt besteht aus drei Teilen, nämlich dem Verbindungsstück zweier Kreisbahnen mit unterschiedlichen z-Höhen und den beiden folgenden Halbkreisen (Internal Statement Number ISN 21, 22, 23). Für die einzelnen Fräserschnitte wird der Radius des Zylinders, der in kanonischer Form als Leitfläche dient, um den halben Fräserdurchmesser erhöht (ISN 24). Dabei wird die x-z-Ebene in Anweisung 21 als Leitfläche, in Anweisung 22 und 23 als Hemmfläche verwendet. Im CLDATA-Ausdruck ab Seite 95 beachte man die Ausschöpfung der großen Fehlertoleranzen.
Es werden nur die ersten und letzten zwei Seiten des Ausdrucks gezeigt.

```
                                                                           RECNO     1 CAPDISN      1
PARTNO   BEISPIEL 2
                                                                           RECNO     3 CARDISN      4
INTOL/    0.200000  0.200000  0.200000  0.200000
                                                                           RECNO     5 CARDISN      5
OUTTOL/   0.200000  0.200000  0.200000  0.200000
                                                                           RECNO     7 CARDISN     10
                                                                           RECNO     8 CARDISN     16
CUTTER/   2.000000
                                                                           RECNO    10 CARDISN     17
*** FROM/      SPT  (     0)
                            6.0000000      6.0000000      6.0000000
                                                                           RECNO    12 CARDISN     18
*** GO---/     OPT  (     0)
                            0.0            0.0            6.0000000
                                                                           RECNO    14 CARDISN     19
                                                                           RECNO    15 CARDISN     21
*** GO---/     HF   (     0)
                            1.1600000      0.0            6.1600000
                                                                           RECNO    17 CARDISN     22
SURFACE DATA - CYLINDER(  DS  ) **    LF  (    0) ** IMPL. TO **
      CANON FORM IS      0.0       ,   0.0      ,   0.0      ,   0.0       ,    0.0 1.0000000,
                         2.0000000,
*** GO---/     LF   (     0)
                            1.0966327     -0.3781492      6.1582853
                            0.6880743     -0.9338918      6.1629488
                           -0.3522112     -1.1052363      6.1579219
                           -1.1600000      0.0            6.1580910
                                                                           RECNO    20 CARDISN     23
SURFACE DATA - CYLINDER(  DS  ) **    LF  (    0) ** IMPL. TO **
      CANON FORM IS      0.0       ,   0.0      ,   0.0      ,   0.0       ,    0.0 1.0000000,
                         2.0000000,
*** GO---/     LF   (     0)
                           -1.0966327      0.3781492      6.1582861
                           -0.6880743      0.9338918      6.1629488
                            0.3522112      1.1052363      6.1579219
                            1.1600000      0.0            6.1580910
                                                                           RFCNO    23 CARDISN     21
```

```
*** GO---/       HF   (     0)
                           2.1600000       0.0              6.0498126
                                                                          RECNO    25 CARD ISN    22
SURFACE DATA - CYLINDER(  DS   ) **      LF  (     0) ** IMPL. TO **
      CANON FORM IS      0.0       ,     0.0       ,    0.0       ,    0.0       ,     0.0 1.0000000,
                         3.0000000,
*** GO---/       LF   (     0)
                           2.1600000      -0.4000000        6.0498126
                           1.8610804      -1.0963483        6.0523010
                           0.8429079      -1.9887449        6.0715734
                          -0.9555738      -1.9371316        6.0498213
                          -2.1600000       0.0              6.0500642
                                                                          RECNO    28 CARD ISN    23
SURFACE DATA - CYLINDER(  DS   ) **      LF  (     0) ** IMPL. TO **
      CANON FORM IS      0.0       ,     0.0       ,    0.0       ,    0.0       ,     0.0 1.0000000,
                         3.0000000,
*** GO---/       LF   (     0)
                          -2.1600000       0.4000000        6.0500642
                          -1.8610804       1.0963483        6.0522994
                          -0.8429079       1.9887449        6.0715734
                           0.9555738       1.9371316        6.0498213
                           2.1600000       0.0              6.0500642
                                                                          RECNO    31 CARD ISN    21
*** GO---/       HF   (     0)
                           3.1600000       0.0              5.7689644
                                                                          RECNO    33 CARD ISN    22
SURFACE DATA - CYLINDER(  DS   ) **      LF  (     0) ** IMPL. TO **
      CANON FORM IS      0.0       ,     0.0       ,    0.0       ,    0.0       ,     0.0 1.0000000,
                         4.0000000,
*** GO---/       LF   (     0)
                           3.1600000      -0.4000000        5.7689644
                           2.9438825      -1.1485451        5.7700446
                           2.1075792      -2.3545084        5.7796996
                          -0.1944454      -3.1540119        5.7690396
                          -1.9552841      -2.4824311        5.8029726
                          -3.1600000      -0.0000000        5.7689608
                                                                          RECNO    36 CARD ISN    23
```

```
SURFACE DATA - CYLINDER(  DS  ) **      LF  (    0) ** IMPL. TO **
      CANON FORM IS     0.0       ,     0.0       ,    0.0       ,    0.0       ,    0.0   1.0000000,
                        6.0000000,
*** GO---/       LF  (   0)
                          -5.1600000      0.4000000      4.5444636
                          -5.0232633      1.1800108      4.5434669
                          -4.4484221      2.6147927      4.5465424
                          -2.4023766      4.5666385      4.5878948
                           0.8895297      5.0827489      4.5435111
                           3.8104655      3.4793610      4.5435719
                           5.1600000      0.0            4.5444636
                                                                       RECNO     55 CARD ISN     21
*** GO---/       HF  (   0)
                           6.1600000      0.0            3.3710647
                                                                       RECNO     57 CARD ISN     22
SURFACE DATA - CYLINDER(  DS  ) **      LF  (    0) ** IMPL. TO **
      CANON FORM IS     0.0       ,     0.0       ,    0.0       ,    0.0       ,    0.0   1.0000000,
                        7.0000000,
*** GO---/       LF  (   0)
                           6.1600000     -0.4000000      3.3710647
                           6.0447731     -1.1858830      3.3646513
                           5.5525083     -2.6674429      3.3663192
                           3.6976619     -4.9267531      3.3887886
                           0.1670053     -6.1577357      3.4320718
                          -3.4252770     -5.1198708      3.4246697
                          -5.4318083     -2.9053499      3.3852410
                          -6.1600000      0.0            3.3723474
                                                                       RECNO     60 CARD ISN     23
SURFACE DATA - CYLINDER(  DS  ) **      LF  (    0) ** IMPL. TO **
      CANON FORM IS     0.0       ,     0.0       ,    0.0       ,    0.0       ,    0.0   1.0000000,
                        7.0000000,
*** GO---/       LF  (   0)
                          -6.1600000      0.4000000      3.3723474
                          -6.0447731      1.1858830      3.3646420
                          -5.5525083      2.6674429      3.3663194
                          -3.6976619      4.9267531      3.3887885
                          -0.1670053      6.1577357      3.4320718
                           3.4252770      5.1198708      3.4246697
```

```
                                   5.4318083      2.9053499      3.3852410
                                   6.1600000      0.0000000      3.3723474
                                                                             RECNO    63 CARD ISN    21
*** GO---/      HF   (     0)
                                   7.1600000      0.0            0.4464999
                                                                             RECNO    65 CARD ISN    22
SURFACE DATA - CYLINDER(  DS  ) **      LF  (     0) ** IMPL. TO **
      CANON FORM IS        0.0       ,    0.0       ,    0.0       ,    0.0       ,    0.0  1.0000000,
                           8.0000000,
*** GO---/      LF   (     0)
                                   7.1600000     -0.4000000      0.4464999
                                   7.0605005     -1.1895093      0.2209665
                                   6.6311389     -2.7006659      0.1073716
                                   4.9520654     -5.1713294      0.0483276
                                   1.2881073     -7.0431797      0.0196474
                                  -2.8006641     -6.5895281      0.0079881
                                  -5.9648394     -3.9605922      0.0032478
                                  -7.1600662     -0.0000000      0.0003717
                                                                             RECNO    68 CARD ISN    23
SURFACE DATA - CYLINDER(  DS  ) **      LF  (     0) ** IMPL. TO **
      CANON FORM IS        0.0       ,    0.0       ,    0.0       ,    0.0       ,    0.0  1.0000000,
                           8.0000000,
*** GO---/      LF   (     0)
                                  -7.1600662      0.4000000      0.0003710
                                  -7.0605023      1.1894985      0.0001839
                                  -6.6311431      2.7006558      0.0000894
                                  -4.9520733      5.1713218      0.0000402
                                  -1.2887683      7.0430587      0.0000164
                                   2.7999699      6.5898231      0.0000066
                                   5.9762053      3.9690625      0.0000054
                                   7.0496193     -0.0029256      0.0000033
                                                                             RECNO    71 CARD ISN    27
*** GO---/   NONAME (      0)
                                   7.0496193     -0.0029256      6.0000033
                                                                             RECNO    73 CARD ISN    28
*** GO---/      SPT  (     0)
                                   6.0000000      6.0000000      6.0000000
```

5.4 Übungen zu Kapitel 5

1. Es sollen die ersten drei Bewegungsbefehle von APT-Beispiel 1 in der Punkt-zu-Punkt Metholde (mit GOTO/) angegeben werden.

2. Nach /30/ kann ein Kreis durch seinen Radius und zwei sich schneidende und ihn berührende Gerade folgendermaßen definiert werden:

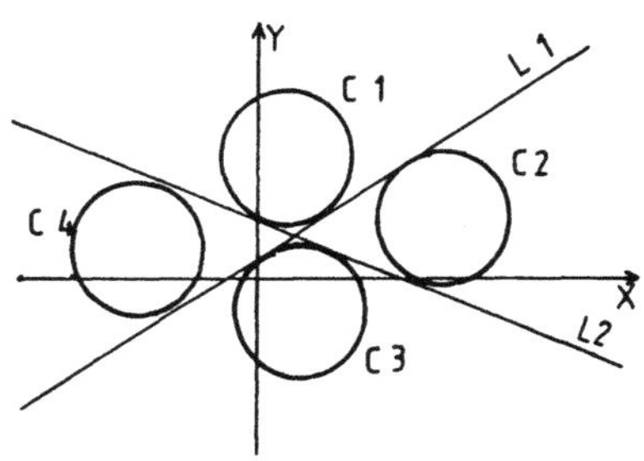


```
C1 = CIRCLE/YLARGE, 12, YLARGE, 11, RADIUS, .375
C2 = CIRCLE/YSMALL, 11, XLARGE, 12, RADIUS. .375
C3 = CIRCLE/YSMALL, 12, YSMALL, 11, RADIUS, .375
C4 = CIRCLE/XSMALL. 12. YLARGE. 11. RADIUS. .375
                       OR
C1 = CIRCLE/XLARGE, 12, XSMALL. 11, RADIUS. .375
C2 = CIRCLE/XLARGE. 11. YLARGE. 12. RADIUS: .375
C3 = CIRCLE/XSMALL, 12, XLARGE, 11, RADIUS, .375
C4 = CIRCLE/YSMALL, 12, XSMALL, 11, RADIUS, .375
```

Man definiere cl aus Beispiel 1 entsprechend um.

3. Wieviel Prozent beträgt die Überlappung (swath) in Beispiel 2? Man mache sich ein Bild von der Welligkeit (scallop)!

4. Ersetzt man in Beispiel 2

   ISN 19 durch kreis = MACRO/ci

   ISN 26 durch fert) TERMAC

   und fügt danach (also vor ISN 27) ein:

   CALL/kreis, ci = 1.0

   so wird durch die zwischen dem MACRO- und dem TERMAC-Statement liegenden Anweisungen ein Macro definiert, an das mit dem Aufruf CALL/ der Parameter ci übergeben wird. Die Änderung hat keinen Einfluß auf die Ergebnisse.

   Man stelle Beispiel 2 mit dieser Macro-Technik so um, daß es für beliebige Kugelradien und Fräserdurchmesser allgemein verwendbar wird.

5. Der CLDATA-Ausdruck sei in derselben Form in einer Datei gespeichert. Es sollen Postprozessoren unterschiedlicher Fähigkeiten konzipiert werden:

   a) Für den ebenen Fall (etwa Beispiel 1) sollen die Bahnpunkte des Fräsermittelpunktspolygonzugs umschlossen vom Fräsergrundriß und evtl. die Einhüllende dieser Grundrißfolge gezeichnet werden.

   b) Für den 5-achsigen Fall (mit multaxis) soll mit einem graphischen Ausgabegerät die Bewegung des Fräsers in mindestens 2 Rißebenen dargestellt werden.

   c) Für den 3-achsigen Fall und einen einfachen Schaftfräser soll ein 3D-Schichtenmodell des gefrästen Teils erstellt werden.

6. Beim Taschenfräsen kann trotz Überlappung (swath) der parallelen Fräserschnitte Material stehen bleiben, wie man an folgender Zeichnung sieht:

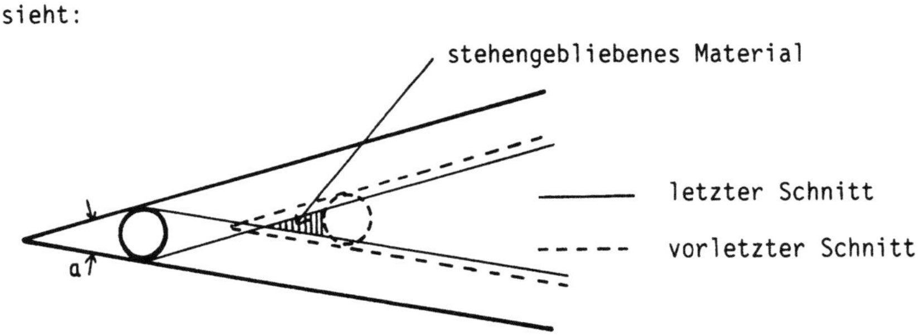

   Es soll die Ungleichung zwischen Überlappung (etwa in Prozent), Fräserradius und dem Winkel a hergeleitet werden, die erfüllt sein muß, damit kein Material stehen bleibt.

7. Es sollen Zahlenwerte aus einer beliebigen Datei in APT eingelesen werden und in einfachen Variablen zur Verfügung stehen.

8. Welcher von einer Ebene verschiedener Flächentyp in APT kann mit 5-Achsen-Verfahren ohne Welligkeit gefräst werden?

6. Finite-Elemente-Methode

Die Physik starrer Körper befaßt sich nur mit den äußeren Kräften, Verformungen und innere Kräfte werden außer Acht gelassen. Das Gleichgewicht ist erreicht, wenn die Summe der Kräfte gleich Null ist, wobei auch Drehmomente unter die Kräfte gerechnet werden. Wenn Trägheits- und Reibungskräfte mitbetrachtet werden, geht die Statik in Dynamik über. Bei elastischen Stabwerken werden in jedem Knoten die aus den Verformungen sich ergebenden inneren Kräfte bei der Gleichgewichtsbedingung mit aufsummiert (s. Bild 6-1). Die inneren Kräfte berechnen sich aus den Spannungen, diese wiederum hängen gemäß dem Hookschen Gesetz linear von den relativen Knotenverschiebungen ab. Es entsteht somit ein lineares Gleichungssystem mit den Veschiebungen als Unbekannten. Auflager können als vorgegebene,bekannte Verschiebungen in das Gleichungssystem eingebracht werden. Nach Auflösung des Gleichungssystems können Spannungen und Kräfte aus den Verschiebungen berechnet werden. Wenn die Festigkeitsgrenzwerte des Materials bekannt oder geometrische Randbedingungen vorgegeben sind, kann somit festgestellt werden, ob die Struktur den Belastungen standhält oder die Einbaubedingungen verletzt. Die Matrix des Gleichungssystems ist symmetrisch und nur in einem Streifen längs der Hauptdiagonalen mit von Null verschiedenen Werten besetzt.
Wenn bei einer Festigkeitsberechnung das elastische Medium nicht in Form von Stäben oder Balken konzentriert ist, liegt ein Anwendungsfall für die Finite-Elemente-Methode vor. Hier wird in kleinen Bereichen der Gesamtstruktur die kontinuierliche Materialverteilung berücksichtigt, was eine wesentlich bessere Anpassung an die geometrischen und physikalischen Gegebenheiten gestattet.

6.1 Diskretisierung eines Kontinuums

Man denkt sich das Kontinuum ganz in kleine, einfache "Elemente" mit ausgezeichneten Eckpunkten, den Knoten, zerlegt. Diese Knoten können dabei geometrische Eckpunkte, Angriffspunkte äußerer Kräfte oder Auflager sein (s.Bild 6-1). Der wesentliche Unterschied zu Stabwerken besteht bei den Finiten Elementen in der Berechnung der inneren Kräfte: Bei einer gedachten kleinen Verschiebung der Knoten eines Elements wird von allen dort angreifenden inneren Kräften die gesamte Formänderungsarbeit des Elements verrichtet.
Sie ist gleich dem Integral des Produktes von Spannung und Verzerrung über das Volumen des Elements. Dazu muß bekannt sein, auf welcher Seite

einer Begrenzungsfläche sich die Materie befindet. Bei Übernahme von Geometriedaten aus volumenorientierten CAD-Systemen trifft dies zu, bei direkter Eingabe in ein FEM-System kann diese Information durch den Umlaufsinn der Elementknoten angegeben werden, wie es im Beispiel-FEM-System in /31/ demonstriert wird.
Bei der Gesamtbetrachtung des Gebildes werden physikalische Wechselwirkungen zwischen den Elementen ausgeschlossen; geometrische sind dadurch vorgegeben, daß keine Risse in dem Kontinuum entstehen dürfen. Gleichgewicht ist bei einer Vektorsumme von Null der äußeren und inneren Kräfte an jedem Knoten gegeben, was auf ein lineares Gleichungssystem für die Knotenverschiebungen hinausläuft.
Die obigen Integrale sind - zumindest numerisch - berechenbar, wenn das Stoffgesetz des Kontinuums als Zusammenhang Spannungen-Verzerrungen und der Verlauf der Verzerrungen im Element bekannt ist. Das Stoffgesetz wird analog dem Hookschen Gesetz in jeder Verschiebungsrichtung als linear betrachtet, was nur für kleine Verschiebungen gültig ist. Der Verzerrungsverlauf im Innern eines Elements ergibt sich aus den Verschiebungen unter Vernachlässigung von Gliedern höherer Ordnung als partielle Ableitung der vektoriellen Verschiebungsverlaufsfunktion (f1, f2). Die einzige Annahme, die nun zunächst über diese Verschiebungsfunktion gemacht wird, ist ihre Linearität hinsichtlich der Knotenverschiebungen. Damit ist obiges Gleichungssystem in der Tat linear. Alle Kontinuumsprobleme werden bei der Methode der Finiten Elemente in das Schema dieser linearen Beziehungen gebracht - sei es durch Definition geeigneter verallgemeinerter Verzerrungen oder durch schrittweise linearisierte Rechnung. Die Koeffizienten der Knotenverschiebungen bei der Verschiebungsfunktion werden als Formfunktionen bezeichnet. Ihre partiellen Ableitungen bestimmen also den Zusammenhang zwischen Verzerrungen im Innern und den Knotenverschiebungen.
Natürlich sind die Formfunktionen nicht völlig frei wählbar:
- sie müssen beim Einsetzen entsprechender Knotenpunktskoordinaten die Werte 0 bzw. 1 liefern
- längs der Elementränder muß mindestens die Stetigkeit gewährleistet sein, es dürfen keine Unstetigkeiten der Verschiebung entstehen.

Die Ähnlichkeit zur Problemstellung bei den Gewichtsfunktionen in Abschnitt 3.4 ist offensichtlich und in der Tat werden für einfache Dreieckselemente in beiden Fällen lineare Funktionen von baryzentrischen

Koordinaten verwendet. Ebenso kommen bei erweiterten Stetigkeitsforderungen für Vierecke die Hermiteschen Polynome sowohl in CAD-Systemen zur Interpolation als auch in FEM-Systemen als Formfunktionen zum Einsatz. Das Problem ist stets, bei den geforderten Stetigkeitsbedingungen für ein Element- bzw. Patchform eine entsprechende Funktion zu finden, wobei Formfunktionen abhängig von der Anzahl der Knotenfreiheitsgrade von maximal 3 Veränderlichen bestimmt werden können, im Gegensatz zu zwei Parametern bei numerischen Flächen. Die Unabhängigkeit der Prinzipien der Methode der Finiten Elemente von der geometrischen Form, den physikalischen Eigenschaften und der Art der Randbedingungen bei den Einzelelementen ist zusammen mit den vorteilhaften numerischen Eigenschaften der Hauptgrund für ihre weite Verbreitung.

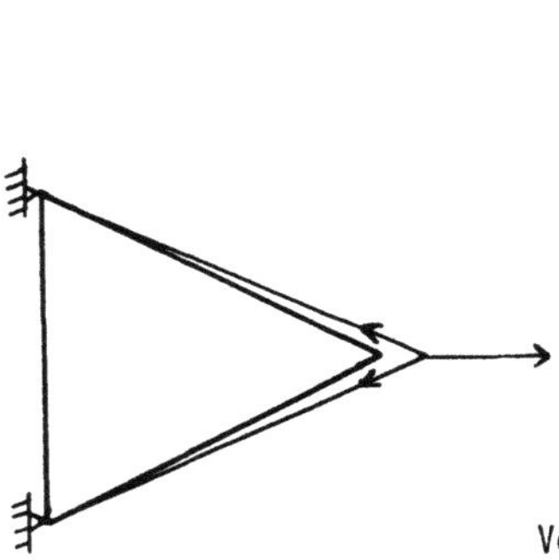

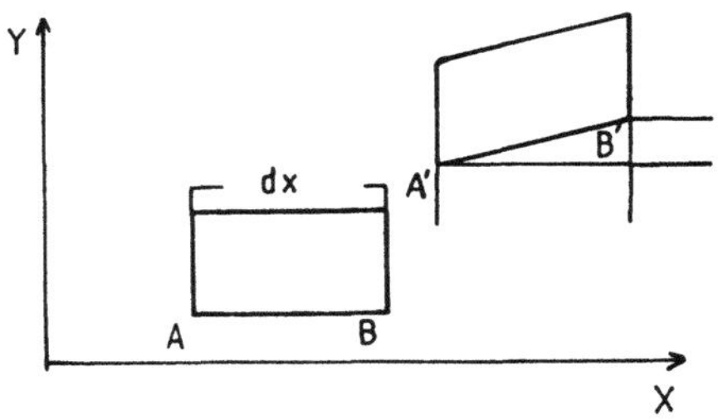

Verschiebungsfunktion: (f1, f2)

Verschiebung in x-Richtung: ex

$$ex = \frac{A'B' - AB}{AB}$$

$$(A'B')^2 = (dx + \partial f1/\partial x \cdot dx)^2 + (\partial f2/\partial x \cdot dx)^2$$

$$ex = \partial f1/\partial x$$

Bild 6-1 Kräftegleichgewicht und Knotenverschiebungen

6.2 Elementtypen und Formfunktionen

Der einfachste Fall ist ein Dreieckselement, bei dem Verschiebungen, Kräfte und Spannungen in einer Ebene liegen. Setzt man die zwei Komponenten der Verschiebungsfunktion F als lineare Funktionen in x und y an, so ergeben sich beim Einsetzen der Knotenpunktskoordinaten die entsprechenden Knotenverschiebungen. Die Koeffizienten der linearen

Funktionen können also durch die Knotenkoordinaten und -verschiebungen ausgedrückt werden, indem man das Gleichungssystem nach diesen 6 Größen auflöst (drei Knoten mit jeweils 2 Freiheitsgraden). Ordnet man nun die Verschiebungsfunktion als lineare Funktion der Knotenverschiebungen um,so treten die Formfunktionen als lineare Koeffizientenfunktionen in x und y auf. Ihre Ableitungen sind also konstant, nicht von der Lage des betrachteten inneren Punktes abhängig, was einem konstanten Verzerrungszustand entspricht. Der Zusammenhang Verzerrungen-Verschiebungen ist somit durch eine Matrix mit konstanten Koeffizienten und sechs Spalten zu beschreiben.
Wenn man dieses dreieckige Scheibenelement als genügend dünn voraussetzt (Ausdehnung in x bzw. y bzw. z mindestens wie 10:10:1), genügen drei Spannungen: Die beiden Spannungen in x- und y-Richtung und die Schubspannung parallel dazu, wobei die Querkontraktion mitberücksichtigt werden muß. Drückt man den Schubmodul durch den Elastizitätsmodul und die Querkontraktionszahl aus, genügen diese zwei elastischen Konstanten um den Zusammenhang zwischen Spannungen und Verzerrungen durch eine $3 \cdot 3$ Matrix darzustellen. Sie muß von links und rechts mit der Verzerrungs-Verschiebungsmatrix multipliziert werden. Die Elemente dieser $6 \cdot 6$ Matrix ergeben über das Volumen integriert die Elemente der Steifigkeitsmatrix für das betrachtete Dreieck. Die Positionierung der $6 \cdot 6$ Steifigkeitsmatrizen der einzelnen Dreieckselemente gemäß der Knotennummern liefert die Matrix für das aufzulösende Gesamtgleichungssystem der Ordnung $n \cdot 2$ (n : Anzahl der Knoten). Die noch ausstehende Integration geht aufgrund der konstanten Elementdicke und Matrizen in eine Multiplikation mit dem Volumen des Elements über. Für viele Anwendungen bedeuten die Annahmen der Scheibenelemente eine unzulässige Vereinfachung, es müssen verallgemeinerte Verschiebungen und Kräfte eingeführt werden, um die Durchsenkung einer Platte unter bestimmten Annahmen zu beschreiben. Als Verschiebungen verwendet man die Durchsenkung in z-Richtung und ihre beiden 1. partiellen Ableitungen nach x bzw. y, als Kräfte eine Kraft in z-Richtung sowie Momente als Integrale der Spannungen in x- und y-Richtung. Setzt man dünne Platten mit kleiner Durchsenkung und linear über die Dicke veränderlicher Spannung voraus, ist die Integration geschlossen ausführbar. Die entsprechenden Verzerrungen hängen jetzt von den 2. Ableitungen der Durchsenkung ab und die Formfunktionen müssen zusätzlich auch noch einen stetigen Übergang der Ableitungen der Durchsenkung an den Elementgrenzen

garantieren. Geeignete Funktionen sind sowohl in CAD- als auch FEM-Systemen bekannt (s. /31/).
Eine Kombination der Scheiben- und Platteneigenschaften führt zu Schalenelementen mit fünf Freiheitsgraden für jeden Knoten. Falls die benutzten vereinfachenden Annahmen hinsichtlich der Dicke nicht erfüllbar sind, muß mit dreidimensionalen Elementen gerechnet werden, die über drei Knotenfreiheitsgrade verfügen. Die Gesamtzahl der Gleichungen erhöht sich jedoch zusätzlich noch erheblich, da mehr Elemente mit mehr Knoten als im geometrisch 2-dimensionalen Fall zur Diskretisierung des Kontinuums erforderlich sind.
Um den Gesamtaufwand bei der Lösung des Gleichungssystems zu verringern, können zwei Wege zur Verminderung der Elementanzahl aufgrund physikalischer und geometrischer Überlegungen beschritten werden:

- in Wirklichkeit sind die Verzerrungen an den Elementgrenzen meist nicht nur stetig, sondern evtl. mehrfach stetig differenzierbar
- zur möglichst genauen Überdeckung des betrachteten Kontinuumsbereiches werden auch krummlinig begrenzte Elemente zugelassen.

Im ersten Fall führt man noch weitere Knoten auf den Kanten der Elemente ein. Im Gegensatz zum bisherigen können hier eindeutig bestimmte Polynome passenden höheren Grades als Formfunktionen angegeben werden, die damit die stetigen Ableitungen der Verzerrungen an den Elementrändern sichern. Wie bei CAD-Systemen treten auch hier kubische Funktionen auf. Wie die Erfahrung zeigt (s. /33/), ergibt sich bei Übergang zu doppelter Knotenzahl mit 1/5 der Elemente die gleiche Genauigkeit. Im zweiten Fall werden dreieckige, rechteckige, Tetraeder- oder Quader-Elemente umkehrbar eindeutig, aber sonst beliebig deformiert. Die invertierbare Jacobische Matrix beschreibt dabei den Übergang von den globalen kartesischen Koordinaten in die lokalen krummlinigen Koordinaten. Die Formfunktionen behalten bei dieser Transformation die gewünschten Eigenschaften bei.
Wie die Erfahrung und Theorie (s. /8/) zeigen, sollen allzu starke Deformationen und spitze Winkel vermieden werden, da sie die Genauigkeit ungünstig beeinflussen. Zusätzlicher Aufwand entsteht bei deformierten Elementen durch die erforderliche numerische Integration. Die Ermittlung der Jacobischen Matrix kann am einfachsten aufgrund der Angabe der krummen Begrenzungslinien oder -flächen des deformierten Elements erfolgen (s. Beispiel 2).

6.3 Erstellung eines FEM-Programms

Die erste und wichtigste Entscheidung ist die Erkennung des Problemtyps, also die Auswahl des richtigen Elementtyps. Dieser wird weitgehend durch die physikalischen Gegebenheiten wie Art der Spannungen und Verzerrungen, der Lasten und Auflager und erst in zweiter Linie durch geometrische Gegebenheiten wie Krümmungs- und Abmessungsverhältnisse bestimmt. Weiter ist zu beachten, daß einige Elementtypen nicht für gewisse Ergebnisanforderungen wie Dynamik oder Anisotropie eingesetzt werden können. Mit der Auswahl des Elementtyps sind intern die Formfunktionen festgelegt.

Die nun folgende Erzeugung von Knotenpunktskoordinaten muß die Geometrie des Gebildes und den Ort von Auflagern und Lasten berücksichtigen, wo sich stets ein Knoten befinden muß. Gleichmäßig verteilte Lasten werden von den FEM-Systemen in Knotenlasten umgerechnet. Zur besseren Approximation des Spannungszustandes in der Umgebung von Auflagern oder Lasten müssen dort die Punkte dichter erzeugt werden. Der Rand eines Gebildes mit seinen Eckpunkten beeinflußt die Form der Elemente, wobei man davon ausgehen kann, daß für jeden Elementtyp stets sowohl Dreiecks- als auch Viereckselemente zur Verfügung stehen. Zur eindeutigen Identifizierung müssen die Eckknoten der Elemente mit Namen oder Nummern versehen werden. Da von der Art der Numerierung die Bandbreite der Matrix des Gesamtgleichungssystems abhängt (s. Bild 6-2), kann durch geeignete interne Umnumerierung der Rechenaufwand verringert werden.

Die Einpassung von Elementen in die Knotenpunktsmenge erfolgt durch Angabe der entsprechenden Knotenpunktsnummernfolge, wobei auf konsistente Spezifizierung des Umlaufsinns (Normale ins Leere) zu achten ist.

Nun können auch die Elementeigenschaften wie elastische Konstanten oder Dicke sowie Auflagerarten und Belastungsarten und -werte spezifiziert werden.

Die Art der mathematisch/physikalischen Analyse - Statik, Dynamik, Wärmeleitung und nichtlineare Bereiche - vervollständigt die Aufgabenstellung. Für alle diese Anwendungen ist der Ablauf der Diskretisierung des betrachteten Kontinuums im wesentlichen derselbe. Vielfältige Anweisungen zur Ausgabe der Ergebnisse in zahlenmäßiger und graphischer Form stehen in jedem FEM-System zur Verfügung. Der größte zeitliche Aufwand für den Programmersteller fällt bei der Knotenpunktskoordinaten- und Elementerzeugung an, wobei dieser Prozeß außerdem noch sehr fehleranfällig ist. Außer Digitalisierungsgeräten steht bei den meisten FEM-Systemen die Möglichkeit zur Verfügung, durch Schnittpunkte von zwei Kurvenscharen oder drei Flächenscharen Knotenpunkte und Elemente zu generieren. Zusätzlich können Parameterwertebereiche, geometrische Bewegungen und Durchschnitt sowie Vereinigung von vorher erzeugten Knotenpunktmengen spezifiziert werden. Als Nachteile des Verfahrens sind die geringe Auswahl an Kurven- und Flächenarten zu nennen und vor allem die erneute Definition der Geometrie des Gebildes, die meist schon im Entwurf oder der Detailkonstruktion festgelegt wurde. Da diese Bereiche von einem geeigneten CAD-System abgedeckt werden können, liegt eine Übernahme der geometrischen Daten in ein FEM-System nahe. Die Strukturinformationen können dabei verwendet werden, um die einzelnen Unterstrukturen getrennt einer Berechnung zuzuführen.

6.4 Automatische Diskretisierung

Da die Orte von Auflagern und Lasten zusammen mit der Geometrie des Gebildes wesentlich die Aufteilung eines Kontinuums bestimmen - dort muß das Netz dichter sein und Auflager und Lasten müssen auf Knoten fallen - kann das endgültige Netz nicht aus der Geometrie allein erzeugt werden. Es bietet sich ein Vorgehen in zwei Stufen an:

- Aus der Geometrie im CAD-System wird ein gleichmäßiges Netz erzeugt
- Dieses Netz wird entsprechend den bekannten Auflagern und Lasten verdichtet

Ein gleichmäßiges Netz ist durch möglichst gleichwinklige Dreiecke und Vierecke gekennzeichnet. Aufgrund der Speicherungsform der geometrischen Daten in CAD-Systemen können Knotenpunkte auf den Kanten errechnet werden. Davon ausgehend können geeignete Innenpunkte aufgrund der gespeicherten Topologie gefunden werden, die nach einem vollständigen Umlauf um die äußere Randkurve zu neuen Randpunkten werden. Gekrümmte Begrenzungsflächen müssen für dieses Verfahren zumindest näherungsweise abgewickelt werden. Die Aufteilung in 3-dimensionale Finite Elemente stößt auf zusätzliche Schwierigkeiten, da das dem Dreieckselement entsprechende reguläre Tetraeder nicht vollständig raumausfüllend ist. Als Zwischenschritt wird nun eine Einteilung in Quader betrachtet, die dann in gleiche Tetraeder zerfallen. Dies ist nur für Tetraeder bestimmter Form möglich (s. /34/).

Als Spezialfall der Einteilung in verzerrte Vierecke kann die natürliche Einteilung von numerischen Flächen in Patches erwähnt werden. Sie kann beliebig dicht erfolgen und durch eine Viereckdiagonale in eine Dreieckszerlegung umgewandelt werden.

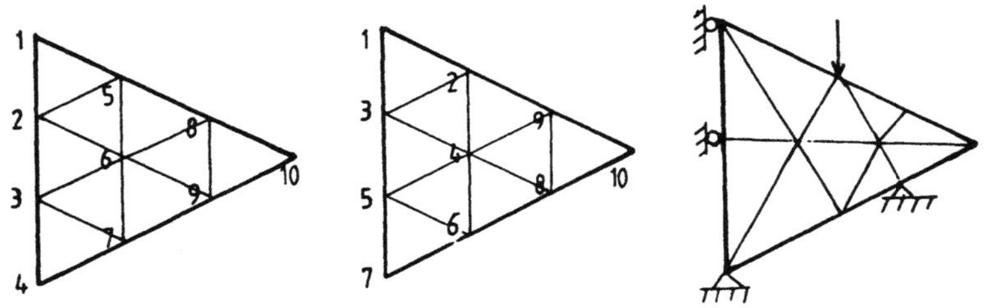

Bandbereite =
(maximale Knotennummerndifferenz + 1) $\cdot$ 2

(5-1+1) $\cdot$ 2 = 10 (9-2+1) $\cdot$ 2 = 16

Bild 6-2 Auflager, Lasten und Knoten mit optimaler Numerierung

Bei der Netzverfeinerung unter rein geometrischen Gesichtspunkten kommen oft Knoten von Elementen nicht auf Knoten anderer Elemente zu liegen. Die Verschiebungen solcher Knoten hängen von den Verschiebungen des Randes ab, auf dem sie liegen. Diese Abhängigkeit von den übrigen unabhängigen Knotenverschiebungen kann in dem linearen Gesamtgleichungssystem mit berücksichtigt werden.

6.5 Ergebnisauswertung

Die Ergebnisse einer FEM-Berechnung - Verschiebungen oder Spannungen - sind Näherungen, die unter den angenommenen Vernachlässigungen gegen die Lösung konvergieren, wenn die Elemente immer kleiner werden. Hier wird von numerischen Problemen bei sehr kleinen Elementen abgesehen. Es läßt sich zeigen (s. /8/), daß die Konvergenzgeschwindigkeit i.a. höher als bei Differenzenverfahren ist. Für das naheliegende iterative Vorgehen wird das übliche Abbruchkriterium verwendet: Wenn eine Rechnung mit feinerer Diskretisierung keine wesentlichen Ergebnisänderungen ergibt, betrachtet man die Lösung als erreicht. Wegen des Aufwandes eines Schrittes empfiehlt es sich, in einer Grobuntersuchung als Stabwerk die kritischen Stellen zu ermitteln, die dann mit der Finiten-Elemente-Methode genauer untersucht werden. Auch ein Vergleich mit experimentellen Verfahren wie Reißlack oder Spannungsoptik kann zur Beurteilung der Ergebnisse herangezogen werden. Da die numerische Genauigkeit der Ergebnisse keine entscheidende Rolle spielt, bietet sich bei dem großen Umfang eine graphische Ausgabe sowohl der Verschiebungen als auch der Spannungen in Form von Isolinien oder von Spannungsvektoren geradezu an. Bei einfachen Spannungen oder deren Überlagerung kann ein direkter Vergleich mit den entsprechenden maximalen Festigkeitswerten (Streckgrenze) erfolgen. In allen anderen Fällen wird aus den orthogonalen Hauptspannungen - das sind die Extremwerte der Normalspannungen in bestimmten Richtungen - nach unterschiedlichen Formeln eine Vergleichsspannung errechnet, die dann mit den Grenzbelastungen verglichen wird. Jede Formel resultiert aus einer Annahme, die bei bestimmten Spannungsverhältnissen und Materialien experimentell nachgewiesen werden kann. Aus den Annahmen, daß die größte Normalspannung, Schubspannung oder Gestaltänderungsenergie maßgebend für die Festigkeit sei, ergeben sich als Vergleichsspannungen das Maximum der Hauptspannungen, die Differenz der größten und kleinsten Hauptspannung oder die Wurzel aus der halben Quadratsumme der Hauptspannungsdifferenzen. Als Plausibilitätsprüfungen können die annähernde Stetigkeit der Spannungen an den inneren Elementrändern und ihr Verschwinden an den äußeren Rändern gelten.

6.6 Weitere Anwendungsmöglichkeiten

Durch entsprechende Berücksichtigung bei der Gleichgewichtsbedingung können leicht vorhandene Anfangsspannungen (etwa bei Schmiedeteilen) und Anfangsverzerrungen (etwa durch Temperatureinwirkung) mit eingebracht werden.
Wenn die Trägheitskräfte über die zweiten Ableitungen der Verschiebungen nach der Zeit eingeführt werden, ergibt ein periodischer Ansatz der Verschiebungen ein Eigenwertproblem für die Kreisfrequenz.
Da der Aufwand zur Ermittlung der Eigenwerte erheblich höher als der zur

Auflösung eines linearen Gleichungssystems ist, wird mit einer reduzierten Menge von Freiheitsgraden und Knotenparametern gerechnet (s. /35/). Bei der Gleichgewichtsbedingung können ferner Reibungskräfte sowie periodische oder nichtperiodische äußere Kräfte mit einbezogen werden. Im letzteren, bei Erdbebenuntersuchungen anzutreffenden Fall, führt ein bezüglich der Eigenformen linearer Ansatz für die Verschiebungen auf ein System von gewöhnlichen Differentialgleichungen für die Koeffizienten der Linearform.
Bei den bisherigen Überlegungen wurde an zwei entscheidenden Stellen ein linearer Zusammenhang angenommen, der in beiden Fällen durch eine nicht von den Verschiebungen abhängige Matrix beschrieben wird: Die Verzerrungs-Verschiebungsmatrix wird durch die Formfunktionen bestimmt, die Spannungs-Verzerrungsmatrix durch das Stoffgesetz. Der Ansatz einer linearen bzw. beliebigen Abhängigkeit von den Verschiebungen führt auf ein nichtlineares Gleichungssystem, das iterativ gelöst werden kann.
Um sich bei den nun möglichen mehreren Lösungen der physikalischen sinnvollen anzunähern, rechnet man mit iterativ anwachsenden Belastungen.
Als Beispiel für ein nichtlineares Stoffgesetz kann die Berechnung der Spannungsverhältnisse in Autoreifen angeführt werden.
Eine Reihe von physikalischen Problemen bei elektrischen und magnetischen Feldern, Strömungen oder Wärmeleitung führt auf eine ähnliche partielle Differentialgleichung mit Bedingungen auf einem beliebigen Rand. Wenn man das äquivalente Extremalproblem, in dem es um die Minimierung eines Integrals über das entsprechende Volumen geht, geeignet diskretisiert, ergeben sich die bekannten Zusammenhänge der Methode der Finiten Elemente mit anderer physikalischer Interpretation.
Eine ausführlichere Behandlung all dieser Erweiterungen findet man in /31/.

Zusammenfassung

Die Methode der Finiten Elemente ist ein umfangreiches, wohletabliertes Gebiet mit umfangreichem Anwendungsspektrum. Ihr Zusammenhang mit CAD-Systemen erstreckt sich z. Zt. in erster Linie auf Erzeugung und interaktive Modifikation der metrischen und topologischen Daten von Netzen bei der Eingabe und auf Ergebnisaufbereitung bei der graphischen Ausgabe. Die Änderungen von geometrischen Strukturen in der CAD-Datenbank aufgrund der Ergebnisse einer FEM-Berechnung werden mit weiterem Fortschritt des Zusammenschlusses beider Systeme an Bedeutung gewinnen.

6.7 Beispiele

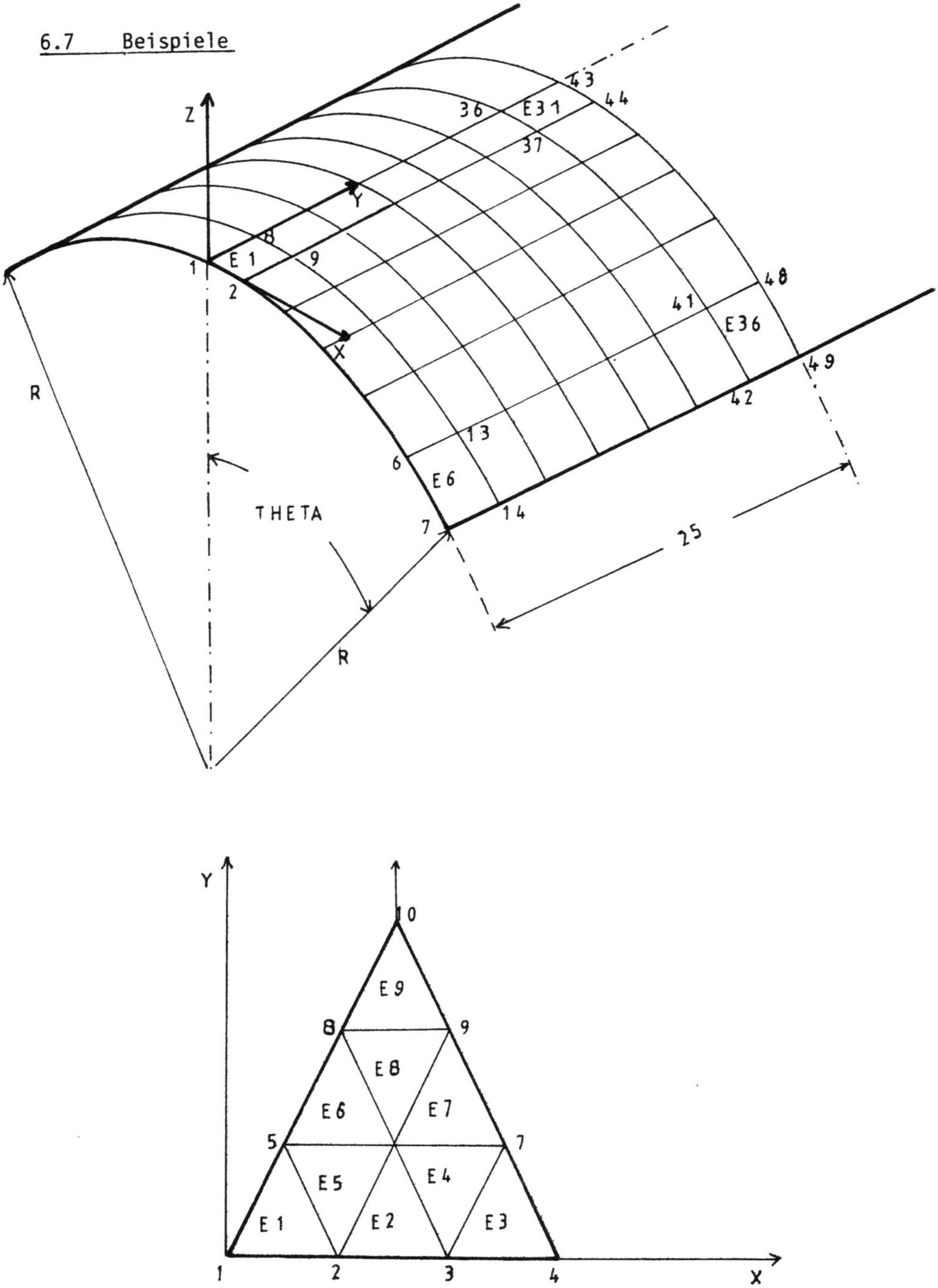

Bild 6-3 FEM-Beispiel 1 und FEM-Beispiel 2

```
$   FESTLEGUNG DER GECMETRIE  BEISPIEL 1 EBENES DREIECK ,AN DER SPITZ BELASTET,NACH ZIENKIEWICZ
 JOINT COORDINATES                     $ METRISCHE DATEN:KNOTENNUMMER,X-,Y-KOORD

     1   0 0      SUPPORT              $ ALLE FREIHEITSGRACE FIXIERT

     2   2 0

     3   4 0

     4   6 0      SUPPORT              $ ALLE FREIHEITSGRADE FIXIERT

     5   1 2

     6   3 2

     7   5 2

     8   2 4

     9   4 4

    10   3 6

  ELEMENT INCIDENCES                   $ TOPOLOGISCHE DATEN:ELEMENTNUMMER,
$
                                                 KNOTENNUMMERN
    1   1 2 5

    2   2 3 6

    3   3 4 7

    4   3 7 6

    5   2 6 5

    6   5 6 8
```

```
    7   6 7 9
    8   6 9 8
    9   8 9 10
$  AUSWAHL DES PROBLEMTYPS
  TYPE PLANE STRESS                     $ EBENES SCHEIBENPROBLEM
$    AUSWAHL DES ELEMENTTYPS              ELEMENT MIT 2 FREIHEITSGRADEN,3 KNOTEN
  ELEMENT 1 TO 9 PROPERTIES TYPE 'CSTG' THICKNESS 1
$  ANGABE DER LASTEN
  LOADING 1 'KRAFT AN DER SPITZE'
    JOINT LOAD
      10  FORCE  Y  10.0
$  ANGABE DER MATERIALEIGENSCHAFTEN
$    E-MODUL,QUERKONTRAKTIONSZAHL
  CONSTANTS  E  0.96 ALL; POISSON 0.2 ALL
$  ART DER ANALYSE
  STIFFNESS ANALYSIS
$  AUSGABE DER ERGEBNISSE
$    VERSCHIEBUNGEN,SPANNUNGEN,HAUPTSPANNUNGEN
  LIST DISPLACEMENTS STRESSES PRINCIPAL STRESSES
```

ELEMENT PRINCIPAL STRESSES

ELEMENT									
1	CENTROID S1	0.588210E 01	S2	-0.845706E 00	TMAX	0.336390E 01	THETA	0.965581E 00
2	CENTROID S1	0.147533E 01	S2	-0.887246E 00	TMAX	0.118129E 01	THETA	-0.157080E 01
3	CENTROID S1	0.588210E 01	S2	-0.845708E 00	TMAX	0.336390E 01	THETA	-0.965580E 00
4	CENTROID S1	0.149721E 01	S2	0.114548E 00	TMAX	0.691330E 00	THETA	-0.602028E 00
5	CENTROID S1	0.149721E 01	S2	0.114549E 00	TMAX	0.691329E 00	THETA	0.602028E 00
6	CENTROID S1	0.457009E 01	S2	0.103838E 01	TMAX	0.176585E 01	THETA	0.111600E 01
7	CENTROID S1	0.457007E 01	S2	0.103838E 01	TMAX	0.176584E 01	THETA	-0.111600E 01
8	CENTROID S1	0.222286E 01	S2	-0.808582E-01	TMAX	0.115186E 01	THETA	-0.157079E 01
9	CENTROID S1	0.999999E 01	S2	0.147456E 01	TMAX	0.426271E 01	THETA	-0.157080E 01

```
****************************************************************************************
*  LOADING - 1            KRAFT AN DER SPITZE                                          *
****************************************************************************************
```

ELEMENT STRESSES

ELEMENT						
1	SXX	0.133203E 01	SYY	0.370436E 01	SXY	0.314783E 01
2	SXX	-0.887246E 00	SYY	0.147533E 01	SXY	-0.199881E-05
3	SXX	0.133203E 01	SYY	0.370436E 01	SXY	-0.314783E 01
4	SXX	0.105377E 01	SYY	0.557985E 00	SXY	-0.645358E 00
5	SXX	0.105377E 01	SYY	0.557986E 00	SXY	0.645358E 00
6	SXX	0.171989E 01	SYY	0.388858E 01	SXY	0.139371E 01
7	SXX	0.171989E 01	SYY	0.388856E 01	SXY	-0.139371E 01
8	SXX	-0.808591E-01	SYY	0.222287E 01	SXY	-0.361474E-05
9	SXX	0.147456E 01	SYY	0.999999E 01	SXY	-0.360512E-07

BEISPIEL 1   JOB TITLE   - EBENES DREIECK ,AN DER SPITZE BELASTET,NACH ZIENKIEWICZ

ACTIVE STRUCTURE TYPE - PLANE   STRESS

ACTIVE UNITS	- LENGTH	FORCE	ANGLE	TEMPERATURE	TIME	ENE
	CM	LB	RAD	F	SEC	J

```
**************************************************************************
*  LOADING - 1          KRAFT AN DER SPITZE                              *
**************************************************************************
```

RESULTANT JOINT DISPLACEMENTS - SUPPORTS

JOINT	REF. SYST.	/---------- DISPLACEMENT ----------/ X DISP.	Y DISP.	Z DISP.
1	GLOBAL	0.0	0.0	
4	GLOBAL	0.0	0.0	

RESULTANT JOINT DISPLACEMENTS - FREE JOINTS

JOINT	REF. SYST.	/---------- DISPLACEMENT ----------/ X DISP.	Y DISP.	Z DISP.
2	GLOBAL	1.2315750	18.3178406	
3	GLOBAL	-1.2315798	18.3178253	
5	GLOBAL	-1.9628620	16.3213348	
6	GLOBAL	-0.0000006	21.7611389	
7	GLOBAL	1.9628649	16.3213196	
8	GLOBAL	0.5473463	26.4258270	
9	GLOBAL	-0.5473057	26.4257813	
10	GLOBAL	0.0000612	46.6447144	

```
STRUDL 'BEISPIEL 2' 'BELASTUNG EINER GEKRUEMMTEN FLAECHE DURCH EIGENGEWICHT'

          ***********************************************
          *                                             *
          *              ICES STRUDL-II                 *
          *        THE STRUCTURAL DESIGN LANGUAGE       *
          *                                             *
          *           MBB-MAN VERSION V4M8              *
          *           SIZE OF POOL   8K BYTES           *
          *           13:36:36        4/19/84           *
          *                                             *
          *                 RELEASES                    *
          *           MANUP:     04/21/81               *
          *           DATAPOOL:  04/21/81               *
          *           CDBS:      04/21/81               *
          *                                             *
          ***********************************************

$   FESTLEGUNG DER PHYSIKALISCHEN EINHEITEN FUER DIE RECHNUNG

  UNITS FEET DEGREE

$   FESTLEGUNG DER GEOMETRIE

$     NETZERZEUGUNG AUF EINER ZYLINDEROBERFLAECHE

$     MIT ACHSIALEN UND VERTIKALEN EBENENSCHAREN

  USE GEOGEN
++++ VERSION II     GEOMETRY GENERATOR

   JOINT COORDINATES

     1   CYL   R 25.0   THETA 0.0   Y  0.0             $ ZYLINDERKOORDINATEN

     7           25.0          40.0   Y  0.0           $ ZYLINDERACHSE IN Y-RICHTG
```

```
   43         25.0        0.0    Y 25.0               $ WEGEN DER SYMMETRIE WIRD
   49         25.0        40.0   Y  25.0              $ NUR 1/4 D. FLAECHE ERZEUGT
  VARY JOINTS YCYL FROM 1 TO 7 TO 43 BY 7             $ ALLG. GESETZMAESSIGKEIT
  ELEMENT INCIDENCES
  1   1 2 9 8                                         $ MODELLELEMENTE MIT
  6   6 7 14 13                                       $ ELEMENTNUMMER UND
                                                      $ KNOTENNUMMERN
  31  36 37 44 43
  VARY ELEMENTS FROM 1 TO 31 BY 6 FROM 1 TO 6 BY 1 $ ALLG. GESETZMAESSIGKEIT
 END
++++ EXIT FROM GEOMETRY GENERATOR
$  AUSWAHL DES PROBLEMTYPS
 TYPE SHELL                                           $ SCHEIBE + PLATTE = SCHALE
$    FESTLEGUNG DER OBERFLAECHENKRUEMMUNGSVERHAELTNISSE
 SURFACE EQUATION 'DACH' CYLINDER  YP2 25.0  R 25.0 $ ANGABE D. ELEMENTFLAECHE
$    AUSWAHL DES ELEMENTTYPS
$    ELEMENT MIT 4 KNOTEN,5 FREIHEITSGRADEN,GEKRUEMMT,DICKE KLEIN GEGEN LAENGE
 ELEMENT 1 TO 36 PROPERTIES TYPE 'SSHQ'  -
                  THICKNESS 0.25 SURFACE 'DACH'
$  FESTLEGUNG DER GEOMETRISCHEN RANDBEDINGUNGEN
```

```
JOINT STATUS  ; 9 TO 14  16 TO 21 23 TO 28  -
                30 TO 35  37  TO 42  LOCAL        $ LOKALES KOORDINATENSYSTEM

$    AUFLAGER FUER ALLE 5 FREIHEITSGRADE

     1 TO 7   8  15  22  29  36  43  TO 49 SUPPORT GLOBAL

$    FREIGABE VORIGER AUFLAGER DURCH ANGABE ERLAUBTER KRAEFTE UND MOMENTE

  JOINT RELEASES

    1                FORCE  Z

    2  TO  7         FORCE  X Z   MOM  Y          $ DACHMITTE

    43               FORCE  Y     MOM  X

    44  TO  49       FORCE  Y     MOM  X  Y       $ STARRE MEMBRANE AM ENDE

    8 15 22 29 36    FORCE  Y Z   MOM  X

$   ANGABE DER LASTEN

  LOADING 1 'EIGENGEWICHT SPEZ.GEWICHT: 0.36 KLB/FEET**3'

       ELEMENT 1  TO 36 LOADS BODY FORCES GLOBAL  BZ -0.36

$   ANGABE DER MATERIALEIGENSCHAFTEN

 CONSTANTS  E  0.432E6  ALL; POISSON 0.0 ALL

$   AUSGABE DER BENOETIGTEN ZEITEN. RECHNERGESCHWINDIGKEIT 1.5 MILL.BEFEHLE/SEC

 DUMP TIME

$   ART DER ANALYSE
```

```
$     STEIFIGKEITSBERECHNUNG MIT UMRECHNUNG DES EIGENGEWICHTS AUF KNOTENLASTEN

  STIFFNESS ANALYSIS  LOADRESULTANT REACTIONS -
                      REDUCE SOLUTION EFFORT ROOT 1 TO 7 $ BANDBREITENMINIMIERG

++++ SUMMED SQUARED BANDWIDTH OF THE   1-ST ROOT:              2.5

++++ SUMMED SQUARED BANDWIDTH USING INPUT ORDER ROOT:          6.5


++++  THE   1-ST ROOT IS THE BEST - ROOT IS STORED

TIME FOR BANDWIDTH REDUCTION                         0.10 SECONDS
TIME FOR CONSISTENCY CHECKS FOR   36 MEMBERS         0.08 SECONDS
TIME TO GENERATE   36 ELEMENT STIF. MATRICES        12.09 SECONDS
TIME TO PROCESS LOADS ON  36 ELEMENTS                0.56 SECONDS

++++ RESULTANT GLOBAL LOAD FROM CONSISTENT LOADS

++++ LOADING      FX          FY          FZ          MX          MY          MZ

++++ 1        0.524D-05   0.0        -0.392D 02  -0.491D 03   0.328D 03  -0.599D-04

TIME TO ASSEMBLE THE STIFFNESS MATRIX                1.87 SECONDS
TIME TO PROCESS   49 JOINTS                          1.32 SECONDS
TIME TO SOLVE    257 EQUATIONS                       3.74 SECONDS
TIME TO PROCESS    49 JOINT DISPLACEMENTS            0.17 SECONDS
TIME TO PROCESS   36 ELEMENT  STRESSES               1.58 SECONDS
TIME TO PROCESS   36 ELEMENT FORCES MOMENTS          2.14 SECONDS
TIME TO PROCESS   36 ELEMENT DISTORTIONS             0.01 SECONDS
TIME FOR STATIC CHECKS                               0.15 SECONDS

$   AUSGABE DER ERGEBNISSE

$     KNOTENKRAEFTE U. -MOMENTE,VERSCHIEBUNGEN,SPANNUNGEN,ELEMENTKNOTENKRAEFTE

  LIST REACTIONS DISPLACEMENTS STRESSES FORCES
```

```
**********************************
*  RESULTS OF LATEST ANALYSES   *
**********************************


JOB IDENTIFIER         - BEISPIEL          JOB TITLE    - BELASTUNG EINER GEKRUEMMTEN FLAECHE DURCH EIGENGEWICHT

ACTIVE MODE            - ADDITION

ACTIVE STRUCTURE TYPE  - SHELL

ACTIVE UNITS           - LENGTH        FORCE        ANGLE        TEMPERATURE      TIME        ENERGY        MASS
                           FEET          LB           DEG             F            SEC           J           --


   ******************************************************************************************
   *  LOADING - 1            EIGENGEWICHT SPEZ.GEWICHT: 0.36 KLB/FEET**3                     *
   ******************************************************************************************
```

RESULTANT JOINT LOADS - SUPPORTS

JOINT	REF. SYST.	X FORCE	Y FORCE	Z FORCE	X MOMENT	Y MOMENT	Z MOMENT
1	GLOBAL	7.0403461	2.6910381	-0.0000000	0.2299638	-4.3372440	
2	GLOBAL	-0.0000000	14.1852207	0.0000000	0.3475611	-0.0000000	-0.0406240
3	GLOBAL	-0.0000000	34.3791809	0.0000000	0.0290958	-0.0000000	-0.0068958
4	GLOBAL	-0.0000000	48.3529205	0.0000000	-0.4384540	-0.0000000	0.1595840
5	GLOBAL	-0.0000000	29.8159943	0.0000000	-0.9626046	-0.0000000	0.4834377
6	GLOBAL	0.0000000	-52.8340759	-0.0000000	-1.4138737	-0.0000000	0.9299190
7	GLOBAL	-0.0000000	-76.5903015	0.0000000	-0.7895880	-0.0000000	0.6625426
8	GLOBAL	13.8439226	-0.0000000	-0.0000000	-0.0000000	-8.3677835	
15	GLOBAL	13.1209059	0.0000000	-0.0000000	-0.0000000	-7.4694386	
22	GLOBAL	11.9973507	0.0000000	-0.0000000	-0.0000000	-6.0493536	
29	GLOBAL	11.3350363	0.0000000	-0.0000000	-0.0000000	-4.2465763	
36	GLOBAL	9.5099812	-0.0000000	-0.0000000	-0.0000000	-2.1558018	
43	GLOBAL	1.8117237	0.0000000	-0.1930792	-0.0000000	-0.1871879	
44	GLOBAL	-1.3162718	0.0000000	-0.1665791	0.0000000	0.0000000	-0.0000000
45	GLOBAL	-5.4688768	-0.0000000	1.1707382	-0.0000000	-0.0000000	0.0000000
46	GLOBAL	-13.3142462	-0.0000000	5.0236950	-0.0000000	0.0000000	0.0000000
47	GLOBAL	-21.6665039	-0.0000000	11.3521070	-0.0000000	-0.0000000	0.0000000
48	GLOBAL	-20.5547485	-0.0000000	13.8355579	-0.0000000	-0.0000000	0.0000000
49	GLOBAL	-6.3386135	-0.0000000	8.2251377	0.0000000	0.0000000	-0.0000000

RESULTANT JOINT DISPLACEMENTS - SUPPORTS

JOINT	REF. SYST.	DISPLACEMENT X DISP.	Y DISP.	Z DISP.	ROTATION X ROT.	Y ROT.	Z ROT.
1	GLOBAL	0.0	0.0	0.0457309	0.0	0.0	
2	GLOBAL	-0.0009820	0.0	0.0304249	0.0	0.6020898	0.0
3	GLOBAL	-0.0087436	0.0	-0.0131013	0.0	1.1325998	0.0
4	GLOBAL	-0.0282558	0.0	-0.0780213	0.0	1.5256786	0.0
5	GLOBAL	-0.0612795	0.0	-0.1544484	0.0	1.7409954	0.0
6	GLOBAL	-0.1062436	0.0	-0.2322783	0.0	1.7965651	0.0
7	GLOBAL	-0.1603209	0.0	-0.3049083	0.0	1.7911234	0.0
8	GLOBAL	0.0	-0.0000254	0.0442221	-0.0436766	0.0	
15	GLOBAL	0.0	-0.0000425	0.0397532	-0.0854181	0.0	
22	GLOBAL	0.0	-0.0000479	0.0325461	-0.1225365	0.0	
29	GLOBAL	0.0	-0.0000442	0.0229509	-0.1548290	0.0	
36	GLOBAL	0.0	-0.0000383	0.0115880	-0.1686767	0.0	
43	GLOBAL	0.0	-0.0000357	0.0	-0.1681647	0.0	
44	GLOBAL	0.0	-0.0005437	0.0	-0.1136935	0.0005645	0.0
45	GLOBAL	0.0	-0.0017748	0.0	0.0507199	0.0012654	0.0
46	GLOBAL	0.0	-0.0028570	0.0	0.3262568	0.0021728	0.0
47	GLOBAL	0.0	-0.0023591	0.0	0.7093863	0.0028443	0.0
48	GLOBAL	0.0	0.0016749	0.0	1.1840134	0.0016702	0.0
49	GLOBAL	0.0	0.0117521	0.0	1.7598963	-0.0035303	0.0

RESULTANT JOINT DISPLACEMENTS - FREE JOINTS

JOINT	REF. SYST.	DISPLACEMENT X DISP.	Y DISP.	Z DISP.	ROTATION X ROT.	Y ROT.	Z ROT.
9	LOCAL	-0.0043622	-0.0001546	0.0291396	-0.0286065	0.5813358	0.0000000
10	LOCAL	-0.0053166	-0.0004592	-0.0142182	0.0133533	1.0953550	-0.0000000
11	LOCAL	0.0001121	-0.0007032	-0.0802567	0.0737633	1.4785471	-0.0000000
12	LOCAL	0.0140710	-0.0005333	-0.1603169	0.1425775	1.6900053	0.0000000
13	LOCAL	0.0376372	0.0004745	-0.2447315	0.2116576	1.7450247	0.0000000
14	LOCAL	0.0709024	0.0027773	-0.3265007	0.2813119	1.7397289	0.0000000
16	LOCAL	-0.0039305	-0.0002937	0.0262645	-0.0563229	0.5203412	-0.0000000
17	LOCAL	-0.0048073	-0.0008884	-0.0126383	0.0252421	0.9852368	-0.0000000
18	LOCAL	0.0000604	-0.0013715	-0.0722194	0.1439135	1.3382835	-0.0000000
19	LOCAL	0.0126490	-0.0010522	-0.1448749	0.2803599	1.5376062	-0.0000001
20	LOCAL	0.0339764	0.0009106	-0.2217753	0.4179927	1.5907745	-0.0000000
21	LOCAL	0.0641465	0.0054328	-0.2963300	0.5568120	1.5859194	-0.0000001
23	LOCAL	-0.0032303	-0.0004053	0.0215861	-0.0816832	0.4232545	0.0000000
24	LOCAL	-0.0039724	-0.0012576	-0.0101828	0.0342116	0.8076444	-0.0000000

25	LOCAL	-0.0000009	-0.0019658	-0.0592721	0.2061456	1.1086645	0.0000000
26	LOCAL	0.0103668	-0.0015367	-0.1197345	0.4075989	1.2856445	-0.0000001
27	LOCAL	0.0280368	0.0012715	-0.1841731	0.6129457	1.3349934	-0.0000000
28	LOCAL	0.0531276	0.0078355	-0.2467432	0.8201995	1.3309021	-0.0000001
30	LOCAL	-0.0022981	-0.0004837	0.0152544	-0.1055612	0.2975525	0.0000000
31	LOCAL	-0.0028433	-0.0015397	-0.0071832	0.0363565	0.5730017	-0.0000000
32	LOCAL	-0.0000408	-0.0024408	-0.0422275	0.2527423	0.7972775	-0.0000001
33	LOCAL	0.0073603	-0.0019545	-0.0859688	0.5142266	0.9371030	0.0000000
34	LOCAL	0.0200802	0.0015231	-0.1330816	0.7862397	0.9792305	-0.0000000
35	LOCAL	0.0382448	0.0098348	-0.1789631	1.0607185	0.9765416	-0.0000001
37	LOCAL	-0.0011941	-0.0005290	0.0076319	-0.1147646	0.1528735	0.0000000
38	LOCAL	-0.0014844	-0.0017154	-0.0039559	0.0426507	0.2966610	-0.0000000
39	LOCAL	-0.0000373	-0.0027495	-0.0222247	0.2890376	0.4179404	0.0000000
40	LOCAL	0.0038232	-0.0022502	-0.0453213	0.5970039	0.4983793	-0.0000000
41	LOCAL	0.0105161	0.0016464	-0.0705000	0.9262837	0.5256485	0.0000001
42	LOCAL	0.0201472	0.0112329	-0.0951764	1.2608538	0.5283459	0.0000001

* LOADING - 1 EIGENGEWICHT SPEZ.GEWICHT: 0.36 KLB/FEET**3 *

****

ELEMENT STRESSES

ELEMENT

ELEMENT			SXX	SYY	SXY	SZX	SYZ	VON MISES
1	1	TOP	0.1869E 03	0.7407E 01	0.2158E 01	0.0	0.0	0.1834E 03
		MID	-0.1343E 02	-0.2632E 01	-0.2178E 00	0.7127E 00	-0.7624E-01	0.1239E 02
		BOT	-0.2138E 03	-0.1267E 02	-0.2594E 01	0.0	0.0	0.2078E 03
	2	TOP	0.1754E 03	-0.9174E 01	-0.2520E 01	0.0	0.0	0.1802E 03
		MID	-0.1338E 02	-0.1603E 02	-0.2093E 00	-0.1239E 01	-0.1058E 00	0.1504E 02
		BOT	-0.2021E 03	-0.2289E 02	0.2101E 01	0.0	0.0	0.1917E 03
	9	TOP	0.1690E 03	-0.9974E 01	-0.7389E 01	0.0	0.0	0.1747E 03
		MID	-0.1316E 02	-0.1603E 02	-0.2093E 00	-0.1225E 01	-0.1058E 00	0.1496E 02
		BOT	-0.1954E 03	-0.2209E 02	0.6970E 01	0.0	0.0	0.1857E 03
	8	TOP	0.1802E 03	0.7059E 01	-0.2711E 01	0.0	0.0	0.1769E 03
		MID	-0.1321E 02	-0.2632E 01	-0.2178E 00	0.6940E 00	-0.7624E-01	0.1217E 02
		BOT	-0.2067E 03	-0.1232E 02	0.2275E 01	0.0	0.0	0.2008E 03
2			SXX	SYY	SXY	SZX	SYZ	VON MISES
	2	TOP	0.1760E 03	-0.9769E 01	0.1099E 01	0.0	0.0	0.1811E 03
		MID	-0.1276E 02	-0.1603E 02	-0.8501E 00	0.1474E 00	-0.9162E-02	0.1475E 02
		BOT	-0.2015E 03	-0.2230E 02	-0.2800E 01	0.0	0.0	0.1914E 03
	3	TOP	0.1415E 03	-0.5028E 02	-0.2619E 01	0.0	0.0	0.1723E 03
		MID	-0.1262E 02	-0.4761E 02	-0.8438E 00	-0.1701E 01	-0.1269E 00	0.4285E 02
		BOT	-0.1667E 03	-0.4455E 02	0.9310E 00	0.0	0.0	0.1494E 03
	10	TOP	0.1367E 03	-0.5096E 02	-0.1618E 02	0.0	0.0	0.1704E 03
		MID	-0.1250E 02	-0.4761E 02	-0.8438E 00	-0.1696E 01	-0.1269E 00	0.4288E 02
		BOT	-0.1617E 03	-0.4427E 02	0.1449E 02	0.0	0.0	0.1469E 03
	9	TOP	0.1702E 03	-0.9365E 01	-0.1246E 02	0.0	0.0	0.1764E 03
		MID	-0.1265E 02	-0.1603E 02	-0.8501E 00	0.1356E 00	-0.9158E-02	0.1471E 02
		BOT	-0.1955E 03	-0.2270E 02	0.1076E 02	0.0	0.0	0.1862E 03
3			SXX	SYY	SXY	SZX	SYZ	VON MISES
	3	TOP	0.1431E 03	-0.5109E 02	-0.6485E 00	0.0	0.0	0.1744E 03
		MID	-0.1099E 02	-0.4761E 02	-0.1873E 01	-0.4097E 00	0.9708E-01	0.4331E 02
		BOT	-0.1651E 03	-0.4414E 02	-0.3097E 01	0.0	0.0	0.1482E 03
	4	TOP	0.8911E 02	-0.8956E 02	-0.2878E 01	0.0	0.0	0.1548E 03
		MID	-0.1077E 02	-0.7291E 02	-0.1870E 01	-0.1994E 01	-0.1633E 00	0.6833E 02
		BOT	-0.1107E 03	-0.5625E 02	-0.8611E 00	0.0	0.0	0.9584E 02
	11	TOP	0.8657E 02	-0.8953E 02	-0.2240E 02	0.0	0.0	0.1574E 03
		MID	-0.1080E 02	-0.7291E 02	-0.1870E 01	-0.1990E 01	-0.1633E 00	0.6831E 02
		BOT	-0.1082E 03	-0.5629E 02	0.1866E 02	0.0	0.0	0.9913E 02
	10	TOP	0.1392E 03	-0.5015E 02	-0.2017E 02	0.0	0.0	0.1735E 03
		MID	-0.1103E 02	-0.4761E 02	-0.1873E 01	-0.4010E 00	0.9709E-01	0.4330E 02
		BOT	-0.1612E 03	-0.4508E 02	0.1642E 02	0.0	0.0	0.1469E 03

			SXX	SYY	SXY	SZX	SYZ	VON MISES
4	4	TOP	0.9218E 02	-0.8992E 02	-0.2430E 01	0.0	0.0	0.1578E 03
		MID	-0.7835E 01	-0.7291E 02	-0.2946E 01	-0.8054E 00	0.2007E 00	0.6952E 02
		BOT	-0.1078E 03	-0.5589E 02	-0.3461E 01	0.0	0.0	0.9361E 02
	5	TOP	0.3155E 02	-0.8809E 02	-0.3301E 01	0.0	0.0	0.1075E 03
		MID	-0.7580E 01	-0.5530E 02	-0.2945E 01	-0.1928E 01	-0.2056E 00	0.5228E 02
		BOT	-0.4671E 02	-0.2251E 02	-0.2590E 01	0.0	0.0	0.4071E 02
	12	TOP	0.3090E 02	-0.8686E 02	-0.2554E 02	0.0	0.0	0.1146E 03
		MID	-0.7710E 01	-0.5530E 02	-0.2945E 01	-0.1905E 01	-0.2056E 00	0.5223E 02
		BOT	-0.4632E 02	-0.2374E 02	0.1965E 02	0.0	0.0	0.5261E 02
	11	TOP	0.9006E 02	-0.8917E 02	-0.2467E 02	0.0	0.0	0.1610E 03
		MID	-0.7960E 01	-0.7291E 02	-0.2946E 01	-0.7639E 00	0.2007E 00	0.6947E 02
		BOT	-0.1060E 03	-0.5664E 02	0.1877E 02	0.0	0.0	0.9744E 02

			SXX	SYY	SXY	SZX	SYZ	VON MISES
5	5	TOP	0.3564E 02	-0.8726E 02	-0.3146E 01	0.0	0.0	0.1097E 03
		MID	-0.3832E 01	-0.5530E 02	-0.3233E 01	-0.8069E 00	0.2261E 00	0.5380E 02
		BOT	-0.4330E 02	-0.2334E 02	-0.3321E 01	0.0	0.0	0.3798E 02
	6	TOP	-0.7183E 01	-0.3181E 00	-0.3271E 01	0.0	0.0	0.9028E 01
		MID	-0.3631E 01	0.4920E 02	-0.3235E 01	-0.1350E 01	-0.1934E 00	0.5147E 02
		BOT	-0.7867E-01	0.9872E 02	-0.3198E 01	0.0	0.0	0.9891E 02
	13	TOP	-0.6542E 01	0.3057E 01	-0.2559E 02	0.0	0.0	0.4514E 02
		MID	-0.3752E 01	0.4920E 02	-0.3235E 01	-0.1259E 01	-0.1934E 00	0.5153E 02
		BOT	-0.9629E 00	0.9534E 02	0.1912E 02	0.0	0.0	0.1014E 03
	12	TOP	0.3441E 02	-0.8769E 02	-0.2547E 02	0.0	0.0	0.1176E 03
		MID	-0.3935E 01	-0.5530E 02	-0.3233E 01	-0.6994E 00	0.2262E 00	0.5375E 02
		BOT	-0.4228E 02	-0.2291E 02	0.1900E 02	0.0	0.0	0.4926E 02

			SXX	SYY	SXY	SZX	SYZ	VON MISES
6	6	TOP	-0.4194E 01	0.2346E 01	-0.1697E 01	0.0	0.0	0.6448E 01
		MID	-0.8694E 00	0.4919E 02	-0.1669E 01	-0.1891E 00	0.9939E-01	0.4971E 02
		BOT	0.2455E 01	0.9602E 02	-0.1641E 01	0.0	0.0	0.9486E 02
	7	TOP	-0.1012E 01	0.2237E 03	-0.1663E 01	0.0	0.0	0.2243E 03
		MID	-0.8226E 00	0.2880E 03	-0.1669E 01	-0.3123E 00	-0.1087E 00	0.2884E 03
		BOT	-0.6328E 00	0.3522E 03	-0.1674E 01	0.0	0.0	0.3525E 03
	14	TOP	-0.4830E 00	0.2250E 03	-0.2417E 02	0.0	0.0	0.2291E 03
		MID	-0.8526E 00	0.2880E 03	-0.1669E 01	-0.2421E 00	-0.1087E 00	0.2884E 03
		BOT	-0.1222E 01	0.3509E 03	0.2083E 02	0.0	0.0	0.3534E 03
	13	TOP	-0.4687E 01	0.4566E 00	-0.2420E 02	0.0	0.0	0.4221E 02
		MID	-0.8934E 00	0.4919E 02	-0.1669E 01	-0.1151E 00	0.9936E-01	0.4972E 02
		BOT	0.2900E 01	0.9791E 02	0.2086E 02	0.0	0.0	0.1030E 03

			SXX	SYY	SXY	SZX	SYZ	VON MISES
7	8	TOP	0.1798E 03	0.8299E 01	0.1533E 01	0.0	0.0	0.1758E 03
		MID	-0.1323E 02	-0.1782E 01	-0.5677E 00	0.7327E 00	-0.2315E 00	0.1255E 02
		BOT	-0.2063E 03	-0.1186E 02	-0.2668E 01	0.0	0.0	0.2006E 03
	9	TOP	0.1694E 03	-0.6885E 01	-0.1222E 02	0.0	0.0	0.1743E 03
		MID	-0.1319E 02	-0.1442E 02	-0.5425E 00	-0.1191E 01	-0.3103E 00	0.1404E 02

			SXX	SYY	SXY	SZX	SYZ	VON MISES
34	39	TOP	0.2153E 02	-0.1911E 02	-0.1159E 03	0.0	0.0	0.2038E 03
		MID	-0.1092E 02	-0.1112E 02	-0.2607E 02	0.4119E 00	0.1599E 01	0.4657E 02
		BOT	-0.4337E 02	-0.3135E 01	0.6373E 02	0.0	0.0	0.1181E 03
	40	TOP	0.8674E 01	-0.2823E 02	-0.1339E 03	0.0	0.0	0.2343E 03
		MID	-0.1085E 02	-0.1125E 02	-0.2606E 02	-0.1173E 01	-0.1929E 01	0.4663E 02
		BOT	-0.3037E 02	0.5737E 01	0.8175E 02	0.0	0.0	0.1455E 03
	47	TOP	0.1422E 01	-0.1093E 02	-0.1401E 03	0.0	0.0	0.2429E 03
		MID	-0.3561E-02	-0.1125E 02	-0.2606E 02	0.3699E-01	-0.1929E 01	0.4663E 02
		BOT	-0.1429E 01	-0.1156E 02	0.8799E 02	0.0	0.0	0.1528E 03
	46	TOP	-0.9874E 00	-0.1105E 02	-0.1221E 03	0.0	0.0	0.2118E 03
		MID	0.3358E-02	-0.1112E 02	-0.2607E 02	0.3700E-01	0.1599E 01	0.4659E 02
		BOT	0.9941E 00	-0.1119E 02	0.6996E 02	0.0	0.0	0.1217E 03

			SXX	SYY	SXY	SZX	SYZ	VON MISES
35	40	TOP	0.1078E 02	-0.2349E 02	-0.1411E 03	0.0	0.0	0.2463E 03
		MID	-0.7934E 01	-0.1125E 02	-0.3839E 02	-0.2583E 00	0.2727E 01	0.6742E 02
		BOT	-0.2665E 02	0.1001E 01	0.6432E 02	0.0	0.0	0.1147E 03
	41	TOP	-0.8871E 01	-0.3642E 02	-0.1475E 03	0.0	0.0	0.2576E 03
		MID	-0.7779E 01	0.2992E 01	-0.3842E 02	-0.1402E 01	-0.2231E 01	0.6739E 02
		BOT	-0.6686E 01	0.4241E 02	0.7070E 02	0.0	0.0	0.1308E 03
	48	TOP	0.2229E 01	0.1397E 02	-0.1559E 03	0.0	0.0	0.2704E 03
		MID	-0.3371E-01	0.2992E 01	-0.3842E 02	0.3617E 00	-0.2231E 01	0.6672E 02
		BOT	-0.2296E 01	-0.7990E 01	0.7908E 02	0.0	0.0	0.1372E 03
	47	TOP	-0.2987E 01	-0.1567E 02	-0.1495E 03	0.0	0.0	0.2593E 03
		MID	0.3393E-01	-0.1125E 02	-0.3839E 02	0.3617E 00	0.2727E 01	0.6761E 02
		BOT	0.3054E 01	-0.6824E 01	0.7269E 02	0.0	0.0	0.1262E 03

			SXX	SYY	SXY	SZX	SYZ	VON MISES
36	41	TOP	-0.3847E 01	-0.1572E 02	-0.1346E 03	0.0	0.0	0.2335E 03
		MID	-0.2778E 01	0.2988E 01	-0.2570E 02	-0.2424E 00	0.2129E 01	0.4495E 02
		BOT	-0.1708E 01	0.2169E 02	0.8316E 02	0.0	0.0	0.1458E 03
	42	TOP	0.1156E 00	0.7841E 01	-0.1364E 03	0.0	0.0	0.2363E 03
		MID	-0.2695E 01	0.5388E 02	-0.2573E 02	-0.6408E 00	-0.1424E 01	0.7106E 02
		BOT	-0.5506E 01	0.9992E 02	0.8490E 02	0.0	0.0	0.1794E 03
	49	TOP	-0.4389E 01	0.6046E 02	-0.1442E 03	0.0	0.0	0.2576E 03
		MID	-0.1002E-01	0.5388E 02	-0.2573E 02	0.2195E 00	-0.1424E 01	0.6998E 02
		BOT	0.4369E 01	0.4730E 02	0.9275E 02	0.0	0.0	0.1669E 03
	48	TOP	0.1050E 01	-0.6733E 01	-0.1424E 03	0.0	0.0	0.2468E 03
		MID	0.3088E-01	0.2988E 01	-0.2570E 02	0.2180E 00	0.2129E 01	0.4477E 02
		BOT	-0.9878E 00	0.1271E 02	0.9102E 02	0.0	0.0	0.1582E 03

ELEMENT FORCES

ELEMENT

CONCENTRATED FORCES RESP. MOMENTS

ELEMENT	NODE	FORCE QX	FORCE QY	FORCE QZ	MOMENT MX	MOMENT MY	MOMENT MZ
1	1	0.7040346E 01	0.2691038E 01	-0.1235123E-14	0.2299638E 00	-0.4337246E 01	
1	2	-0.6901075E 01	0.4051386E 01	-0.2627742E 00	0.2548756E-01	0.4086869E 01	
1	9	-0.7022732E 01	-0.4314177E 01	-0.1744306E 00	-0.1502347E-01	0.3990080E 01	
1	8	0.6840071E 01	-0.2468247E 01	-0.9199399E-01	-0.2231075E 00	-0.4237514E 01	

CONCENTRATED FORCES RESP. MOMENTS

ELEMENT	NODE	FORCE QX	FORCE QY	FORCE QZ	MOMENT MX	MOMENT MY	MOMENT MZ
2	2	0.6901075E 01	0.1009383E 02	0.2627742E 00	0.3244398E 00	-0.4086869E 01	
2	3	-0.6334197E 01	0.1303597E 02	-0.4951299E 00	-0.2700229E 00	0.3338757E 01	
2	10	-0.6945898E 01	-0.1391957E 02	-0.2531268E 00	0.2762907E 00	0.3266099E 01	
2	9	0.6249526E 01	-0.9210238E 01	0.2153682E-01	-0.3265125E 00	-0.4005571E 01	

CONCENTRATED FORCES RESP. MOMENTS

ELEMENT	NODE	FORCE QX	FORCE QY	FORCE QZ	MOMENT MX	MOMENT MY	MOMENT MZ
3	3	0.6334197E 01	0.2134322E 02	0.4951299E 00	0.2999247E 00	-0.3338757E 01	
3	4	-0.5060354E 01	0.2245482E 02	-0.6397042E 00	-0.6042669E 00	0.2166650E 01	
3	11	-0.6449950E 01	-0.2440691E 02	-0.3111129E 00	0.5998610E 00	0.2128666E 01	
3	10	0.4957242E 01	-0.1939113E 02	0.1738174E 00	-0.3103088E 00	-0.3288621E 01	

CONCENTRATED FORCES RESP. MOMENTS

ELEMENT	NODE	FORCE QX	FORCE QY	FORCE QZ	MOMENT MX	MOMENT MY	MOMENT MZ
4	4	0.5060354E 01	0.2589810E 02	0.6397042E 00	0.1376737E 00	-0.2166650E 01	
4	5	-0.3055650E 01	0.2069243E 02	-0.6187243E 00	-0.8904572E 00	0.8502200E 00	
4	12	-0.5246091E 01	-0.2376529E 02	-0.2661038E 00	0.8720574E 00	0.8423914E 00	
4	11	0.2915102E 01	-0.2282524E 02	0.2998306E 00	-0.1491706E 00	-0.2145863E 01	

CONCENTRATED FORCES RESP. MOMENTS

ELEMENT	NODE	FORCE QX	FORCE QY	FORCE QZ	MOMENT MX	MOMENT MY	MOMENT MZ
5	5	0.3055650E 01	0.9123570E 01	0.6187243E 00	-0.1867244E 00	-0.8502200E 00	
5	6	-0.9131205E 00	-0.6907235E 01	-0.3878580E 00	-0.1044900E 01	-0.7473952E-01	
5	13	-0.3310534E 01	0.3535019E 01	-0.1680044E-01	0.1003200E 01	-0.6358641E-01	
5	12	0.6971385E 00	-0.5751354E 01	0.2671096E 00	0.1835265E 00	-0.8443698E 00	

CONCENTRATED FORCES RESP. MOMENTS

ELEMENT	NODE	FORCE QX	FORCE QY	FORCE QZ	MOMENT MX	MOMENT MY	MOMENT MZ
6	6	0.9131205E 00	-0.4592683E 02	0.3878580E 00	-0.6473736E 00	0.7473952E-01	
6	7	-0.1535941E-10	-0.7659030E 02	-0.1390513E-11	-0.1030733E 01	-0.1912435E-12	
6	14	-0.1246741E 01	0.7484979E 02	0.4200858E 00	0.1020728E 01	0.3863079E-02	
6	13	-0.3226603E 00	0.4766734E 02	-0.3898074E-01	0.6675098E 00	0.8019513E-01	

CONCENTRATED FORCES RESP. MOMENTS

ELEMENT	NODE	FORCE QX	FORCE QY	FORCE QZ	MOMENT MX	MOMENT MY	MOMENT MZ
7	8	0.7003852E 01	0.2468247E 01	0.9199399E-01	0.2231075E 00	-0.4130272E 01	
7	9	-0.6606541E 01	0.3420256E 01	-0.3255249E 00	0.4329507E-01	0.3909665E 01	
7	16	-0.6922410E 01	-0.3999331E 01	-0.6663990E-01	-0.8907102E-02	0.3624163E 01	
7	15	0.6479149E 01	-0.1889173E 01	-0.1828836E 00	-0.1990083E 00	-0.3837514E 01	

CONCENTRATED FORCES RESP. MOMENTS

ELEMENT	NODE	FORCE QX	FORCE QY	FORCE QZ	MOMENT MX	MOMENT MY	MOMENT MZ
33	38	0.8278358E 01	0.8937421E 01	0.1475404E 01	-0.3857557E-01	-0.7401362E 00	
33	39	0.2586488E 00	-0.2656307E 01	-0.1452308E 01	-0.1125784E 00	0.6605909E 00	
33	46	-0.6436430E 01	-0.9538379E 01	0.1579085E 01	0.5811602E-01	0.1462646E 00	
33	45	-0.2408485E 01	0.3257265E 01	-0.1257695E 01	-0.4387818E-01	-0.1722682E 00	

CONCENTRATED FORCES RESP. MOMENTS

ELEMENT	NODE	FORCE QX	FORCE QY	FORCE QZ	MOMENT MX	MOMENT MY	MOMENT MZ
34	39	0.1328972E 02	0.1765215E 02	0.1672202E 01	-0.7729107E-01	-0.5384374E 00	
34	40	0.5694664E 01	-0.9523494E 01	-0.1705392E 01	-0.3002038E 00	0.3566908E 00	
34	47	-0.1161324E 02	-0.1766704E 02	0.1783169E 01	0.5222587E-01	0.9996605E-01	
34	46	-0.7793074E 01	0.9538379E 01	-0.1412092E 01	-0.5811602E-01	-0.1462646E 00	

CONCENTRATED FORCES RESP. MOMENTS

ELEMENT	NODE	FORCE QX	FORCE QY	FORCE QZ	MOMENT MX	MOMENT MY	MOMENT MZ
35	40	0.1670418E 02	0.2239079E 02	0.1719508E 01	-0.1672801E 00	-0.2412380E 00	
35	41	0.1122363E 02	-0.1939166E 02	-0.1777729E 01	-0.6141158E 00	-0.2883461E-01	
35	48	-0.1561587E 02	-0.2066617E 02	0.1885748E 01	-0.4699545E-01	0.5462021E-01	
35	47	-0.1284348E 02	0.1766704E 02	-0.1362456E 01	-0.5222587E-01	-0.9996605E-01	

CONCENTRATED FORCES RESP. MOMENTS

ELEMENT	NODE	FORCE QX	FORCE QY	FORCE QZ	MOMENT MX	MOMENT MY	MOMENT MZ
36	41	0.1028302E 02	0.6164745E 01	0.2005383E 01	-0.3164492E 00	0.5574746E-01	
36	42	0.8371194E 01	-0.2683092E 02	-0.1903118E 01	-0.6624032E 00	-0.3401733E-01	
36	49	-0.1014268E 02	-0.4329378E-12	0.2226442E 01	0.1186898E-13	0.5610628E-14	
36	48	-0.9160138E 01	0.2066617E 02	-0.1621317E 01	0.4699545E-01	-0.5462021E-01	

6.8 Übungen zu Kapitel 6

1. Die beiden APT-Beispiele des Kapitels NC-Fertigung sollen nach dem Vorbild der beiden FEM-Beispiele auf Festigkeit untersucht werden. Dabei soll im 1. APT-Beispiel eine Einspannung längs l1 und eine senkrecht nach unten gerichtete Kraft im Schnittpunkt von c2 und l4 vorliegen, im 2. APT-Beispiel soll eine Halbschale gemäß FEM-Beispiel 2 unter Eigenbelastung berechnet werden.
   Man entwickle insbesondere zuerst manuell ein passendes Netz und versuche ein ähnliches Netz durch geeignete Angaben wie im 2. FEM-Beispiel erzeugen zu lassen.
   Hinweis:
   Die meisten Netzgeneratoren lassen außer der in FEM-Beispiel 2 gezeigten Möglichkeit der äquidistanten Knotenerzeugung auch die Angabe ungleichmäßiger Abstandsverteilung zu. Ferner stehen im allgemeinen für jeden Problemtyp und jede Art der Analyse sowohl Dreieckselemente als auch Viereckselemente zur Verfügung. In beiden Fällen gibt es in der Regel Elementtypen mit und ohne Seitenmittenknoten. Außerdem können alle erzeugten Knoten, die nicht zu einem Element gehören oder keine Auflager und Kraftangriffspunkte darstellen, durch eine Anweisung gelöscht werden.

2. Man berechne gemäß den Ausführungen in Abschnitt 6.1 explizit die Spannungs-Verzerrungsmatrix, die Verzerrungs-Verschiebungsmatrix und die Steifigkeitsmatrix. Ferner werte man das entsprechende Volumenintegral aus.

3. a) Was bedeutet es in einem FEM-System, wenn die Auflager eine Starrkörperbewegung gestatten? Welche Vorkehrungen sind zu treffen?

   b) Wie können Verschiebungen ungleich Null vorgegeben werden?

   c) Wie kann der Aufwand zur Gleichungssystemauflösung bei mehr als einem Lastfall vermindert werden?

4. Es sind Formfunktionen, die mindestens die einfache Stetigkeitsbedingung erfüllen, für ein Rechteck mit Seitenmittenknoten auf einem Paar gegenüberliegender Seiten zu suchen.

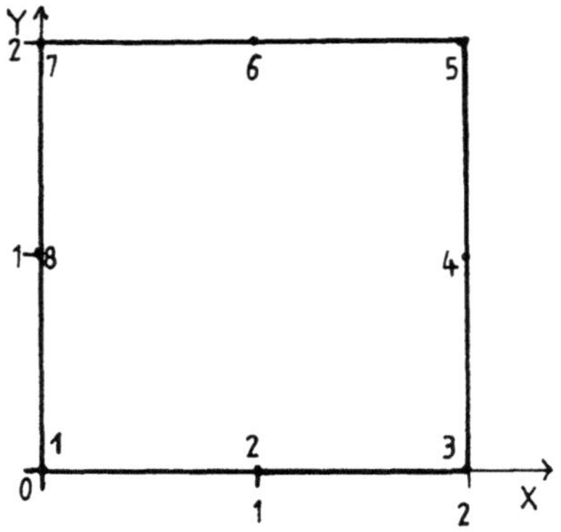

5. Wie könnten in einem FEM-System die Hauptspannungen ermittelt werden?

6. Wie kann man den Aufbau der Gesamtsteifigkeitsmatrix aus den Elementsteifigkeitsmatrizen gemäß Übung 2 anschaulich darstellen?

7. Das dynamische Verhalten einer Struktur ohne Einwirkung äußerer Kräfte soll in Echtzeit dargestellt werden. Dabei soll ein möglichst realistischer Eindruck beim Betrachter erzeugt werden. Welche Daten sind dazu notwendig, wie können sie gewonnen werden, welche Algorithmen zur Darstellung müssen vorhanden sein?

7 Robotereinsatz

Der Unterschied von numerisch gesteuerten Werkzeugmaschinen zu Robotern ist nur ein gradueller im Hinblick auf die geometrischen Bewegungsmöglichkeiten. Beiden gemeinsam ist die autonome Ausführung vorgegebener Fahrbefehle in mehreren Freiheitsgraden - im Prinzip sechs bei einer Fünfachsen-NC-Maschine - wobei die Fahrbefehle bereits so erzeugt werden, daß bestimmte geometrische Gebiete nicht mit dem Mechanismus der Maschine kollidieren. Mit Hilfe eines Programmiersystems wie APT kann ein qualifizierter Programmierer solche Fahrbefehle erzeugen lassen. Durch die Anwendung findet jedoch in technologischer Hinsicht eine Spezialisierung statt: Die hohen Genauigkeitsanforderungen bei großem Bearbeitungswiderstand führte bei NC-Maschinen zu einer nur für diesen Zweck brauchbaren Konstruktion. Höhere Arbeitsgeschwindigkeit, erweiterte Bewegungsmöglichkeit, vielfältiger Werkzeugeinsatz und Anpassung an unterschiedliche Aufgaben sowie die sich ständig ändernde Arbeitsumgebung können nur entsprechend flexible Automaten bewältigen, die deshalb natürlich programmierbar sein müssen. Der konstruktive Aufwand, der diese Flexibilität ermöglicht, soll durch hohe Auslastung der Roboter mit unterschiedlichsten Aufgaben wettgemacht werden, ohne daß eine Neuinstallation nötig wird. Bei der Entwicklung von Robotern müssen eine Reihe von Ingenieurdisziplinen auf entsprechend hohem technologischen Niveau genau aufeinander abgestimmt zusammenarbeiten: Mechanik, Steuerungs- und Regelungstechnik, Informatik. Eine gleiche Ausführlichkeit in allen Bereichen würde den Rahmen dieses Buches sprengen. Gemäß dem Grundgedanken werden die geometrischen Bewegungsverhältnisse - die Kinematik -, die visuelle Anpassung an die Umgebung und die zusätzlich erforderlichen programmiertechnischen Möglichkeiten breiter behandelt.

7.1 Geometrie, Bewegungsablauf und Kräfte

Die Geometrie eines Roboters kann als eine Kette von starren Gliedern, die mit Gelenken i. a. eines einzigen Freiheitsgrades verbunden sind, verstanden werden (s. Bild 7-1). Die translatorischen bzw. rotatorischen Freiheitsgrade werden vom Rumpf über die Schulter, Ober- und Unterarm in Richtung Hand mit P (prismatic) bzw. R (revolute) bezeichnet, wobei Greifbewegungen der Hand nicht mitgezählt werden. Um eine genaue Beschreibung der Abhängigkeit des Handmittelpunktes von den konstanten

und variablen geometrischen Größen eines Roboterarms zu erhalten, wird in jedes Gelenk ein lokales, an das vorangegangene Glied fixierte Koordinatensystem gemäß den geometrischen Gegebenheiten des Arms gelegt. Mit einer einheitlichen homogenen 4 · 4 Matrix kann nun die Transformation zweier aufeinanderfolgender Koordinatensysteme beschrieben werden, unabhängig vom Typ des Gelenks (P oder R). Das Produkt dieser homogenen Transformationsmatrizen beschreibt dann den Handmittelpunkt in einem festen Basiskoordinatensystem, das in der Rumpfachse liegt, in Abhängigkeit von den Variablen des Arms. Dies sind bei einem R-Gelenk der Drehwinkel, bei einem P-Gelenk die Verschiebung. Die Festlegung der beweglichen Koordinatensysteme geht im einzelnen nach folgenden Regeln vor sich (s. Bild 7-1):
Die z-Achse liegt stets in Bewegungsrichtung des folgenden Gelenks. Der Koordinatenursprung wird in den Schnittpunkt dieser z-Achse mit der vorangegangenen z-Achse gelegt. Wenn die beiden Achsen parallel oder windschief sind, übernimmt die gemeinsame Normale der Achsen die Rolle der vorangegangenen z-Achse.
Die x-Achse wird so gewählt, daß sie auf beiden z-Achsen senkrecht steht.
Die y-Achse ergänzt die beiden anderen zu einem rechtshändigen Koordinatensystem.
In jedem dieser Koordinatensysteme kann nun mit nur vier Parametern die relative Lage aufeinanderfolgender Glieder und deren Geometrie beschrieben werden:

w_i : Winkel zwischen (i-1)-ter und i-ter x-Achse bei Drehung um die (i-1)-te z-Achse. Bei einem R-Gelenk ist dies eine Variable.

az_i: z-Koordinate des i-ten Koordinatensystemursprungs im (i-1)-ten Koordinatensystem. Bei einem P-Gelenk ist dies eine Variable.

ax_i: x-Koordinate des (i-1)-ten Koordinatensystemursprungs im i-ten Koordinatensystem.

wz_i: Winkel zwischen (i-1)-ter und i-ter z-Achse bei Drehung um die i-te x-Achse.

Werden in obiger Reihenfolge die Drehungen und Verschiebungen mit den entsprechenden Parameterwerten ausgeführt, so wird die x-Achse des (i-1)-ten Koordinatensystems zuerst parallel zur x-Achse des i-ten Koordinatensystems ausgerichtet. Die folgenden Verschiebungen az_i und ax_i legen beide Ursprünge ineinander, die letzte Drehung führt die beiden z-Achsen ineinander über. Die vier durch eine homogene Transformationsmatrix beschreibbaren Operationen lassen sich im gesamten ebenfalls durch eine

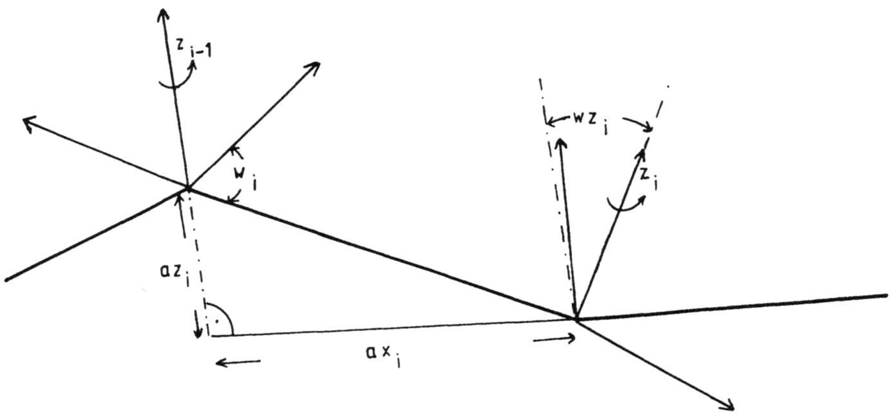

Allgemeine Transformationsmatrix T_i

$$\begin{matrix} \cos(w_i) & -\cos(wz_i)\cdot\sin(w_i) & \sin(wz_i)\cdot\sin(w_i) & ax_i\cdot\cos(w_i) \\ \sin(w_i) & \cos(wz_i)\cdot\cos(w_i) & -\sin(wz_i)\cdot\cos(w_i) & ax_i\cdot\sin(w_i) \\ 0 & \sin(wz_i) & \cos(wz_i) & az_i \\ 0 & 0 & 0 & 1 \end{matrix}$$

Bild 7-1 Definition der Gelenkkoordinatensysteme und Parameter

homogene Matrix - das Produkt der vier Einzelmatrizen - mathematisch darstellen. In ihren Elementen tritt die Variable w_i eines R-Gelenks als Argument der Sinus- und Cosinusfunktion auf, die Variable az_i eines P-Gelenks jedoch nur einmal allein auf. Das Produkt T all dieser homogenen Gelenkmatrizen - beginnend bei der Schulter-beschreibt somit die Lage und Orientierung des Endpunktes des letzten Gliedes im Basiskoordinantensystem in Abhängigkeit von den jeweiligen Gelenkvariablen. Das Problem der Anwendung stellt sich jedoch in umgekehrter Weise: Im Basis- oder Weltkoordinantensystem ist ein bestimmter Punkt gegeben, der mit einer vorgegebenen Orientierung erreicht werden soll. Die gesuchten Größen sind die Werte für die Variablen jedes Gelenks. Die Lösung dieses "inversen kinematischen Problems" der Robotersteuerung ist im allgemeinen Fall unter den stets vorhandenen Echtzeitanforderungen mit den verfügbaren Rechnerkapazitäten nicht vollständig möglich. Insbesondere die Berücksichtigung der geometrischen Einschränkungen durch die Robotergeometrie und die Gegenstände der Umgebung führen auf erheblichen mathematischen Aufwand (s. /36/). Bei höheren Geschwindigkeiten der Armbewegung muß zudem ein spezieller Geschwindigkeits- oder Beschleunigungsablauf ermittelt und eingehalten werden. Deshalb wird statt einer rechenzeitaufwendigen iterativen numerischen Bestimmung der Gelenkvariablen eine analytische Lösung unter bestimmten Vernachlässigungen im allgemeinen vorgezogen. Hier können dann auch Ansätze zur Optimierung unterschiedlichster Größen eingebracht werden. Zunächst sollen noch einige Anmerkungen zur Anzahl der Lösungen beim sog. inversen kinematischen Problem gemacht werden.

Die Nebenbedingungen können dazu führen, daß überhaupt keine Lösung der Aufgabenstellung existiert, trivialerweise etwa, wenn der anzusteuernde Punkt außerhalb der Reichweite des Arms liegt. Aber auch bei eingehaltenen Nebenbedingungen kann es aufgrund der Anzahl der Unbekannten (d. i. die Anzahl der Freiheitsgrade) und der Anzahl g der Gleichungen (d. i. die Anzahl der erforderlichen geometrischen Endbedingungen) zu unterschiedlichem Lösungsverhalten kommen. Es kann keine (für g größer als f), endlich viele (für g gleich f) und unendlich viele Lösungen (für g kleiner als f) geben. Die Lösungen für die Winkelvariablen sind außerdem wegen der Periodizität der trigonometrischen Funktionen nicht eindeutig bestimmt. Die Schwierigkeit liegt in der Gewinnung aller Lösungen und der Auswahl mechanisch und geometrisch sinnvoller aus dieser Menge. Unter bestimmten konstruktiven Umständen - wenn sich nämlich die Bewegungsachsen von zweien der R-Gelenke in einem Punkt schneiden - kann das Gleichungssystem entkoppelt werden. Drei Bewegungsachsen werden zur Einstellung eines vorgegebenen Ortes des Handmittelpunktes verwendet, drei weitere Freiheitsgrade sind zur Erreichung der vorgegebenen Orientierung des Handmittelpunktes nötig. Am Beispiel eines realen Roboters mit sechs Freiheitsgraden (s. Bild 7-2) soll das Vorgehen erläutert werden (nach /37/). Man kann die homogene Gesamttransformationsmatrix T deuten, die vom Handkoordinantensystem in das Basissystem überführt, wenn man die Endpunkte der Einheitsvektoren (1, o, o, 1),(o, 1, o, 1), (o, o, 1, 1) sowie den Punkt (o, o, o, 1) zur Transformation einsetzt. Die letzte Spalte von T stellt somit den Handmittelpunkt, die ersten drei Spalten stellen die Orientierungsvektoren jeweils im Basiskoordinantensystem dar. Im ersten Schritt wird versucht, das Ende des Gliedes 4 so vor den gewünschten Handmittelpunkt zu positionieren, daß noch Platz für die restlichen Glieder und die Hand bleibt. Die Position dieses Endpunktes errechnet sich aus den vier beteiligten Gelenkvariablen entsprechend der letzten Spalte der dort aufgelaufenen Transformatrix. In den Elementen ihrer Matrizenfaktoren treten im allgemeinen Fall in den ersten zwei Zeilen der Sinus oder Cosinus der entsprechenden Gelenkvariablen in Kombination mit den konstanten Parametern az_i und ax_i. Aus dem in Bild 7-2 angegebenem Wert von ax_4 = o ergeben sich die letzten Elemente der ersten zwei Zeilen der Matrix T_4 zu Null, somit hängen die Elemente der vierten Spalte der aufgelaufenen Transformationsmatrix $T_1 \cdot T_2 \cdot T_3 \cdot T_4$ nicht von der vierten Gelenkvariablen ab.

$$\begin{pmatrix} \cdot & \cdot & \cdot & f(w_1, w_2, w_3) \\ \cdot & \cdot & \cdot & h(w_1, w_2, w_3) \\ \cdot & \cdot & \cdot & \cdot \\ \cdot & \cdot & \cdot & \cdot \end{pmatrix} = \begin{pmatrix} \cdot & \cdot & \cdot & \cdot \\ \cdot & \cdot & \cdot & \cdot \\ \cdot & \cdot & \cdot & \cdot \\ \cdot & \cdot & \cdot & \cdot \end{pmatrix} \bullet \begin{pmatrix} \cdot & \cdot & \cdot & o \\ \cdot & \cdot & \cdot & o \\ \cdot & \cdot & \cdot & az_4 \\ o & o & o & 1 \end{pmatrix}$$

$$T_1 \cdot T_2 \cdot T_3 \qquad \bullet \qquad T_4$$

Der Schnitt der Achsen 3 und 4 resultiert also darin, daß die drei Komponenten des Handmittelpunktes nur von den drei ersten Gelenkvariablen abhängen. Aus den Werten der wz_i $i = 1,3$ kann man analog ersehen, daß die drei Gleichungen quadratisch für die Sinus bzw. Cosinus der Gelenkvariablen sind. Mit den Lösungen kann die vollständige Transformationsmatrix bis zum dritten Gelenk berechnet werden.
Die vierte Gelenkvariable (Drehwinkel um die z_3-Achse) wird nun so eingestellt, daß die z_4-Achse senkrecht auf dem vorgegebenen Orientierungsvektor der Hand steht. Da sie aus konstruktiven Gründen senkrecht auf der z_3-Achse steht, ergibt sich ihre Lage aus dem entsprechenden Vektorprodukt. Da die Koordinaten der Einheitsvektoren des dritten Koordinatensystems bezogen auf das Basiskoordinatensystem als Spaltenvektoren der entsprechenden Transformationsmatrix auftreten, ist damit die vierte Gelenkvariable aus bekannten Größen berechenbar. Mit der fünften Gelenkvariablen kann die z_5-Achse in den Orientierungsvektor gelegt werden, worauf die endgültige Anpassung an die geforderte Orientierung mit der sechsten Variablen erfolgen kann.

Die mehrfachen Lösungen beschreiben die rechte bzw. linke Schulter-Arm-

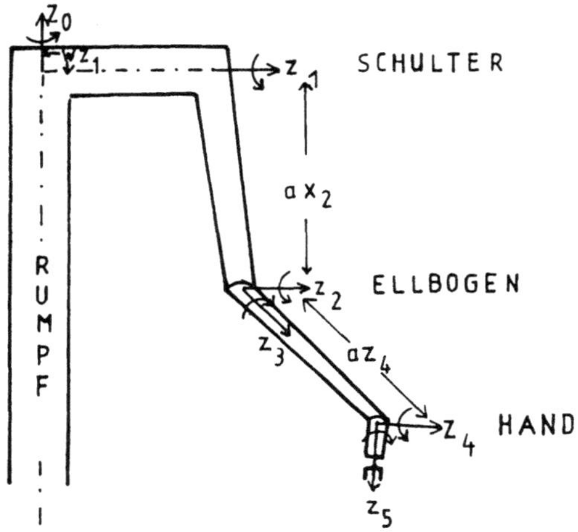

Drehpunkt i	ax_i	az_i	wz_i
1	0	0	-90
2	≠0	≠0	0
3	0	0	90
4	0	≠0	-90
5	0	0	90
6	0	≠0	0

Bild 7-2 RRRRR-Roboter mit Gelenken und geometrischen Parametern

Kombination sowie die zwei Möglichkeiten der Bewegung unterhalb des Ellbogens.

Die berechneten Werte der Gelenkvariablen müssen sich als Endwerte einer zeitlichen Änderung der Ausgangswerte ergeben, wobei diese Zeitabhängigkeit theoretisch weitgehend beliebig ist. Praktisch ergeben sich durch die maximal vorhandenen Antriebskräfte, Trägheitskräfte und Belastungen jedoch erhebliche Einschränkungen. Deswegen werden Schrittmotoren, die ohne laufende Positionsrückmeldung auskommen, nur selten eingesetzt.

Mittels der vorigen kinematischen Ableitungen kann die kinetische und potentielle Energie in Abhängigkeit von den Gelenkvariablen errechnet werden. Das Verfahren von Lagrange-Euler führt dann auf ein System von nichtlinearen Differentialgleichungen zweiter Ordnung mit den vorgegebenen Anfangs- und Randbedingungen ("inverses dynamisches Problem"). Die Koeffizienten beschreiben die Schwerkraft, Trägheitskräfte und geschwindigkeitsabhängige Kräfte, wie Zentrifugal- und Corioliskräfte.

Die Integration dieses Differentialgleichungssystems ist in den Zeitschranken, die durch die Geschwindigkeit der Anwendung gefordert werden, allenfalls auf Großrechnern möglich. Deshalb werden häufig Zentrifugal- und Corioliskräfte vernachlässigt, was für höhere Geschwindigkeiten nicht zulässig ist. Weitere verbesserte Verfahren, die auch über Optimierungsmöglichkeiten verfügen, sind in /37/ genannt.

Falls die Werte der Gelenkvariablen, die einer vorgegebenen Positionierung und Orientierung im Basiskoordinatensystem entsprechen, nicht analytisch ermittelt werden können, müssen sie numerisch berechnet werden.

Die aufgezeigte Lösung des inversen kinematischen Problems ist nur ein kleiner Schritt bei der Erfüllung der Forderung, in einer sich ständig ändernden 3-dimensionalen Szene kollisionsfreie Bahnen zu finden. Durch Diskretisierung der Zeit und der vorgegebenen Bahnen in kleine Schritte könnte mit den im dritten Abschnitt angedeuteten Methoden unter erheblichem Aufwand die Kollisionsfreiheit geprüft werden, das Auffinden solcher Bahnen ist nur mit heuristischen Verfahren möglich (s. /38/). Weiterhin müßten die Veränderungen der 3-dimensionalen Szene mit einem aufwendigen Sichtsystem erfaßt werden.

7.2 Intelligenz durch Sensoren

Wenn die Anfangs- und Endpunkte der einzelnen Bewegungsabläufe und die Position des Roboters im Weltkoordinatensystem im voraus bekannt sind, können die entsprechenden Steuerungsparameter berechnet, gespeichert und der Reihe nach abgerufen werden. Häufige Einsatzgebiete dieser Art sind Be- und Entladen von Paletten, Beschichten und Punktschweißen. Die genaue Positionierung des zu bearbeitenden Gegenstandes relativ zum Roboter ist dabei unabdingbar und oft mit hohem Justierungsaufwand verbunden. Wenn sich statistisch bedingte Differenzen nicht ausschalten lassen, sind Roboter der ersten Generation somit nicht einsetzbar. Bei der Radmontage in einer PKW-Fertigungsstraße muß die beliebige Position der Schraubenlöcher für die Felgen erst erkannt werden und dann kann das Anziehen der Schrauben bis zum maximalen Drehmoment erfolgen. Die Rückmeldung an den Roboter über den Zustand oder die Reaktion der Umwelt erfolgt durch Sensoren, die in Einsatzgebiet und Bedeutung den "Sinnen" des Menschen entsprechen. Die wichtigsten für komplizierte manuelle Arbeit sind der Gesichts- und der Tastsinn, wobei hierunter nicht nur die Möglichkeit der Gewinnung geometrischer Daten, sondern auch die Ermittlung von Kräften beim Kontakt von Roboter und Objekt verstanden werden soll. Der Tastsinn eines Roboters dient in erster Linie der Erkennung von Hindernissen und Vermeidung von zerstörenden Kollisionen, bei Berücksichtigung der auftretenden Kräfte kann er bei Fügungsarbeiten die geometrische Positionierung sehr wirkungsvoll unterstützen. Insbesondere wenn die Positionierungsgenauigkeit des Roboters im Bereich der Toleranzen der zu fügenden Teile liegt, reicht die Positionierung im Weltkoordinatensystem ohne Rückmeldung nicht aus (s. Bild 7-3). Die auftretenden elastischen Kräfte werden solange zur Korrektur der letzten drei Gelenkvariablen verwendet, bis sie Null sind. Dann ist unter der Voraussetzung der genauen Punktpositionierung auch die richtige Orientierung erreicht.

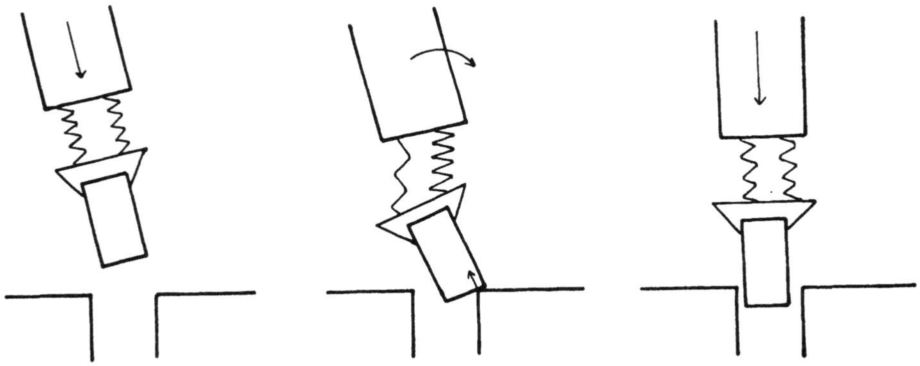

Bild 7-3 Genaue Orientierung durch Kraftmessung (nach /39/)

Der Gesichtssinn des Menschen ist zur Gewinnung eines schnellen Überblicks und zur Abschätzung von Entfernungen weit besser geeignet als der Tastsinn. Analog werden Roboter mit visuellen und sonaren Sensoren und Rechnern zur Verarbeitung dieser Informationen ausgestattet. Der Schwerpunkt liegt hierbei nicht auf der Erfassung metrischer Größen eines Objekts, sondern auf seiner Erkennung, also auf der Einordnung in vorgegebene Objektklassen. Daraus könnten die gespeicherten Abmessungen dann gewonnen werden. Die Erkennung kann zur Ermittlung kleiner Fertigungsfehler oder zu klassenspezifischen Aktionen dienen, wofür die Sortierung als klassenspezifische Ablage ein Beispiel ist. Die Prinzipien der Verarbeitung der Signale eines Objekts sind im wesentlichen die gleichen wie bei der Datenerfassung, wobei das Hauptgewicht auf der Ermittlung der erforderlichen Merkmalswerte des Objekts liegt. Die Merkmale müssen so gewählt werden, daß sie bei Rotation, Translation und gegebenenfalls Ähnlichkeitstransformation unverändert bleiben, da sonst kongruente Objekte in verschiedene Klassen eingeordnet werden könnten. Idealerweise sollten alle Merkmale zusammen ein vollständiges Invariantensystem bilden.

Einen entscheidenden Einfluß auf die konkrete Konzeption der Erkennung hat der Einsatz von Robotern im Produktionsbetrieb: Das Ziel der minimalen Kosten für das Erkennungssystem steht der Einhaltung einer minimalen Erkennungszeit ebenso entgegen wie die Fabrikumweltbedingungen der Forderung nach größtmöglicher Zuverlässigkeit. Man versucht durch sich dynamisch anpassende Schwarz/Weiß-Schwellen und durch Merkmale, die bei

der Ermittlung der Ränder als Kettencodes leicht zu berechnen sind, den Forderungen zu genügen. Häufig verwendete Merkmale sind - bei der in der Praxis üblichen Beschränkung auf 2-dimensionale Objekte - Fläche, Umfang maximale Entfernung vom Schwerpunkt und die orientierungsabhängigen Trägheitsmomente um die Koordinatenachsen, deren Extrema die Ermittlung der Orientierung des Objekts erlauben. Außer metrischen Merkmalen werden jedoch auch topologische verwendet, vor allem die Anzahl der Löcher eines Objekts. Dazu wird nach Löschung des äußeren Randes aus der Bitmatrix der Spalten und Zeilen der Linienverfolgungsalgorithmus erneut gestartet, womit die Berandung eines Loches gewonnen wird. Das Verfahren wird solange wiederholt, bis kein Punkt einer Lochberandung mehr gefunden werden kann. Eine genauere Beschreibung und Dikussion der Algorithmen findet man in /40/.
Da die Krümmung bei ebenen Kurven ein vollständiges Invariantensystem darstellt, liegt ihre Berechnung in natürlicher Parameterdarstellung nahe. Der frei wählbare Startpunkt für die Bogenlänge 0 zeigt sich in einer Drehung des Objekts, die durch eine Permutation der Bildpunkte annähernd wiedergegeben werden kann. Der Vergleich lokaler Krümmungsverhältnisse kann auch zur Erkennung teilweise verdeckter Objekte verwendet werden.

7.3 Programmierung

Um die Ausführung einer Aufgabe klar zu machen, kann man eine Vorführung oder eine Beschreibung benutzen. Für einfache Aufgaben ohne unvorhergesehene Ereignisse genügt eine Vorführung, für komplizierte Aufgaben muß die Beschreibung vollständig und der Qualifikation des Ausführenden angemessen sein. Beide Verfahren werden in entsprechender Weise zur Programmierung von Robotern eingesetzt. Beim ersten - dem Teach-in - werden die bei der Vorführung gemessenen Werte der Gelenkvariablen wiederabrufbar gespeichert. Die Führung des Arms kann manuell durch den Bediener oder durch Knopfdruck erfolgen. Die geometrische Intelligenz des Bedieners löst hier alle Positionierungs-, Orientierungs- und Kollisionsprobleme. Für jede - auch nur wenig verschiedene - neue Aufgabe muß eine Programmierung erfolgen, während derer eine produktive Nutzung des Roboters nicht möglich ist. Trotz der fehlenden Selbstdokumentation dieser Programme findet das Verfahren häufig Anwendung beim Beschichten, Schweißen und Palettieren. Eine kontrollierte Geschwindigkeitssteuerung des Arms ist

jedoch ebenso wenig möglich wie eine differenzierte Reaktion auf Ereignisse oder Zustände der Umwelt, insofern sie von den oft impliziten Voraussetzungen abweichen. Meldungen darüber können durch verschiedene Sensoren erhalten werden. Für komplizierte Aufgaben, wie NC-Maschinenbeschickung oder Zusammenbau von Einzelteilen, ist somit eine Beschreibung der Aufgabe in Form eines Programms angemessen.
Die bisher in technischen Bereichen verwendeten Programmiersprachen BASIC oder FORTRAN sind also um Anweisungen zur Bedienung des Greifers und zum Ansprechen der Sensoren zu erweitern, die vom Übersetzer in einen entsprechenden Unterprogrammaufruf aufgelöst werden. Bei visuellen Sensoren werden Informationen über die Art, Lage und Orientierung des Objekts zurückgegeben, mitunter sind auch die Schwarz/Weiß-Schwelle oder die relevanten Merkmale durch das Programm beeinflußbar. Eine ähnliche Erweiterung um geometrische Datentypen und entsprechenende Operatoren wie beim Übergang von FORTRAN zu APT ist erforderlich. Der Frame als wichtigster Begriff beschreibt mit seinen sechs Komponenten die Lage und Orientierung des Handmittelpunktes. Von großer Bedeutung beim produktiven Einsatz von Programmen ist die Berücksichtigung aller möglichen Ausnahmebedingungen durch Angabe entsprechender Aktionen in gesonderten Programmteilen. Insbesondere wenn Zerstörungen durch unerwartete Kollisionen oder Zeitverzug durch fehlenden Teilenachschub auftreten, sind solche vorgesehene Aktionen unerläßlich. Da die Ausnahmebedingung jederzeit eintreten kann, wird der Ansprung des entsprechenden Programmteils durch eine Unterbrechung ermöglicht. Die ON-Bedingungen in PL1 mit der Möglichkeit der Unterdrückung und Neudefinition entsprechen den Erfordernissen. Zur Synchronisierung mehrerer parallel ablaufender Aufgaben sind Anweisungen zum Warten und Beenden des Wartezustandes nötig. Da das geometrische Vorstellungsvermögen des Menschen begrenzt ist, werden bei diesem Erweiterungsstand einer höheren Programmiersprache häufig die Lage- und Orientierungswerte bei der Programmierung offengelassen und durch Teach-in gefüllt. Dies kann durch entsprechende symbolische Bezugnahme oder durch Anforderung bei erstmaliger Programmausführung erfolgen. Dabei müssen alle Programmzweige durchlaufen werden, was zu erheblichen Programmierzeiten führen kann.
Analog dem Konzept bei APT- oder FEM-Systemen kann eine größere Problemnähe bei einer Roboterprogrammiersprache angestrebt werden, als es die weitgehend für numerische Aufgaben gedachten höheren Programmiersprachen

auch in erweiterter Form gestatten. Gewisse Ähnlichkeiten zur NC-Programmierung legen ein entsprechendes Konzept nahe. In beiden Fällen geht es um die Führung eines Werkzeuges bekannter Geometrie in einen bestimmten Kontakt mit einem Teil ebenfalls bekannter Geometrie, wobei vorgegebene Genauigkeiten oder Kräfte einzuhalten sind. Die Bewegung soll durch bestimmte Flächen in ihrer ursprünglichen Richtung gehemmt und umgeleitet werden können. Unerwünschte Kollisionen von Werkzeug, Teil oder Spannvorrichtungen müssen durch geeignete Bewegungen ausgeschaltet werden. Um Unabhängigkeit vom Robotertyp zu erreichen, wird wie in der NC-Fertigung ein Standardzwischencode PCDATA erzeugt. Ein anderes Konzept noch größerer Problemnähe geht von der Beschreibung der einzelnen Arbeitsfolgen in den Arbeitsplänen aus, wie sie schon lange in der Fertigungssteuerung verwaltet werden. Eine formalisierte Beschreibung dieser Arbeitsfolgen soll als Robotersteuerungsprogramm dienen. Die aus einem CAD-System gewonnene Teilegeometrie wird mit der Geometrie der Umwelt und technologischen Daten, welche die Erfahrung des menschlichen Monteurs darstellen, zu einem Umweltmodell vereinigt. Damit sind alle erforderlichen Daten für eine erfolgreiche automatische Montage vorhanden. Die Veränderungen dieses Modells im Laufe der Bearbeitung sind zum Teil nicht automatisch erkennbar (etwa das Fixieren zweier Teile durch Verschraubung) und müssen vom Programmierer spezifiziert werden. Das plausible und bestechende Konzept ist noch nicht vollständig realisiert (s. /41/).

Zusammenfassung

Das Einsatzgebiet von Robotern, das anfangs auf unmenschliche Umweltbereiche beschränkt war, wird sich laufend erweitern. Die Flexibilität, die sich in mechanischer Beweglichkeit und in dynamisch sich an die Umwelt anpassender Steuerung durch programmierbare Rechner zeigt, gestattet den Einsatz in vielfältigen Arbeitsprozessen auch für Kleinserien. Eine Umrüstung bedeutet im Prinzip eine Neuprogrammierung der Aufgabe. Die Integration des gesamten Entwicklungs-, Konstruktions- und Fertigungsprozesses wird durch Ausbau der entsprechenden Schnittstellen vorangetrieben werden. Robotergerechte Konstruktion, Zugriff auf Geometriedaten der Teile in CAD-Systemen und auf Arbeitspläne in der Fertigungsplanung und -steuerung werden zukünftige Entwicklungen sein.

8 Zusammenfassung

Die Verarbeitung geometrischer Informationen begann mit der graphischen Darstellung numerischer Daten im Stapelbetrieb. Graphische Eingabemöglichkeit gab es ebensowenig wie ein rechnerinternes geometrisches Modell der Objekte. Zusammen mit dem interaktiven Rechnerbetrieb bilden jedoch gerade diese Möglichkeiten die Grundlage zentraler CAD-Systeme.

8.1 Zentrale CAD-Systeme

Unter Zentralisierung wird hier zunächst die Zusammenfassung von mitarbeiter-, produkt- und anwendungsübergreifender Informationen und Algorithmen verstanden, wobei die Konsistenz- und Performanceprobleme insbesondere für die physische Verteilung auf verschiedene Personalcomputer schon in Kapitel 2 angesprochen wurden und z. Zt. noch ungelöst sind. Eine dezentrale Verwaltung der anwendungsspezifischen Daten, welche die geometrischen Informationen des CAD-Systems ergänzen, ist jedoch sehr wohl angebracht. Die Konzentration der geometrischen Datenverarbeitung auf einem Rechner bedingt aufgrund der Datenmenge und des Berechnungsumfangs zusammen mit entsprechenden Anforderungen an die Antwortzeiten bei interaktivem Betrieb eine nicht unerhebliche Minimalkonfiguration. Die Speicherung der geometrischen Informationen einer Schubraupe in Form von rund 2000 Zeichnungen erfordert fast ein halbes Plattenlaufwerk maximaler Kapazität (s. /42/),die Entfernung verdeckter Linien bei einem einfachen Teil dauert auf einem Rechner mit der durchschnittlichen Befehlszeit von 10^{-6} Sekunden etwa eine halbe Minute. Um eine angemessene andauernde Belastung der Rechnerkomponenten zu erreichen, sind mehr als ein Bildschirm anzuschließen, wobei durch eine zu hohe Belastung bei zu vielen Bildschirmen gemäß der Warteschlangentheorie die Antwortzeiten überproportional anwachsen.
Die Auswahl eines CAD-Systems erfolgt in erster Linie aufgrund der erwünschten Fähigkeiten entsprechend der beabsichtigten Anwendung. Hier spielen auch die Ausbaufähigkeit und die Unabhängigkeit von der Hardware eine wichtige Rolle. Die Größenordnung solcher Softwaresysteme lassen nicht vorgesehene Erweiterungen und Modifikationen von Anwendern erfahrungsgemäß nicht ratsam erscheinen. Der Einarbeitungs- und Pflegeaufwand, der eine hohe dv-technische und mathematische Qualifikation erfordert, wird häufig unterschätzt. Anhand des Programmverzeichnisses kann eine Grobabschätzung hinsichtlich der Anzahl der für ein CAD-System

erforderlichen Anweisungen in einer höheren Programmiersprache versucht werden, wobei diese Zahl bis zur Einsatzreife eines Softwareproduktes sich vervielfacht. So ergibt sich ein Umfang in der Größenordnung von einigen hunderttausend Anweisungen. Komplexe Softwaresysteme dieser Größe werden erst im Laufe ihres Einsatzes bei vielen Anwendern hinreichend standfest. Eine Berücksichtigung der Dauer und Anzahl von Installationen sowie des Service vor Ort ist deshalb ebenfalls von entscheidender Bedeutung bei dem Auswahlverfahren (s. /43/).

8.2 Anwendungen mit geometrischer Basis

Die konkreten Möglichkeiten und Realisierungen des Anschlusses von Anwendungen, die geometrische Informationen als Grundlage benutzen, sind in den Kapiteln 5 bis 7 detailliert besprochen worden und sind in der Übersicht von Bild 8-1 nochmals im Gesamtzusammenhang dargestellt. Charakteristisch ist, daß geometrische Daten aus dem CAD-System stets nur im Stapel gelesen werden, aber bei erforderlichen Änderungen nie automatisch zurückgeschrieben werden. Die nötigen Änderungen im CAD-System werden durch menschliche Kommunikation vollzogen. Dies hat seinen Grund zum ersten darin, daß die Übertragung der geometrischen Daten einen Informationsverlust mit sich bringt, zum zweiten darin, daß die Anwendungen wohletablierte, bisher abgeschlossene Systeme sind. Der Informationsverlust läßt sich an einem Beispiel aufzeigen: Aus der Beschreibung der Komposition eines 3-dimensionalen Objekts aus seinen Einzelteilen kann wohl eine Netzgenerierung für ein FEM-System erzeugt werden. Ergibt eine Berechnung der Festigkeitsverhältnisse zu geringe Festigkeit in einem Punkt, so müssen die Beschreibungen der betroffenen Einzelteile und gegebenenfalls die Komposition des Gesamtobjekts geändert werden. Ferner sei darauf hingewiesen, daß Strukturinformationen sowie metrische und topologische Informationen der geometrischen Objekte eines CAD-Systems von den unterschiedlichen Anwendungen in unterschiedlichem Umfang genutzt werden.

8.3 Wirtschaftlichkeit

Die Ergebnisse von Programmen zur Berechnung der Kostenvorteile von CAD-Systemen entsprechen in ihrer Zuverlässigkeit der Genauigkeit der Eingabedaten. Dazu zählen neben den in der Regel festen Miet- oder Kaufpreisen für Soft- und Hardwarekomponenten die Konfiguration des Systems

und ein Reduzierungsfaktor, der das Verhältnis der Zeiten für eine Aufgabe bei Benutzung des Zeichenbretts bzw. des Bildschirms eines CAD-Systems darstellt. Die Variationsbreite der Konfiguration und des Reduzierungsfaktors überwiegt hier bei weitem die der Preise der verschiedenen Hersteller. Die Konfiguration ist wesentlich durch zwei Anforderungen der Bildschirmbenutzer in nicht genau formulierbarer Weise beeinflußt: Antwortzeit des Systems und Arbeitsbereitschaft der Schirme. Beide hängen von der Anzahl der Schirme ab. Die einzig brauchbare Aussage über die durchschnittliche Antwortzeit erbringt die Messung unter Praxisbedingungen - ein Benchmarktest. Zugleich sind die Belastungen der Rechnerkomponenten zu messen, damit unter- oder überbelastete Bereiche erkannt werden können. Da theoretische Aussagen über die Auswirkungen von Konfigurationsänderungen nicht möglich sind, muß der ganze Zyklus einige Male durchgeführt werden. Dieser beträchtliche Aufwand müßte vor der Entscheidung der Installation eines CAD-Systems stattfinden.
Die Arbeitsbereitschaft ist definiert als die Wahrscheinlichkeit, daß zu einem beliebigen Zeitpunkt mindestens 1 Schirm einer Gruppe von Schirmen frei ist. Unter plausiblen Annahmen liefert die Warteschlangentheorie bei vorgegebener Arbeitsbereitschaft eine maximal zulässige durchschnittliche Bildschirmbenutzung in Prozent. Diese kann aus der Anzahl der Schirmbenutzer, ihrer durchschnittlichen Sitzungszeit und der Zahl der Schirme ermittelt werden. Mit einigen Iterationen kann eine passende Schirmzahl bestimmt werden. Bei vorgegebenem Reduzierungsfaktor folgt bei bekannter Arbeitszeit am Brett daraus die Sitzungszeit für einen Benutzer.Die durchschnittliche Brettarbeitszeit wird durch Einzelbeobachtung in festen Zeitabständen über einen größeren Zeitraum hinweg nach statistischen Grundsätzen bestimmt. In der hier zugrunde gelegten Studie (s. /44/) wurde dabei zugleich auch die Verteilung der Gesamtarbeitszeit auf andere relevante Tätigkeiten mitgemessen. Hier zeigt sich auch die Abhängigkeit solcher Messungen von der Art des Unternehmens: Daß nur 3 % der Arbeitszeit für Rechnen und Kontrollen aufgewendet werden, liegt an der Existenz einer eigenen Berechnungsabteilung. Auch die experimentellen Messungen des Reduzierungsfaktors schwanken je nach Art der Aufgabe und Anwendung zwischen 2 für mechanische Neukonstruktionen und 20 für Änderungen in Schaltplänen. Natürlich sind zu solchen Tests geübte CAD-Benutzer einzusetzen, damit die Ergebnisse die eingefahrenen Verhältnisse wiedergeben.
Die hier zitierten Messungen ergaben einen Anteil von 25 % Brettarbeits-

zeit und einen Reduzierungsfaktor von 2,6 bei einem Luftfahrtunternehmen. Das Verhältnis der bisherigen Gesamtarbeitszeit mit manueller Brettarbeit zur Gesamtarbeitszeit mit CAD-System kann als Produktivitätssteigerungsfaktor verwendet werden. Mit den angegebenen Werten ist er 1,16, was einer 16 %igen Steigerung der Produktivität entspricht. Sie kann zur Vergrößerung der Produktion, zur Verbesserung der Qualität durch Suchen optimaler Lösungen oder zur "Einsparung von Personalneueinstellungen" verwendet werden. Aus der Anzahl der konstruktiv tätigen Mitarbeiter kann mit den Mitarbeiterkosten eine Summe ermittelt werden, der die Kosten für das CAD-System gegenüberstehen. Außer Hard- und Softwarekosten sind unbedingt Wartung, Schulung, unternehmensspezifische Betreuung und Pflege sowie Verbrauchsmaterial mit zu berücksichtigen.
Zusammenfassend kann festgestellt werden, daß der Einsatz eines CAD-Systems abhängig von der Anwendung bei dem gegenwärtigen Preisniveau erst ab einer gewissen Anzahl von zeichnend tätigen Mitarbeitern rentabel ist. Diese Grenze wird sich durch die Preisentwicklung nach unten verschieben. Eine Erweiterung der Betriebszeiten in gewissem Rahmen kann durch verringerte Hardwarekosten diese Tendenz verstärken.
An indirekten Einsparungen, die schwierig zu quantifizieren sind, können eine zwangsläufig sich ergebende Standardisierung und Systematisierung in den Anwendungsbereichen der CAD-Systeme sowie der Wegfall der nochmaligen geometrischen Datenerfassung mit ihren Fehlermöglichkeiten angeführt werden. Viele erfahrene Anwender weisen nachdrücklich darauf hin.

8.4 Integration des gesamten Produktionsprozesses

Wie bei den Anwendungen mit geometrischer Basis haben sich in vielen rein betriebswirtschaftlichen Bereichen mächtige und funktionsfähige Softwaresysteme entwickelt. Ihr Zusammenhang mit einem CAD-System ist indirekt über Ergebnisse der Fertigungssteuerungssysteme zur Material- und Kapazitätsplanung gegeben. Ein wesentlicher Teil der Informationen dieser Systeme sind die Stücklisten, die zusammengesetzte Teile durch Art und Menge ihrer Einzelteile beschreiben. Sie entsprechen den Strukturdaten von geometrischen Objekten eines CAD-Systems und sind daraus erzeugbar. Die für die Kapazitätsplanung erforderlichen Arbeitspläne und Montageanweisungen können nicht automatisch gewonnen werden, da hierzu großes technologisches Erfahrungswissen in komplexem Zusammenhang eingesetzt werden muß. Auch die nötigen geometrischen Informationen zur Beschreibung der realen Bewegungsabläufe sind wesentlich komplizierter und umfangreicher als es die Beschreibung durch eine Transformationsmatrix gestattet. Mit den in den Arbeitsplänen angegebenen Zeiten und Maschinen sowie den Losgrößen ist eine Kapazitätsplanung grundsätzlich möglich. Mit den vier geeignet gekoppelten Dateien - Teiledatei, Strukturdatei, Arbeitsplandatei und Maschinendatei - wurde schon lange vor dem Aufkommen des Begriffs "Datenbank" diese Technik in der Fertigungssteuerung eingesetzt. Im Laufe der Entwicklung wurden für zusätzliche Funktionen die Sätze der Dateien um viele Felder erweitert und auch neue Dateien für andere Anwendungen, wie etwa Lagerverwaltung und Bestellwesen, angekoppelt. Die Integration der direkten Betriebsdatenerfassung an den Fertigungsstellen kann dann jederzeit einen genauen Fertigungsstand liefern. Systeme dieser Art, die von einem hierarchischen Rechnerverbund entsprechend der Aufgabenstruktur gesteuert werden, sind bereits im Einsatz (s. /45/). Dieser Weg kann schrittweise bis zu einer vollständigen Integration aller am Produktionsprozeß beteiligten Bereiche führen.

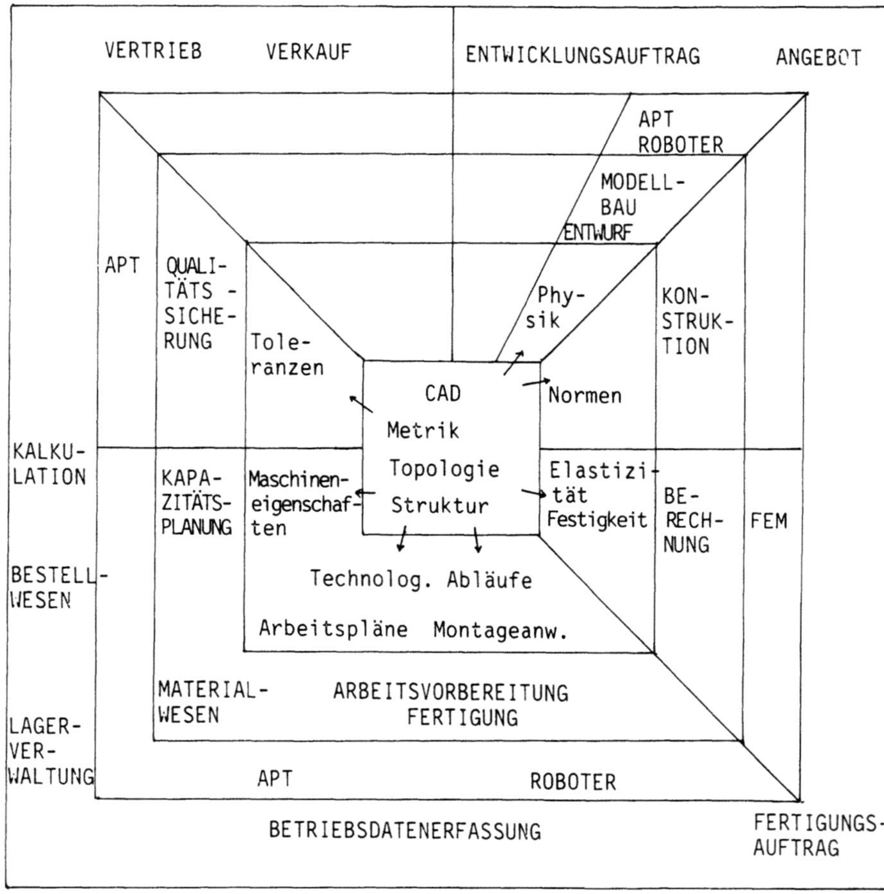
VERTRIEB
VERKAUF
ENTWICKLUNGSAUFTRAG
ANGEBOT
APT
ROBOTER
MODELL-
BAU
ENTWURF
APT
QUALI-
TÄTS -
SICHE-
RUNG
Tole-
ranzen
Phy-
sik
KON-
STRUK-
TION
CAD
Metrik
Topologie
Struktur
Normen
KALKU-
LATION
KAPA-
ZITÄTS-
PLANUNG
Maschinen-
eigenschaf-
ten
Elastizi-
tät
Festigkeit
BE-
RECH-
NUNG
FEM
BESTELL-
WESEN
Technolog. Abläufe
Arbeitspläne
Montageanw.
MATERIAL-
WESEN
ARBEITSVORBEREITUNG
FERTIGUNG
LAGER-
VER-
WALTUNG
APT
ROBOTER
BETRIEBSDATENERFASSUNG
FERTIGUNGS-
AUFTRAG

Lösungsvorschläge zu den Übungen von Kapitel 1

1. Die drei wesentlichen erforderlichen Aktionen am aktuellen Bildpunkt sind die Positionierung von am Schirm angezeigten Symbolen, eine bzw. keine Verbindungsgerade zum nächsten eingegebenen Punkt zu ziehen. Die Angabe der gewünschten Aktion kann durch Einstellung der Marke auf die Symbolfelder erfolgen. Dabei bedeutet die Positionierung auf ein leeres Feld bzw. auf Punkte außerhalb der Menüfelder das Unterdrücken bzw. Zeichnen der Verbindungsgeraden. In einer zweiten Hierarchiestufe des Menüs können Modifikationen von Symbolen - Größenänderung, Drehen - ebenfalls durch Antippen von Menüfeldern ausgelöst werden. Das Programm besteht also aus einer Schleife, in der das Unterprogramm zur Übernahme der angetippten Bildkoordinaten aufgerufen wird. Entsprechend dem Wert der übernommenen Koordinaten wird durch geeignete Ausgabeunterprogramme die geforderte Zeichenaktion ausgeführt. Die Symbole - auch die Buchstaben und Ziffern - sind in Form von relativen Bildkoordinatenfolgen angegeben. Durch Addition der aktuellen Koordinaten vor der Ausgabe erfolgt die richtige Positionierung. Die Modifikationen können durch Aufruf von passenden Unterprogrammen realisiert werden. Das Menü wird am Programmbeginn durch Ausgabeunterprogramme erzeugt. Über eine Tabelle kann mit den übernommenen Koordinaten auf den angetippten Buchstaben zurückgeschlossen werden.
   Eine Speicherung des Bildes im Rechner kann nach Umrechnung in Millimeter in Form von Koordinatenfolgen vorgenommen weren, wobei die Beschriftung nicht von der eigentlichen Strichzeichnung zu trennen ist. Will man die Beschriftung in Form von Zeichenfolgen abspeichern, so kann man das Vorzeichen von x- und y-Koordinate geeignet benutzen:
   x, y positiv: Punkt (x, y) soll mit vorangegangenem verbunden werden
   x, y negativ: Punkt (x, y) soll vermerkt, aber nicht verbunden werden
   x, y negativ: Punkt (x, y) ist Anfangspunkt des darauffolgenden Textes.
   Größere Textmengen, die in Dateien liegen, können über ein eigenes Menüfeld durch Antippen der Buchstaben ihres Namens eingefügt werden.

2. Zur Eingabe der Analogspannungen in einen Digitalrechner ist ein Analogdigitalwandler mit vier Kanälen samt entsprechendem Unterprogramm nötig. Der zweite Arm wird mit seinem Schultergelenk am Ende des ersten Arms so angebracht, daß die Drehachse parallel zum ersten

Unterarm ist. In jeder Armebene können die Koordinaten des Armendes aus den gemessenen Winkeln und den Ober- und Unterarmlängen berechnet werden (s. Bild). Die eine Koordinate des zweiten Arms ergibt direkt die gesuchte z-Koordinate, die andere muß mit dem normierten Vektor senkrecht zum ersten Unterarm multipliziert und so zum Endpunkt des ersten Unterarms addiert werden.

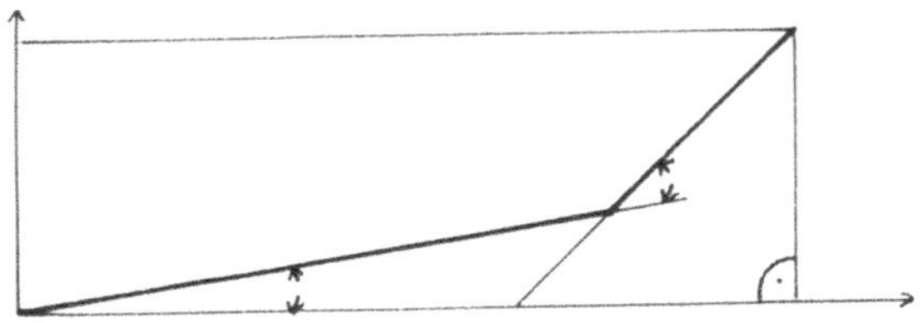

3. Wenn man die Schwarz/Weiß-Schwelle bei 50 % der Helligkeit ansetzt, ergibt sich folgendes Bild:

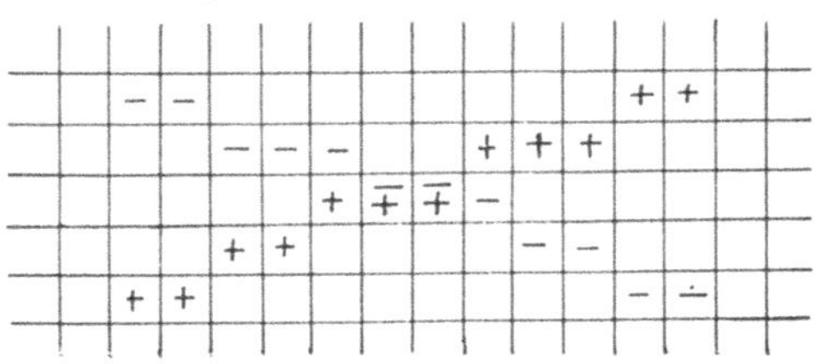

4. Das ideale Bild eines Kreises sieht etwa so aus:

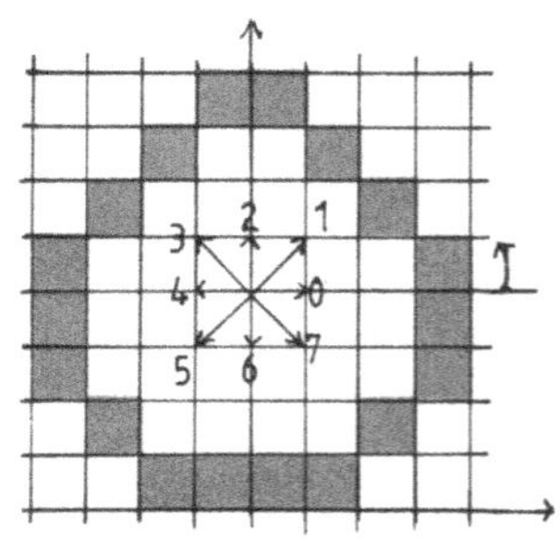

Ketten-
code: 2 3 3 3 4 5 5 5 6 6 7 7 0 0 0 1 1 2

Fläche: 0+0,5+1,5+2,5+3+3,5+2,5+1,5+0+0+0,5+1,5+3+3+3+3,5+2,5+0 = 32

Umfang: 8·0,5 + 10 · 0,5 · 1,4 = 11

Der Kettencode hängt von der Feinheit der Diskretisierung ab. Jeder Nachbar mit geradzahliger Nummer trägt zum Umfang den Wert h bei, jeder Nachbar mit ungeradzahliger Nummer den Wert $h \cdot \sqrt{2}$.

Bei Ermittlung der Fläche werden die Streifen, die von einem Bildelement mit der x-Achse gebildet werden, mit ihren Flächeninhalten aufaddiert. Die Beiträge der Elemente 0 - 7 sind -y, 1/2-y,0,y-1/2, y,y +1/2,0,-y-1/2 (s. Bild). Der Umfang des Kreises ist 11, seine Fläche 32 · 0,25 = 8.

5. Auf das Objekt wird ein Lichtstreifengitter projiziert. Dann gibt es zwei Zentralprojektionen dieses Gitters auf der Objektoberfläche. Man kann durch Umkehrung des Strahlenverlaufs das ursprüngliche Rechteckgitter als Bild des Gitters auf der Objektoberfläche auffassen, wodurch zusammen mit dem Rasterbild zwei Projektionen existieren. Beide Abbildungen können durch Matrizen mit 3 · 4 Elementen vollständig beschrieben werden. Diese 2 · 3 · 4 unbekannten Matrixelemente können in einem Kalibrierungsprozeß durch Projektion von mindestens 7 Punkten des Gitters auf das Objekt und ihrer Abbildung im Rasterabtastsystem durch Ausmessen ihrer jeweiligen Bild- und Objektkoordinaten ermittelt werden. Für jeden dieser Gitterpunkte ergeben sich pro Abbildung jeweils zwei Gleichungen. Eine Kombination der beiden Matrizen führt nach geeigneter Umordnung auf ein lineares Gleichungssystem für die Objektkoordinaten aller nicht zur Kalibrierung verwendeten Punkte. Experimentelle Resultate zeigen Fehler von höchstens 10 % (s. /46/).

6. Das Ausdünnen erfolgt vom Rand einer "dicken" Linie her solange, bis keine Veränderung mehr stattfindet. Dazu wird um jedes an ein weißes grenzende schwarze Pixel ein Quadrat der Seitenlänge von 3 Pixels gedacht. Das schwarze Pixel ist überflüssig und kann gelöscht werden, wenn dadurch keine Lücke in der Linie innerhalb des Quadrats entsteht oder die Linie nicht verkürzt wird. Das schwarze Pixel darf also nicht in ein weißes umgewandelt werden, wenn es das einzige ist, das zwei sich nicht berührende schwarze Pixel verbindet. Dasselbe gilt, wenn nur noch ein einziges weiteres schwarzes Pixel im Quadrat auftritt (s. /47/).

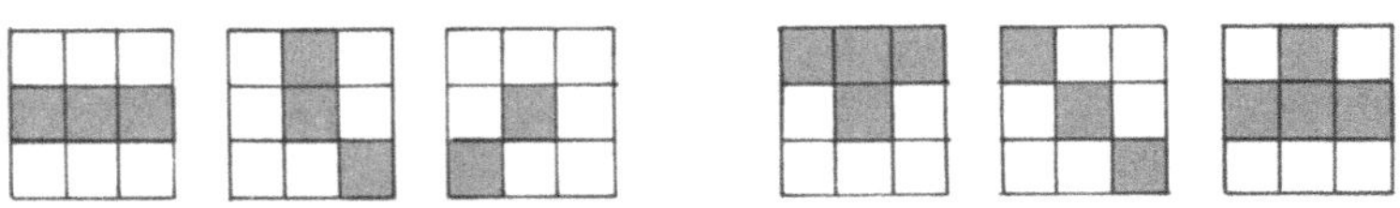

Nicht löschen — Löschen

7. Wenn eine Polyederfläche auf die Bildebene fällt, hat mindestens eine Kante die Eigenschaft v. Wenn man einen möglichen Weg in der alphabetischen Reihenfolge der Punkte durchspielt, ergibt sich ein Widerspruch bei der Kante BJ. Dieser Widerspruch tritt bei allen anderen möglichen Wegen in analoger Weise auf. Aus dem Bild ergeben sich auch die geometrischen Deutungen der Beschreibung der Eckenbilder.

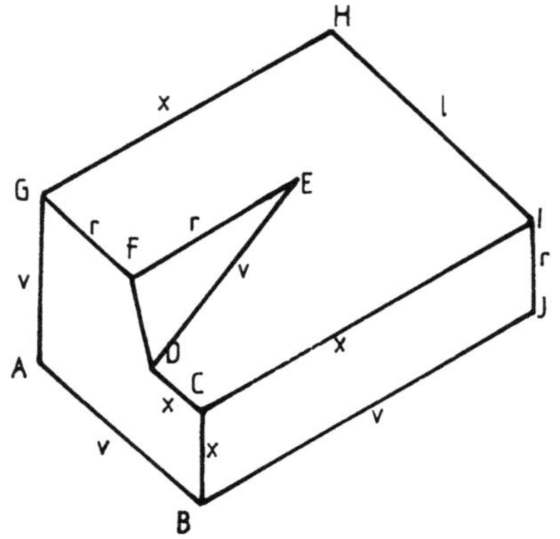

8. Das erste Moment zur x-Achse ist durch $\iint y \cdot dy \cdot dx$ gegeben. Betrachtet man den durch einen Kettencodeelementvektor gebildeten Streifen zur x-Achse und ermittelt die Stammfunktion des inneren Integrals an der oberen und unteren Begrenzungslinie dieses Streifens, so ergibt sich: Kettencodeelementvektor

0 $$\int_0^1 (\bar{y}^2/2 - 0)\cdot dx = \bar{y}^2/2$$

1 $$\int_0^1 (\bar{y}+x)^2/2 - 0)\cdot dx = 1/2\cdot(\bar{y}^2+\bar{y}+1/3)$$

2 $$\int_0^0 \cdot dx = 0$$

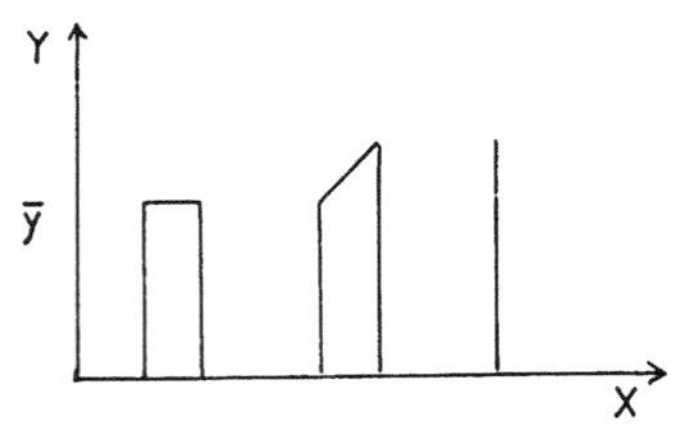

Die Beiträge der anderen Elementvektoren ergeben sich analog. Teilt man die Summe dieser Beiträge der Kettencodeelementvektoren einer geschlossenen Linie durch den Inhalt der umschlossenen Fläche, so ergibt sich die y-Koordinate des Schwerpunktes. In der gleichen Weise kann die x-Koordinate berechnet werden.

9. Das Verfahren beruht auf dem Satz, daß eine Gerade durch einen Punkt A außerhalb des äußeren Randes mit allen Rändern eine ungerad- bzw. geradzahlige Anzahl von Schnittpunkten erzeugt, wenn der zweite Punkt T der

Geraden im Innern bzw. nicht im Innern des Gebietes liegt (s. Bild). Zur Gewinnung eines äußeren Punktes kann eine zur x-Achse parallele Gerade mit dem äußeren Rand zum Schnitt gebracht werden. Ein Punkt mit einer x-Koordinate außerhalb des Intervalls zwischen minimaler und maximaler x-Koordinate des Gebietes liegt sicher außerhalb. Der Reihe nach wird für jeden Punkt jedes Randes des Gebiets geprüft, ob er auf der Geraden liegt. Mehrfach gemeinsame Punkte (s. Übung 3) dürfen nur einmal gezählt werden. Berührungspunkte führen zu keiner Erhöhung des Zählers. Die Berührung kann durch die Umkehr der y-Richtung erkannt werden.

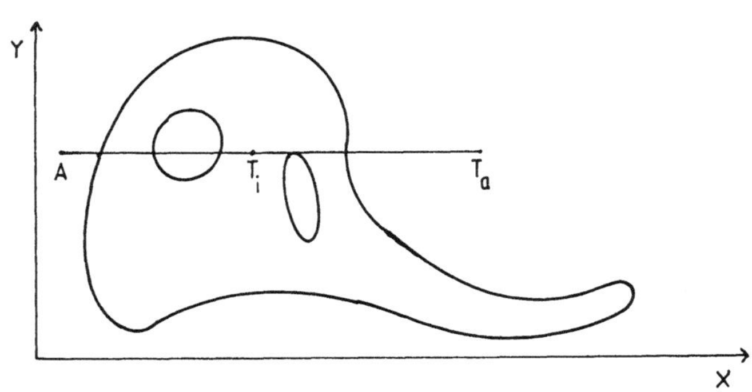

Lösungsvorschläge zu den Übungen von Kapitel 2

1. Wenn man für eine Gleitpunktzahl den Speicherplatz für vier Zeichen ansetzt, ergibt sich eine Satzlänge von 100 · 4 · 2 Zeichen. Dabei sind nur x-, y-Koordinaten betrachtet. Die reine Lesezeit beträgt 0,8 msec.
   Bis der zu lesende Satz die Lesevorrichtunq erreicht, verstreicht im Durchschnitt eine halbe Umdrehung, also etwa 8,3 msec.
   Zur Berechnung der durchschnittlichen Positionierungszeit des Zugriffsarms werden 40 Sätze pro Spur und 20 Spuren pro Zylinder angenommen. Dann ist bei sequentiellem Zugriff die durchschnittliche Zeit zum Positionieren auf den nächsten Satz 10/800 msec, da eine mechanische Bewegung des Arms nur nach dem Lesen aller Sätze eines Zylinders erfolgt. Um den nächsten Satz in dieser sequentiellen Datei zu lesen, sind also insgesamt im Durchschnitt etwa 9,2 msec erforderlich.
   Zum Lesen eines bestimmten Satzes beträgt die Positionierung im Durchschnitt den halben Dateiumfang, also 10/2 · 10 msec, die Gesamtzeit somit 50 + 9,1 msec. Dabei ist eine Direktzugriffsdatei vorausgesetzt.

   In der Sekunde können maximal 1000/9,2,also 108 Sätze gelesen werden. Bei der gegebenen Satzlänge müssen vom Kanal 800 · 108 Zeichen übertragen werden, was einer Auslastung von etwa 8,6 % entspricht. Ein Anschluß eines weiteren Plattenlaufwerkes an diesen Kanal ist ohne merkbare Beeinträchtigung des bisherigen Betriebs möglich.
   Bei allen Berechnungen, insbesondere für den Zugriff auf den nächsten Satz, wurde der Einfluß von Mehrprogrammbetrieb nicht berücksichtigt. Dann kann nicht mehr vorausgesetzt werden, daß der Zugriffsarm zwischen dem Lesen zweier aufeinanderfolgender Sätze in derselben Position geblieben ist. Dies führt zu höheren Zugriffszeiten.

2. Bei einem Auflösungsvermögen von etwa 4000 diskreten Punkten in jeder Koordinatenrichtung reicht eine Zahlendarstellung von 16 Bits für eine Bildpunktkoordinate aus. Die Übertragungszeit eraibt sich bei Fernleitungen zu 8,004 sec (8 Bit pro Zeichen), bei einem Kanal zu 8,004 msec. Die Zeichenzeit ist in beiden Fällen 2000 · 2 msec. Die Zeiten für die Entstehung des Bildes sind also 12 bzw. 4 sec.

3. Bei einer Unterbrechung wird die Adresse des nächsten abzuarbeitenden

Befehls automatisch abgespeichert. Daraus kann bei Kenntnis der relativen Anfangsadressen der einzelnen Programme und der absoluten Anfangsadresse des Hauptprogramms das betroffene Unterprogramm ermittelt werden. Diese benötigten Informationen kennt der Binder bzw. das Betriebssystem. Der Stand der Register und der Variablen eines Programms können zusätzlich beim Aufruf eines Unterprogramms in einem Kellerspeicher (stack) abgelegt werden, womit eine genaue Ablaufverfolgung möglich wird.

4. Als Beispiel sei ein Magnetband angenommen, das die Zeit a zum Ausgeben eines Satzes benötigt, also die Zeit $10 \cdot a$ zur Positionierung auf den nächsten Satz. Bei einer Satzzahl von s der Datei ist die Blockzahl b gleich s/10. Wenn man nur die Ausgabezeiten betrachtet, sind sie für ungeblockten bzw. geblockten Betrieb $s \cdot (a + 10 \cdot a)$ bzw. $b \cdot (a \cdot 10 + 10 \cdot a)$. Die Laufzeiten verhalten sich also wie 11 : 2.

5. a) Bei der geketteten Organisation findet vor dem Lesen des Satzes die erforderliche Zugriffsarmbewegung statt, bei der sequentiellen Organisation geschieht dies nur bei Zylinderwechsel (s. Übung 1). Im Mehrprogrammbetrieb verwischen sich die Unterschiede, wenn ungeblockt gearbeitet wird.

   b) Es muß zuerst der unmittelbare Vorgänger und Nachfolger gemäß Schlüsselfolge gefunden werden. Der Weg führt vom Dateianfang über die Verweisfelder von Satz A und C bis zu Satz E (3 Zugriffe). Jetzt wird Satz D mit dem Verweis 121 auf seinen Nachfolger E geschrieben, seine Satzadresse wird gemerkt. Zum Schluß muß Satz C mit dem neuen Verweis 141 auf Satz D zurückgeschrieben werden (insgesamt 5 Zugriffe).
   Beim Löschen muß nach den ersten drei Zugriffen der Vorgängersatz A mit dem geänderten Verweisfeld 141 zum neuen Nachfolgersatz D auf seine Adresse 111 zurückgeschrieben werden. Der zu löschende Satz C wird mit einem Löschkennzeichen zurückgeschrieben (insgesamt 5 Zugriffe).
   Die gelöschten Sätze werden in einem Reorganisationslauf (garbage collection) aus der Datei entfernt. Eine andere Möglichkeit besteht in einer Buchführung über die gelöschten Sätze und ihrer unmittelbaren Wiederverwendung. Man erkennt, daß für einen schnellen

Zugriff auf bestimmte Einzelsätze bei einer geketteten Datei zusätzliche Möglichkeiten - etwa in Form von Indexstufen - vorhanden sein sollten.

6. a) Die Erweiterung der Sätze der Datei führt zu zwei zusätzlichen Spalten und den entsprechenden Indexstufen. Die Normteile aus einem bestimmten Material findet man, indem man den Durchschnitt der Menge der Satzadressen in der Indexstufe "Material" mit der Menge der Satzadressen in der Indexstufe "Teileart" bildet. Die Durchschnittsbildung kann dv-technisch durch ein logisches UND der Satzadressen effizient realisiert werden.

Adr.	Schl.	Geometrie	Material	Teileart
111	A	....	Al	T
121	E	....	Cu	N
131	C	....	Al	N
141	D	....	Al	T

N: Normteil T: sonstiges Teil Al: Aluminium Cu: Kupfer

Indexstufe für Material (2 Sätze/Spur)					Indexstufe für Teileart (2 Sätze/Spur)			
173	Al	111	131	141	181	N	121	131
174	Cu	121			182	T	111	141

Als Aluminiumnormteil ergibt sich als einziges Teil dasjenige mit der Satzadresse 131, also Teil C.

b) Die Datei ist durch zwei Verweisfelder zu ergänzen:

				Verweis Material	Verweis Teileart
111	A	Al	T	131	141
121	B	Cu	N	000	131
131	C	Al	N	141	000
141	D	Al	T	000	000

Zusätzlich ist noch eine Tabelle mit Verweisen auf die ersten Kettenglieder der Teilketten für Material und Teileart erforderlich:

Ankertabelle für Material					Ankertabelle für Teileart				
183	Al	111	Cu	121	184	T	111	N	121

Wenn in den Ankertabellen die Teilkettenlänge festgehalten ist, wird die kürzere der beiden Teilketten, also die Normteilkette, ausgehend von dem Eintrag in der Ankertabelle (121) verfolgt und der Inhalt des Feldes "Material" geprüft. Als letzter und einziger Satz ergibt sich auch hier Satz C.

7. Die Satznummer s für einen Teilesatz ergibt sich aus der Teilnummer n durch s = 1 + g (n/7). Dabei bedeutet g (x) die größte ganze Zahl, die kleiner oder gleich x ist. Für s ergibt sich also der Reihe nach 1, 2, .. Doppelbelegungen oder Lücken in der Datei treten nicht auf, somit ist das gefundene Umrechnungsverfahren optimal.

8. a) Wenn man bei einer geschlossenen Kantenfolge die Nummer der Anfangsecke und der Endecke nur einmal speichert, benötigt man nur eine Zahl für die Speicherung einer Kante in jeder der zwei betroffenen Ebenen, nämlich die Nummer des Anfangspunktes der Kante. Der Speicherplatzbedarf hängt von der Anzahl der Flächen, Kanten und Ecken ab. Für konvexe Polyeder gilt der Eulersche Polyedersatz:

$$k = f + e - 2 \qquad k,\ f,\ e\text{: Anzahl Kanten, Flächen, Ecken}$$

Der Speicherplatzbedarf für die metrischen Informationen beträgt $3 \cdot e$ Gleitpunktzahlen, für die topologischen Informationen (Kantenfolgen) $2 \cdot (f + e - 2)$ ganze Zahlen, deren Platzbedarf unter Umständen geringer als derjenige der Gleitpunktzahlen ist. In Bild 2-5 ist e = 5, f = 5, k = 8. Zur rechnerinternen Darstellung sind 15 Gleitpunktzahlen und - ohne Berücksichtigung der Kantenfolgenendpunktnummer - 16 Nummern $(= 2 \cdot (5 + 5 - 2))$ gespeichert.

b) Bei der gegebenen Speicherstruktur müssen alle Sätze der Begrenzungsflächen nach der Nummer des Eckpunkts durchsucht werden. Durch Aufbau einer Kantentabelle, deren Sätze jeweils die Eckpunktnummern enthalten, und durch Verketten von Sätzen mit je einer gleichen Eckpunktnummer mit zwei Verweisfeldern, können alle in einem bestimmten Eckpunkt zusammentreffenden Kanten gefunden werden. Ankertabellen gemäß 6. b) sind ebenfalls erforderlich. An diesem Beispiel ist deutlich zu erkennen, daß die Realisierung einer Zugriffsmöglichkeit durch einen Algorithmus auf der vorhandenen Datenorganisation oft effizienter ist als zusätzliche datenorganisationstechnische Maßnahmen.

c) Aus Gründen der Übersichtlichkeit soll der Fuß der Pyramide mit einer zur Grundfläche parallelen Ebene abgeschnitten werden. Damit fallen alle bisherigen Eckpunkte der Grundfläche weg und es entstehen keine neuen Ecken außer den vier neuen Grundflächenecken. Es ändern sich bei entsprechender Numerierung nur die Satzinhalte (Koordinatenwerte) der Sätze 1 bis 4 der Eckpunkte.
Der in Abschnitt 3.6.2 behandelte Fall der Verschneidung der Pyramide ist insofern komplizierter, als die ursprünglichen Eckpunkte der Grundfläche erhalten bleiben, zwei Kanten in je zwei Stücke zerteilt werden und neue Ecken entstehen, die nicht auf den bisherigen Kanten liegen.

9. Die vorgeschlagene Datenorganisation wird üblicherweise in der Fertigungsteuerung verwendet (s. /49/). Es gibt vier miteinander gekoppelte Dateien: Teilestammdatei, Strukturdatei, Arbeitsgangdatei und Maschinendatei.
Die Teilestammdatei enthält für jedes zusammengesetzte oder einzelne Teil einen Satz mit der Teilebeschreibung und mit Ankern für Ketten der Strukturdatei. Die Anker verweisen auf Ketten, welche die Zusammensetzung aus Teilen (Stückliste) oder das Auftreten in anderen zusammengesetzten Teilen (Teileverwendung) beschreiben.

Teilestammdatei

Adr.	Schl.	Beschreibung	Stückl.Anker	Teileverw. Anker	Arb.g.Anker
111	A	....	211	000	311
112	C	....	000	214	313
113	B	....	213	212	314
114	D	....	000	213	316

Strukturdatei

Adr.	Oberteil	Unterteil	Menge	Stückl.Verweis	Teileverw.Verweis
211	111	112	1	212	000
212	111	113	1	000	000
213	113	114	1	214	000
214	113	112	1	000	211

Wenn man mit dem Produkt A in der Teilestammdatei beginnt, kann man durch abwechselnde Benutzung der Stücklistenanker und der Satzadressen der Teilestammdatei in der Strukturdatei den vollständigen Aufbau von A ermitteln. Folgende Satzadressen werden angesprochen: 111, 211, 112, 212, 113, 213, 114, 214, 112. Nicht zusammengesetzte Teile sind durch einen Stücklistenanker von 000 gekennzeichnet. Über den Teileverwendungsanker 214 von Teil C wird in der Strukturdatei erkannt, daß in Satz 211 noch ein weiteres Vorkommen von C beschrieben ist. Das direkte Oberteil ist das Produkt A. Zwei weitere Dateien vervollständigen das Datenbanksystem: Die Arbeitsgangdatei enthält für jedes Teil aus der Stammdatei und jeden Arbeitsgang an diesem Teil einen Satz in der erforderlichen zeitlichen Folge. Neben der Beschreibung des Arbeitsganges ist dort seine Dauer und die benötigte Maschine spezifiziert. Zur Koppelung an die Stammdatei sind in dieser entsprechende Anker für die Arbeitsgangkette eines bestimmten Teils gesetzt. Die zweite Kettenart in der Arbeitsgangdatei verbindet Arbeitsgänge an der gleichen Maschine, ihre Anker stehen in den entsprechenden Sätzen der Maschinendatei.

Arbeitsgangdatei

Adr.	Teil	Arbeitsg.beschr.	Masch.	Zeit	Arbeitsg.kette	Masch.kette
311	111	C in A einbauen	411	5	312	000
312	111	B in A montieren	412	3	000	000
313	112	C bearbeiten	411	7	000	314
314	113	C in B einbauen	411	5	315	311
315	113	D in B montieren	412	4	000	312
316	114	D vorbearbeiten	412	2	000	315

Maschinendatei

Adr.	Arbeitsganganker	Maschinenbeschreibung
411	316	....
412	313	....

Ausgehend von dem Arbeitsganganker eines bestimmten Teils können in der Arbeitsgangdatei über die Arbeitsgangkette die erforderlichen Arbeitsgänge in ihrem zeitlichen Ablauf ermittelt werden. Für Teil B werden dabei folgende Satzadressen angesprochen: 113, 314, 315. Es sind also die zwei in den Sätzen 314 und 315 beschriebenen Arbeitsgänge nötig. Wenn man bei der Ermittlung der Gesamtstruktur des Produktes A - bei der Stücklistenauflösung - für jede Komponente die Zeitdauer an der jeweiligen Maschinen aufaddiert, ergibt sich damit die Maschinenauslastung (17 bzw. 9).

Die Stammdatei ist zum gezielten Zugriff auf bestimmte Sätze mit einer Indextabelle versehen. Um gegenseitige Behinderungen am Kanal und an der Magnetplatte zu minimieren, werden die vier Dateien - wenn möglich - auf noch andere vorhandene Kanäle und Platten verteilt. Durch die Ankopplung weiterer Dateien anderer Bereiche, etwa des Materialwesens, kann eine fortschreitende Integration erreicht werden. Im konkreten Fall kann die Lagerbestandsführung an die Fertigungssteuerung angeschlossen werden, indem die zur Fertigung benötigten Teile entsprechend verbucht werden. Hier zeigt sich der weitreichende Einfluß der Strukturinformation eines Produktes, die in der Fertigungssteuerung nicht geometrischen, sondern logistischen Charakter hat. Die geometrische Strukturinformation könnte in einem Feld der Arbeitsgangdatei, die metrische und topologische Information in Feldern der Teileinformation abgelegt werden.

Die direkte Adressierung von Sätzen in anderen Dateien mittels Satzadressen führt bei Änderungen dieser Dateien zu Inkonsistenzen. Deshalb werden oft zum Aufsuchen der Sätze deren Schlüssel verwendet, wobei dann entsprechende Indexstufen vorhanden sein müssen. Insbesondere gilt dies für die Sätze der Teilestammdatei.

Lösungsvorschläge zu den Übungen von Kapitel 3

1. Die beiden Operanden und das Ergebnis seien

$$z1 = m1 \cdot 16^{e1}$$
$$z2 = m2 \cdot 16^{e2} \qquad \text{m: Mantisse} \quad \text{e: Exponent}$$
$$z3 = m3 \cdot 16^{e3}$$

Man denke sich die sechsstelligen Mantissen untereinander geschrieben. Wenn e1 größer oder gleich e2 ist, wird die Mantisse m2 um e1 - e2 Stellen nach rechts verschoben, wobei die über die 12. Stelle hinausgehenden Ziffern wegfallen. Für Zwischenergebnisse stehen in der Regel nur doppelte Mantissenlängen zur Verfügung. Wenn die Summe der beiden ersten Ziffern von z1 und z2 größer als 15 ist, wird nochmals um eine Stelle nach rechts verschoben. Nach der Addition der beiden 12stelligen Mantissen wird auf 6 Stellen gerundet, das Ergebnis ist m3. Hier wird bei der üblichen Auf- bzw. Abrundung ein Fehler von höchstens $1/2 \cdot 16^{-6} \cdot 16^{e3}$ begangen. Der Exponent e3 ist dabei gleich e2, außer es hat ein Überlauf über 15 in der ersten Stelle stattgefunden. Dann ist e3 = e2 + 1. Der kleinste Wert von z3 liegt vor, wenn die führende Mantissenziffer 1 ist, also

$$z3 = 16^{-1} \cdot 16^{e3}.$$

Damit ist der relative Rundungsfehler kleiner oder gleich $1/2 \cdot 16^{-5}$. Dies gilt ebenso für die Subtraktion:

$0.102254 \cdot 16^3$	$0.102254000000 \cdot 16^3$	F : 15 im Sechzehnersystem
$-0.913268 \cdot 16^1$	$-0.009132680000 \cdot 16^3$	Normalisierung:
	$0.0F9121980000 \cdot 16^3$	$0.F91219800000 \cdot 16^2$

Das auf sechs Stellen gerundete Ergebnis ist $0.F91219 \cdot 16^2$. Der relative Fehler ist $8 \cdot 16^{-5}/z3$, somit etwa $1/2 \cdot 16^{-6}$.

Bei der Multiplikation werden die beiden Mantissen m1 und m2 multipliziert, das 12stellige Ergebnis wird nach der Normalisierung auf sechs Stellen gerundet. Die beiden Exponenten e1 und e2 werden addiert. Der kleinste mögliche Wert des Produkts ergibt sich zu $16^{-1} \cdot 16^{e3}$. Also ist der relative Rundungsfehler wie bei der Addition höchstens $1/2 \cdot 16^{-5}$.

2. Die Gleichung

$$x^2 - 2 \cdot x - 1 = 0$$

kann auf verschiedene Weise umgeschrieben werden:

$x = 1/2 \cdot x^2 - 1/2$ oder $x = 2 + 1/x$

Beide Formen beschreiben ein Iterationsverfahren. Hinreichend für die Konvergenz auf eine Lösung ist, daß der absolute Betrag der Ableitung der rechten Seite in der Umgebung der Lösung kleiner als 1 ist und auch der Startwert dort liegt. Die Ableitungen der rechten Seiten sind

$1/2 \cdot 2 \cdot x$ bzw. $-x^{-2}$

Ein Blick auf die analytisch bestimmbaren Lösungen der ursprünglichen Gleichung $1-\sqrt{2}$ und $1+\sqrt{2}$ zeigt, daß das erste Iterationsverfahren mit dem Startwert $x = 0$ zur ersten Lösung, das zweite Verfahren mit dem Startwert 1,1 zur zweiten Lösung konvergiert. Aus Bild 3-1 folgt analog, daß Konvergenz zu den anderen Lösungen nicht stattfindet. Das Verfahren von Newton-Raphson überwindet diese Schwierigkeit, indem es die ursprüngliche linke Seite f (x) der Gleichung f(x) = 0 in dem jeweiligen Punkt durch die Tangente annähert. Das Iterationsverfahren hat dann die Form

$$xn = xa - f(xa)/f'(xa) \qquad f'(x) \neq 0$$

Die Ableitung der rechten Seite ist in der Nähe der Nullstelle sehr klein.

3. Das geometrische Problem wird mathematisch durch ein System von zwei Gleichungen beschrieben, von denen eine Gleichung nicht linear ist:

$$x - y = 0$$
$$x^2 + y^2 - 1 = 0$$

Die Funktionalmatrix bzw. ihre Inverse ist

$$\begin{matrix} 1 & -1 \\ 2 \cdot x & 2 \cdot y \end{matrix} \qquad \begin{matrix} \frac{y}{x+y} & \frac{1}{2(x+y)} \\ \frac{-x}{x+y} & \frac{1}{2(x+y)} \end{matrix}$$

Die Korrektur des alten Iterationsvektors ergibt sich beim mehrdimensionalen Newton-Verfahren als Produkt der Inversen mit den linken Seiten des Gleichungssystems. Die Iterationsformel lautet also:

$$xn = xa - \frac{ya}{xa+ya} \cdot (xa-ya) - \frac{xa^2+ya^2-1}{2(xa+ya)}$$
$$yn = ya + \frac{xa}{xa+ya} \cdot (xa-ya) - \frac{xa^2+ya^2-1}{2(xa+ya)}$$

Mit dem Startwert (1,1) kann begonnen werden.

Die Anwendung des Newtonschen Verfahrens in dieser Form stellt einen Sonderfall dar, da die Inverse analytisch bestimmt wurde. Ist dies nicht mehr möglich, muß die Auflösung des Gleichungssystems, das durch Linearisierung aus dem ursprünglichen, nicht linearen System entsteht, für jeden Iterationsschritt numerisch erfolgen. Dies bedeutet einen zusätzlichen Aufwand.

4. Die Tangentialebene wird durch die partiellen Ableitungen des Ortsvektors (x, y, z) nach den Parametern u und v aufgespannt:

   $(-\sin u, \cos u, 0)$ und $(0, 0, 1)$

   Die Normale ergibt sich als Vektorpordukt der beiden linear unabhängigen Tangentenvektoren:

   $(\cos u. \sin u, 0)$

   Nach /11/ sind noch die Skalarprodukte der Ableitungsvektoren zu berechnen:

   $$E = \sin^2 u + \cos^2 u + 0^2 = 1$$
   $$F = \sin u \cdot 0 + \cos u \cdot 0 + 0 \cdot 1 = 0$$
   $$G = 0^2 + 0^2 + 1^2 = 1$$

   Daraus und aus den zweiten Ableitungen nach u und v folgen die Fundamentalgrößen zweiter Art L, M und N. Den ersten bzw. zweiten Tangentialvektor nach u bzw. v abgeleitet, ergibt:

   $(-\cos u, -\sin u, 0)$ bzw. $(0, 0, 0)$

   Damit sind M und N gleich Null, L ist gleich der Determinante der drei Zeilenvektoren

   $(-\cos u, -\sin u, 0)$, $(-\sin u, \cos u, 0)$, $(0, 0, 1)$,

   also ist $L = -1$. Die quadratische Gleichung für die Hauptkrümmungen lautet allgemein:

   $$k^2 - \frac{E \cdot N - 2 \cdot F \cdot M + G \cdot L}{E \cdot G - F \cdot F} \cdot k + \frac{L \cdot N - M^2}{E \cdot G - F \cdot F} = 0$$

   Somit ergibt sich in diesem Fall

   $$k^2 + k = 0$$

   Es folgen $k = 0$ und $k = -1$ als Lösungen, die Gauß'sche Krümmung ist Null. Der von den Begrenzungsflächen umschlossene Körper hat überall eine verschwindende Gauß'sche Krümmung, also ist er konvex.

Die Oberfläche ergibt sich durch Doppelintegration über den Parameterbereich mit dem Integranden $(E \cdot G - F \cdot F)^{1/2}$, also zu $2 \cdot pi \cdot 10$ für die zylindrische Begrenzungsfläche.
Da die Fläche eine Regelfläche der Form

$$A (u) + v \cdot B (u)$$

mit

$$A (u) = (\cos u, \sin u, 0), \quad B (u) = (0, 0, 1)$$

darstellt, ist sie genau dann abwickelbar, wenn die Determinante der drei Zeilenvektoren dA/du, dB/du und B gleich Null ist (s. /11/). Da der zweite Vektor der Nullvektor ist, läßt sich die Fläche abwickeln.

5. Setzt man die Ableitung nach dem Scharparameter b gleich Null, so ergibt zusammen mit der angegebenen Schargleichung sich folgendes System:

$$\begin{aligned} x \cdot \cos b + y \cdot \sin b &= 1 \\ -x \cdot \sin b + y \cdot \cos b &= 0 \end{aligned}$$

Quadriert und addiert man beide Gleichungen, so wir dadurch b eliminiert und es ergibt sich

$$x^2 + y^2 = 1$$

Dies ist ein gerader Kreiszylinder mit Radius 1, seine Achse ist die z-Achse.
Eine Parameterdarstellung der Schnittkurve ist

$$x = \cos u \qquad y = \sin u \qquad z = \cos u - 1$$

Man erhält die Abwicklung der Kurve, wenn man z über der abgewickelten Bogenlänge u des Grundkreises aufträgt. Somit stellt sich die Abwicklung der Schnittkurve als

$$y = \cos x - 1$$

wobei x größer oder gleich 0 und höchstens $2 \cdot pi$ ist.

6. Die Funktion dritten Grades sei nicht in geometrischer Form - als Linearkombination der Hermiteschen Polynome -, sondern in algebraischer Form angesetzt:

$$\begin{aligned} x (t) &= a3 \cdot t^3 + a2 \cdot t^2 + a1 \cdot t + a4 \\ y (t) &= b3 \cdot t^3 + b2 \cdot t^2 + b1 \cdot t + b4 \end{aligned}$$

Die entsprechenden Ableitungen ergeben sich zu

$$x\ (t) = 3 \cdot a3 \cdot t^2 + 2 \cdot a2 \cdot t + a1$$
$$y\ (t) = 3 \cdot b3 \cdot t^2 + 2 \cdot b2 \cdot t + b1$$

Das Einsetzen der Koordinaten des Anfangs- und Endpunktes sowie der dort vorgegebenen Steigungen in Form von Tangentenvektoren würde für die Parameterwerte 0 und 1 jeweils 4 Gleichungen ergeben. Damit sind die 8 unbekannten Koeffizienten a1,.......a4, b1,.... b4 in der Regel eindeutig bestimmt, die Kurve würde jedoch im allgemeinen nicht durch den zweiten Punkt gehen. Fordert man nur, daß der Quotient y (t)/x (t) gleich der Steigung für t = 0 und t = 1 ist, reduziert sich damit die Gleichungszahl um zwei. Den Parameterwert für den mittleren, zweiten Punkt wählt man zweckmäßig als d12·(d12 + d23), wobei d.. der Abstand der jeweiligen Punkte ist. Damit ergeben sich durch Einsetzen der Koordinatenwerte und des Parameterwertes des zweiten Punktes in die ersten beiden Gleichungen zwei weitere Gleichungen. Das vorliegende lineare Gleichungssystem von 8 Gleichungen für die 8 Unbekannten a1,......... b4 wird numerisch aufgelöst. Die Kurve wird an den Endpunkten als augenscheinlich stetig differenzierbar (visually c^1) bezeichnet.

7. Analog zu der Lösung von Übung 6 ergeben sich durch Einsetzen der Koordinatenwerte für t = 0 und t = 1 für jeden Satz von 8 Koeffizienten der beiden Funktionen jeweils 4 Gleichungen.Aus der Gleichheit der ersten und zweiten Ableitungen im mittleren Punkt folgen nochmals 4 Gleichungen. Insgesamt bestehen also 12 Gleichungen für die 16 unbekannten Koeffizienten. Durch Vorgabe von verschwindenden zweiten Ableitungen im ersten und letzten Punkt lassen sich die restlichen 4 Gleichungen gewinnen. Die Verallgemeinerung dieses Verfahrens auf n Punkte führt zu einem Gleichungssystem vom Grad 2 · 4 · (n-1), dessen Matrix eine Bandbreite von drei hat. Die sich ergebenden Funktionen sind Splinefunktionen dritten Grades. Die Erweiterung des Verfahrens auf Raumkurven ist in analoger Weise möglich. Um die Abhängigkeit der Kurvenform von der Länge der Tangentenvektoren auszuschalten, führt man die Sehnenlänge zwischen zwei aufeinanderfolgenden Punkten als Parameterbereich ein und normiert die Tangentenvektoren auf Eins.

8. Am besten eignet sich die Parameterdarstellung für dieses Problem, da

hier leicht der Normalenvektor ermittelt und auf Länge 1 normiert werden kann. Bei ebenen Kurven ergibt er sich als Normale des Tangentenvektors, bei Flächen als Vektorprodukt der ersten Ableitungen des Ortsvektors nach den Parametern u und v. Der Ortsvektor der Parallelkurve oder Parallelfläche im Abstand d berechnet sich als Summe des mit d multiplizierten normierten Normalenvektors und des ursprünglichen Ortsvektors.

9. Die Verallgemeinerung der in Abschnitt 3.4.2 angegebenen linearen Gewichtsfunktionen t und 1-t für vorgegebene Randpunkte führt für vorgegebene Randkurven zu Produkten linearer Gewichtsfunktionen in u und v. Die Randkurven seien durch eine nur an den Rändern des Parameterbereichs definierte Funktion f (u, v) beschrieben. Der zum 1-dimensionalen Fall analoge Ansatz für das Innere des Parameterbereichs $0 \leq u \leq 1$, $0 \leq v \leq 1$

$$f(u, v) = (1-u) \cdot f(0,v) + u \cdot f(1,v) + (1-v) \cdot f(u,v) + v\, f(u,1)$$

führt nicht zum Ziel. Für u = 0 und v = 0 ergibt sich nämlich f (0, 0) + f (0, 0).

Subtrahiert man den Korrekturterm

$$(1-u) \cdot (1-v) \cdot f(0,0) + u \cdot (1-v) \cdot f(1,o) + (1-u) \cdot v \cdot f(0,1) + u \cdot v \cdot f(1,1)$$

erhält man das gewünschte Ergebnis. Der Übergang von Patch zu Patch über die gemeinsamen Randkurven ist nur stetig in den Koordinatenwerten, nicht stetig in den Tangentialebenen, es können also Knicke auftreten. Ersetzt man die linearen Gewichtsfunktionen durch die Hermiteschen Polynome dritten Grades (h1 = 1-ho) und nimmt noch die Ableitungen der Randkurven mit den passenden Hermiteschen Polynomen go und g1 hinzu, kann auch die Stetigkeit der ersten Ableitungen gewährleistet werden. Für den Fall der stetigen zweiten Ableitungen existieren analoge Formeln unter Verwendung von Hermiteschen Polynomen fünften Grades (s. /13/).

10. Die Möglichkeit einer umkehrbar eindeutigen Abbildung auf die x-y-Ebene ist offensichtlich, so daß eine Aufteilung in mehrere Gebiete dieser Art nicht erforderlich ist. Mit einem der kleinsten Dreiecke, etwa Dreieck 1 wird begonnen. Der dem Dreieck nächstgelegene Punkt wird nur in dem Halbraum gesucht, der durch eine Ebene bestimmt ist,

die senkrecht auf der x-y-Ebene steht und eine Seite von Dreieck 1 enthält. Diese Seite darf nicht Seite eines anderen, bereits bestimmten Dreiecks sein. Von den möglichen Halbräumen wird derjenige ausgewählt,der Dreieck 1 nicht enthält. Die bestmögliche Nähe eines Punktes kann mittels des Kreises durch die zwei Endpunkte der betrachteten Seite von Dreieck 1 und den zu prüfenden Punkt definiert werden: Der Punkt mit dem kleinsten Abstand des Kreismittelpunktes von der betrachteten Seite des Dreiecks 1 wird mit deren Endpunkten zu einem neuen Dreieck verbunden. Unter allen nach diesem Verfahren möglichen Dreiecken wird dasjenige ausgewählt, dessen Normale mit der von Dreieck 1 den kleinsten Winkel bildet (s. /50/). Aus den eingezeichneten Höhenlinien kann ein halbkugelförmiges Gebilde erkannt werden. Die Punkte liegen in der Tat alle auf einer Halbkugel.

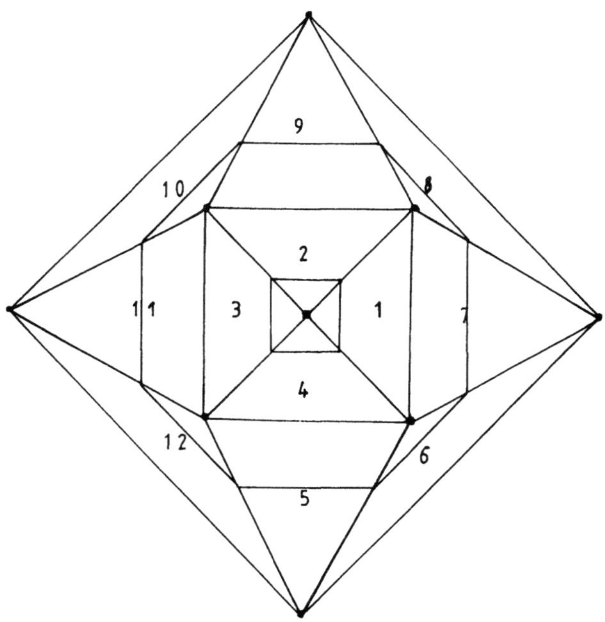

11\. a) Wenn tl den Parameterwert des Endpunktes der verkürzten Kurve bezeichnet, führt die zulässige Parametertransformation

$$w = t/tl \quad 0 \leq t \leq tl \qquad \text{oder } t = tl \cdot w \quad 0 \leq w \leq 1$$

mit dem neuen Parameter w auf die gewünschte Form. In der Darstellung der Kurve als Linearkombination von Koordinaten- und Ableitungswerten mit den Gewichtsfunktionen bleiben die Koordinatenwerte unverändert, die Ableitungswerte müssen gemäß der Kettenregel mit dt/dw = tl multipliziert werden.

11\. b) Analog zu 11. a) wird eine zulässige Parametertransformation

$$u = ul \cdot p \qquad \text{und } v = vl \cdot q$$

mit den neuen Parametern p und q ausgeführt. Die Auswirkungen auf die Koeffizienten der Linearkombination sind entsprechend 11. a). Da zum stetig differenzierbaren Übergang zwischen Patches auch die Stetigkeit der gemischten Ableitungen erforderlich ist, müssen diese aus dem ursprünglichen Patch an den Ecken des neuen Patches übernommen werden. Die angegebene Parametertransformation ist nur brauchbar, wenn der vierte Eckpunkt des neuen Teilpatches die Parameterwerte ul, vl hat. Es ist jedoch auch im allgemeinen Fall die Bildung eines eingebetteten Teilpatches möglich (s. /51/).

12\. Beim Biegen, Schmieden, Gießen oder Fräsen sind konkave Kanten mit spitzen Winkeln nicht brauchbar. Ein einfaches Ausrundungsverfahren besteht darin, von den sich schneidenden Flächen jeweils zwei Patches, die von der Verschneidung unversehrt geblieben sind, mit einem neuen Patch stetig differenzierbar zu verbinden. Durch Übernahme der Koordinaten- und Ableitungswerte längs der Ränder - entsprechend Übung 9 - ist somit auch innerhalb der neuen Patches der gewünschte Stetigkeitsverlauf erreicht. Auch die in der NC-Fertigung oft geforderte Krümmungsstetigkeit kann durch entsprechenden Aufwand mit Hermiteschen Polynomen fünften Grades erfüllt werden.
Manchmal wird für die NC-Fertigung für die Verrundung auch eine konstante Krümmung vorgezogen, die durch Abrollen einer Kugel im Verschneidungswinkel erzeugt werden kann. Die Berechnung der Berührpunkte der Kugel an die beiden Flächen wird auf ein 2-dimensionales Problem reduziert: Die Bahnkurve des Kugelmittelpunktes ergibt sich

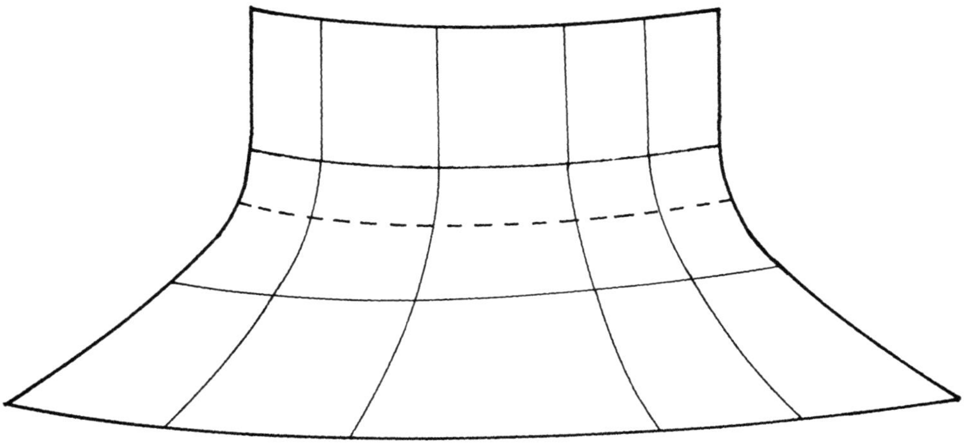

als Durchdringungskurve der um den Radius der Kugel "gewachsenen" Körper (s. /38/). Diese sind gemäß Lösung zu Übung 8 leicht zu ermitteln. Die Berührpunkte der Kugel ergeben sich dann als Berührpunkte eines Kreises mit demselben Radius, der in der Normalebene der Bahnkurve liegt. Durch Interpolation von Kreispunkten zwischen den Berührpunkten kann ein genügend feines Netz für eine numerische Fläche mit den erforderlichen Krümmungseigenschaften erzeugt werden.

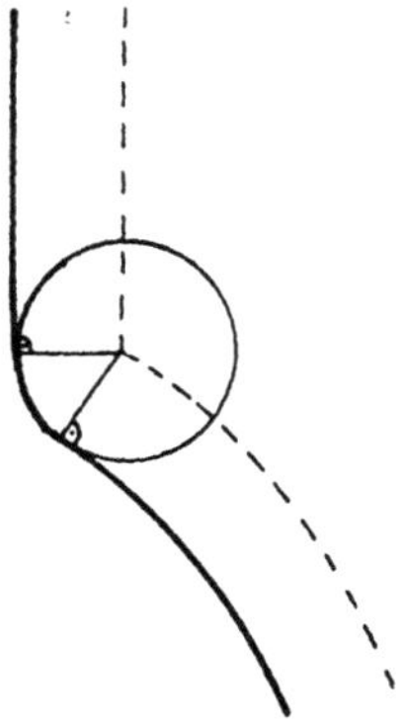

13. Die EKF-Tabelle von Bild 3-6 kann unverändert bleiben, muß jedoch nach anderen Kriterien abgearbeitet werden. Maßgebend sind jetzt die Flächen des positiven Quaders 11 14 13 12 und 18 15 16 17. Die Umkehrung der Reihenfolge unterscheidet den positiven vom negativen Quader. Mit der analogen Argumentation wie im Fall der positiven Pyramide und des negativen Quaders ergibt sich für die obere Kante der linken Seitenfläche die Eckennummernfolge 18 21 19 7 9 15 16 17 18 (s. Bild 3-7).

14. Der Abstand d einer Ebene vom Ursprung kann durch

$d = - N \cdot P$ N: Ebenennormalenvektor P: Ortsvektor

berechnet werden, wobei sich der Normalenvektor als normiertes Vektorprodukt zweier nicht paralleler Kanten der Ebene ergibt. Der Flächeninhalt von Dreiecken ist gleich der Hälfte des Betrages des Vektorprodukts zweier Seiten. Damit kann für alle Begrenzungsflächen, die den Ursprung nicht enthalten und damit keinen Beitrag leisten, der Abstand vom Ursprung und der Flächeninhalt ermittelt werden. Man beachte, daß die Fläche 9,21,19,7,9 einen negativen Beitrag liefert (s. Bild 3-7). Das Ergebnis ist 1024,2.
Auf die unterschiedliche Orientierung von Flächen im CAD-Bereich und im mathematischen Sinn sei hier hingewiesen. Es ergeben sich bei strenger Anwendung der mathematischen Formeln negative Volumina. Entscheidend ist die konsequente Verwendung des jeweiligen Verfahrens.

15. Ein Punkt außerhalb aller geschlossenen Kurven läßt sich gemäß Übung 8 von Kapitel 1 finden. Eine beliebig geneigte Schraffurgerade durch diesen Punkt wird mit jeder Begrenzungslinie des Gebietes verschnitten. Aufgrund der Linearität der Geradengleichung ist höchstens eine einzige nichtlineare Gleichung für eine Unbekannte zu lösen. Bei numerischen Begrenzungslinien ist die Gleichungsauflösung für alle Abschnitte nötig, wenn nicht durch einfachere Betrachtungen bestimmte Abschnitte für Schnittpunkte ausgeschlossen werden können. Alle ermittelten Schnittpunkte und der äußere Punkt werden nach wachsendem Abstand vom äußeren Punkt unter Hinweis auf die zugehörige Begrenzungslinie sortiert und in dieser Reihenfolge abgearbeitet, wobei lokale Minima oder Maxima bezüglich der Schraffurgeraden zweimal einsortiert werden. Diese lokalen Extrema liegen vor, wenn in einer kleinen Umgebung des Schnittpunktes der Abstand der Kurvenpunkte von der Schraffurgeraden stets dasselbe Vorzeichen hat.
Aufeinanderfolgende Punkte werden nun abwechselnd mit einer Geraden verbunden bzw. nicht verbunden, wobei mit dem Zustand "nicht verbinden" beim äußeren Punkt begonnen wird.

Lösungsvorschläge zu den Übungen von Kapitel 4

1. a) Es seien n Zeilen mit je m Bildpunkten (pixel) angenommen. Bei einem Rasterbildschirm ohne Graustufen sind dann $m \cdot n$ Bit nötig. Durch eine komprimierte Darstellung, bei der Wiederholungszähler statt der Folgen von Nullen und Einsen mitgeführt werden, kann man mit einer geringeren Informationsmenge auskommen.
Für die Darstellung der Bildkoordinaten von p Punkten sind $p \cdot ({_2}\log m + {_2}\log n)$ Bit erforderlich.
Zur Angabe der üblichen 8 Elementarschritte eines Stiftzeichengerätes benötigt man jeweils drei Bit. Wenn i und j die ganzzahligen Bildkoordinaten eines Punktes P mit j kleiner oder gleich i sind, so ist die Anzahl der Elementarschritte vom Nullpunkt bis P gleich j für 45-Grad-Richtung und gleich i-j für die Richtung der x-Achse. Insgesamt ergeben sich also i Schritte für eine Strecke. Eine Untergrenze für die erforderliche Informationsmenge ist somit die Summe der Elementarschritte in x-Richtung aller Strecken des Bildes multipliziert mit 3. Eine Obergrenze ergibt sich aus der Umrechnung der Summe der Streckenlängen in Elementarschritte.

   b) Das Bild muß in 1/30 sec gezeichnet sein, also können höchstens 3333 Vektoren flimmerfrei gezeichnet werden.

2. Die Verschlüsselung für die 8 Elementarschritte seien der Einfachheit halber in der Reihenfolge -y-x y x in vier Binärstellen verschlüsselt. Dann lautet die Bitfolge für den Abstrich
   0011001000110010001100110010001100l0
und den linken Teil des Querstrichs
   0110010001100100.
Wenn kein Heben und nachfolgendes Senken des Stiftes im Kreuzungspunkt von Abstrich und Querstrich programmiert wird, muß in umgekehrter Richtung wieder zurückgefahren werden. Dann kann der rechte Teil des Querstrichs gezeichnet werden.

3. Offensichtlich soll sich die Sehnenlänge proportional dem Schmiegekreisradius verändern. Wenn eine numerische Kurvendarstellung in der angenäherten, natürlichen Parameterdarstellung vorliegt, ergibt sich der Schmiegekreisradius aus den zweiten Ableitungen, die linear für

den Parameter sind. Dieser ist als Bogenlänge ungefähr gleich der Summe der Sehnenlängen, womit sich für die Bogenlänge ein neuer Wert ergibt. Setzt man den neuen Parameterwert in die Parameterdarstellung der Kurve ein, errechnet sich ein weiterer Sehnenendpunkt. Die einzelnen Sehnen werden an das Unterprogramm für Geradenzeichnen übergeben.

4. Es gilt zwei realisierbare Wiederaufsetzpunkte zu synchronisieren: Auf dem Band kann bei jedem Blockanfang wiederaufgesetzt werden, bei dem Zeichengerät kann auf eine beliebige Marke manuell positioniert werden. Wenn ein bestimmtes Zeichenzeitintervall aufgelaufen ist, werden Befehle zum Heben des Stiftes sowie zum Zeichnen der Marke und ihrer laufenden Nummer auf den Blattrand erzeugt. Der Rest dieses Magnetbandblockes wird mit "tue nichts"-Befehlen aufgefüllt. In den folgenden Block werden die Zeichenbefehle von der Marke zurück auf den entsprechenden Punkt der Zeichnung sowie ein Befehl zum Senken des Stiftes eingefüllt. Bei Defekten, etwa dem Eintrocknen der Tusche, wird der Stift auf die Marke mit der höchsten Nummer und das Band auf den Block mit dieser Nummer positioniert. Nach der Ausgabe dieser Nummer bereits gezeichnete Teile des Bildes werden dann nochmals nachgefahren.

5. Die Anwendungsquellenprogramme brauchen nicht geändert oder neu übersetzt zu werden, wenn beim Binden die Bibliothek der Druckplotprogramme statt der bisherigen Bibliothek angegeben wird. Der Drucker ist als Rastergerät mit im allgemeinen ungleichem (!) Zeilen- und Spaltenabstand anzusehen. Das vollständige Bild wird am einfachsten als eine Matrix von Zeichen im Hauptspeicher aufgebaut und zeilenweise ausgegeben. Das Unterprogramm SYMBOL legt seine Zeichen direkt in die Zeichenmatrix ab, die Zeilen- und Spaltennummern ergeben sich aus der x- und y-Koordinate. Beliebige Winkel w und Größen h sind aufgrund der geringen Auflösung nicht sinnvoll. Durch Aufsummierung der Änderungen der aktuellen Position in zwei Variablen des Unterprogramms PLOT kann das Unterprogramm WHERE realisiert werden. Alle Unterprogramme können als Teile eines einzigen Programms mit entsprechenden Eingangspunkten codiert werden oder es sind globale Variable erforderlich.

6. Eine Parallelprojektion in Richtung des Vektors P auf die x-y-Ebene kann geometrisch als Schnittpunkt der Projektionsgeraden durch den Urbildpunkt mit der x-y-Ebene interpretiert werden. Dazu wandelt man das zu projizierende Gebilde in die Parameterdarstellung um:

   $x = \cos t \quad y = \sin t \quad z = \cos t - 1$

   Die Projektionsgerade ergibt sich in Parameterdarstellung mit dem Parameter s und dem Projektionsvektor P = (p1, p2, p3):

   $x = \cos t + s \cdot p1 \quad y = \sin t + s \cdot p2 \quad z = \cos t - 1 + s \cdot p3$

   Der Wert für s, der sich aus z = 0 ergibt, wird in die ersten beiden Gleichungen eingesetzt:

   $x = \cos t + p1/p3 \cdot (1 - \cos t) \quad y = \sin t + p2/p3 \cdot (1 - \cos t)$

   Dabei wird p3 ungleich Null vorausgesetzt, da sonst keine Projektion auf die x-y-Ebene möglich ist. Man erkennt, daß sich eine Strecke als Bild ergibt, wenn p1 gleich p3 ist (x=1). Für p1 = p2 = 0 stellt das Bild einen Kreis dar, sonst eine Ellipse.

7. Die Projektion,Drehung und Verschiebung können durch die folgenden homogenen Matrizen beschrieben werden, wovon man sich durch Multiplikation mit einem Spaltenvektor $(x, y, z, 1)^T$ überzeugen kann.

$$\begin{matrix} 1 & 0 & 0 & 0 \\ 0 & 1 & 0 & 0 \\ 0 & 0 & 0 & 0 \\ 0 & 0 & -1/pz & 1 \end{matrix} \qquad \begin{matrix} 1 & 0 & 0 & 0 \\ 0 & \cos w & -\sin w & 0 \\ 0 & \sin w & \cos w & 0 \\ 0 & 0 & 0 & 1 \end{matrix} \qquad \begin{matrix} 1 & 0 & 0 & vx \\ 0 & 1 & 0 & 0 \\ 0 & 0 & 1 & vz \\ 0 & 0 & 0 & 1 \end{matrix}$$

   Die Gesamtoperation wird durch das Produkt der Matrizen bestimmt:

$$\begin{matrix} 1 & 0 & 0 & vx \\ 0 & \cos w & -\sin w & -vz \cdot \sin w \\ 0 & 0 & 0 & 0 \\ 0 & -\sin(w)/pz & -\cos(w)/pz & 1-vz \cdot \cos(w)/pz \end{matrix}$$

   Als Beispiel ergeben sich für die Ecke mit den Koordinaten $(1, 1, 1)^T$ die homogenen Koordinaten ihres Bildes für w = 0 = vx = vz und pz = 2 als $(1, 1, o, -1/2+1)^T$. Zum Übergang auf normale Koordinaten wird die letzte Komponente auf 1 normiert:

   $(2, 2, 0, 1)^T$

8. Eine Verallgemeinerung von Lösung 7 ergibt als Matrix für die Parallelprojektion eines vorher verschobenen, skalierten und gedrehten Objekts auf die x-y-Ebene (Grundriß) und x-z-Ebene (Aufriß):

$$M1 = \begin{matrix} \cdot & \cdot & \cdot & \cdot \\ \cdot & \cdot & \cdot & \cdot \\ 0 & 0 & 0 & 0 \\ \cdot & \cdot & \cdot & \cdot \end{matrix} \qquad M2 = \begin{matrix} \cdot & \cdot & \cdot & \cdot \\ 0 & 0 & 0 & 0 \\ \cdot & \cdot & \cdot & \cdot \\ \cdot & \cdot & \cdot & \cdot \end{matrix}$$

Die Bilder ergeben sich als

$$\begin{matrix} \overline{x1} \\ \overline{y1} \\ 0 \\ h1 \end{matrix} = M1 \cdot \begin{bmatrix} x \\ y \\ z \\ 1 \end{bmatrix} \qquad \begin{matrix} \overline{x2} \\ 0 \\ \overline{z2} \\ h2 \end{matrix} = M2 \cdot \begin{bmatrix} x \\ y \\ z \\ 1 \end{bmatrix}$$

Geht man zu Normalkoordinaten über, so ergeben sich für jedes Gleichungssystem zwei relevante Gleichungen für die Unbekannten x, y und z, die nicht eindeutig nach x, y und z aufgelöst werden können. Sämtliche vier relevanten Gleichungen bilden ein überbestimmtes Gleichungssystem. Wenn man Fehler bei der Ausmessung der Bildpunkte in Grund- und Aufriß in Rechnung stellt, empfiehlt sich eine Ausgleichrechnung nach der Methode der kleinsten Quadrate. Wenn die vier relevanten Gleichungen in der Form

$$M \cdot \begin{bmatrix} x \\ y \\ z \end{bmatrix} = \begin{matrix} b1 \\ b2 \\ b3 \end{matrix}$$

dargestellt sind, kann von links mit der transponierten Matrix M^T multipliziert werden und das neu entstehende System aufgelöst werden. Die Matrix M^T ist quadratisch von der Ordnung 3.

9. Wenn die z-Achse in Richtung des Betrachters zeigt, können die beiden Bilder durch Projektion des in positiver und negativer x-Richtung jeweils verschobenen Objekts von einem auf der z-Achse liegenden Zentrum erzeugt werden. Die beiden Matrizen sind dann

$$\begin{matrix} 1 & 0 & 0 & 0 \\ 0 & 1 & 0 & 0 \\ 0 & 0 & 0 & pz \\ vx & 0 & 0 & 1 \end{matrix} \qquad \begin{matrix} 1 & 0 & 0 & 0 \\ 0 & 1 & 0 & 0 \\ 0 & 0 & 0 & pz \\ -vx & 0 & 0 & 1 \end{matrix}$$

Zwischen pz und vx besteht ein Zusammenhang aufgrund des vorgegebenen

Augenabstandes und des normalen Betrachtungsabstandes die näherungsweise Beziehung $1/pz = 15 \cdot vx$.

10. a) Von den betroffenen Geräten - Wiederholungsbildschirm und Magnetplatte - müssen die Übertragungsgeschwindigkeiten der zu ihnen führenden Datenübertragungswege und ihre Operationszeiten, also Zeichengeschwindigkeit und Zugriffszeit, bekannt sein. Die Summe der Übertragungs- und Operationszeiten für eine einzige Bewegungsphase muß kleiner als 1/30 sec sein. Bei optimaler Konfiguration und Fehlen jeglicher anderweitiger Aktivitäten, so daß Wartesituationen ausgeschlossen sind, kann diese Bedingung von den schnellsten, am Markt verfügbaren Geräten für einfache Objekte gerade noch eingehalten werden. Eine naheliegende Verbesserung bewirkt das Einlesen der Bewegungsphase n in den Hauptspeicherbereich h1 und die gleichzeitige Ausgabe der Bewegungsphase n-1 aus dem Hauptspeicherbereich h2, in den sie einen Zyklus vorher eingelesen wurde. Wenn die Eingabe oder Ausgabe beendet ist, wird der entsprechende Bereich wieder zur Ausgabe oder Eingabe verwendet. Dieses Wechselpufferverfahren ist nur anwendbar, wenn Schirm und Platte an zwei unabhängig arbeitenden Datenübertragungswegen angeschlossen sind. Die benötigte Zeit für die Darstellung einer Bewegungsphase ist bei Wechselpufferverfahren das Maximum aus Eingabe- und Ausgabezeit. Bei höheren Programmiersprachen sind die Ein- und Ausgabeanweisungen in der Regel so konzipiert, daß die darauffolgende Anweisung erst dann ausgeführt wird, wenn der Ein- oder Ausgabevorgang beendet ist. Damit ist Wechselpufferbetrieb nicht möglich, so daß auf Programmierung in Maschinensprache zurückgegriffen werden muß.

b) Die Transformation von Weltkoordinaten in Gerätekoordinaten ist durch eine homogene Transformationsmatrix zu beschreiben, wodurch pro Punkt rund 20 Gleitpunktmultiplikationen anfallen. Additionen werden vernachlässigt. Der einfache Flächentest erfordert drei Multiplikationen pro Dreiecksfläche für das Skalarprodukt. Analog zur Lösung 8 von Kapitel 2 ist die Anzahl der Kanten $3/2 \cdot f$, somit e etwa gleich f/2 (e: Anzahl der Ecken, f: Anzahl der Flächen). Insgesamt sind zur Erkennung verdeckter Flächen bei konvexen Polyedern also mindestens $3 \cdot 2 \cdot e + 20 \cdot e$ Gleitpunktmultiplikationen erforderlich. Mit e = 1000 und einer Multiplikationszeit von 10 Mikrosekunden ergibt sich 0,26 sec. Es empfiehlt sich also stets, diese Berechnungen vor der Echtzeitdarstellung durchzuführen. Eine interaktive Änderung des Bewegungsablaufs durch den Betrachter ist damit nur sehr beschränkt in Form von höherer oder geringerer Bewegungsgeschwindigkeit möglich.

11. Bei idealer Spiegelreflexion würde auf das Auge des Betrachters nur Licht treffen, wenn der Winkel der Oberflächenormale mit der Lichteinfallsrichtung und der Betrachtungsrichtung gleich ist. Unter realen Verhältnissen sinkt die Intensität des reflektierten Lichts bei abweichenden Betrachtungswinkeln b sehr stark ab. Das Verhalten kann nach Phong Bui-Tuong durch Potenzen $\cos^n b$ wiedergegeben werden. Die damit errechnete Intensität wird zum diffusen Anteil addiert. Texturen können durch zufällige Änderungen der Normalenrichtung kleiner Oberflächenteile von Begrenzungsfläche oder Patches modelliert werden (s. /53/).

12. Wie in Lösung 8 kann eine Parallelprojektion durch zwei relevante Gleichungen für die Unbekannten x, y und z dargestellt werden. Wenn die Bildpunktkoordinaten gemessen werden und die Urbildpunktkoordinaten bekannt sind, benötigt man drei solcher Punktepaare, um die 6 unbekannten Matrixelemente errechnen zu können. Die drei Urbildpunkte dürfen nicht auf einer Geraden liegen. Zur Vereinfachung darf angenommen werden, daß eine Ecke des Tetraederbildes das Bild des Ursprungs und eine Kante die x-Achse ist. Wenn die Matrix mittels der drei übrigen Ecken auf diese Weise bestimmt worden ist, können durch Mitbetrachtung der Geradengleichung der Kanten die x-, y und z-Koordinaten eines Kantenpunktes aus seinen Bildkoordinaten durch Auflösung eines linearen Gleichungssystems gewonnen werden. Damit kann man die x, y und z-Koordinaten der Urbilder des Schnittpunktes der beiden Kantenbilder von Bild 4-3 errechnen.

Lösungsvorschläge zu den Übungen von Kapitel 5

1. Es wird zuerst der Berührpunkt des Fräsers entsprechend seinen Kontaktarten berechnet.
   Der Fräserverschiebungsvektor ist im ebenen Fall eines Schaftfräsers senkrecht zur Kontaktfläche und von der Länge des Fräserradius (0.5/2).
   Durch Addition ergibt sich die Lage des Fräsermittelpunktes.

Fräser-stellung	Berührpunkt		Vektor senkrecht zur Kontaktfläche		Fräserverschie-bungsvektor		Fräsermittelpkt	
A	4	0	-1	0	-0,25	0	3,75	0
B	4	8+0,25·tg (π/8)	-1	0	-0,25	0	3,75	8.1

   ISN 17 bzw. 18 sind zu ersetzen durch GOTO/3.75,0,0 bzw. GOTO/3.75,8.1 ,0

2. ISN 13 ist zu ersetzen durch: c 1 = CIRCLE/YSMALL,13,XSMALL,14,RADIUS,2

3.

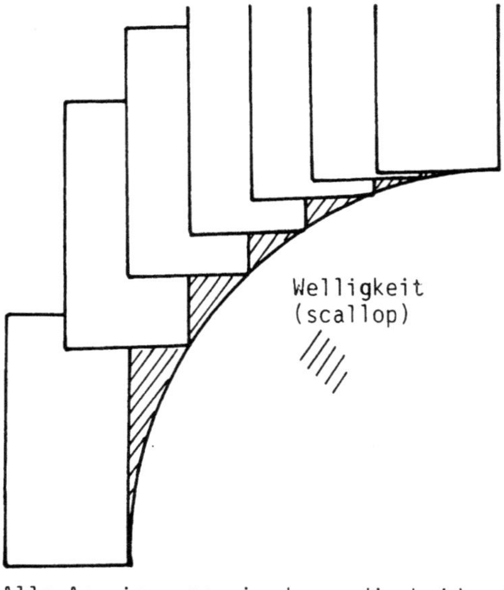

Die Überlappung beträgt 50 %

4. Alle Anweisungen, in denen die beiden Parameter Kugelradius kr und Fräserdurchmesser fd des neuen Macros auftreten, müssen ebenfalls in die Macrodefinition gelegt werden: ISN 9, 10, 11, 12, 27, 28.
   Wird weiterhin eine 50 %ige Überlappung verwendet, so sind auch die Anweisungen 14 und 15 einzufügen und ISN 13 und 16 voranzustellen.
   Das neue APT-Programm lautet dann so:

APT-Programm	Kommentar
cd = 2.0	aktuellen Fräserdurchmesser setzen
CUTTER/cd	
nkreis = MACRO/kr, fd	Beginn der Macrodefinition
opt = POINT/0,0,kr	
spt = POINT/kr, kr, kr	
FROM/spt	
GOTO/opt	
ci = fd/2	50 % Überlappung
r = fd	Radius d. 1. Zyl. = Fräserdurchmesser
.	
.	
GOTO/spt	
TERMAC	Ende der Macro-Definition
CALL/nkreis, fd=cd,kr=6	Parameter dürfen vertauscht werden
FINI	

Das Ergebnis ist bei diesem Macro-Aufruf dasselbe wie von Beispiel 2. Eine Plausibilitätsprüfung bezüglich der Größenverhältnisse von kr und fd empfiehlt sich.

5. Aus der Erhöhung der RECNO im CLDATA-Ausdruck wird ersichtlich, daß jede Zeile ein Record (Satz) ist und mit READ gelesen werden kann (in FORTRAN mit A-Format).
   Der Beginn der Schnittvektorfolge kann an ihrer Überschrift +++ GO erkannt werden.
   Die Ziffernfolgen der x-, y-, z-Koordinaten müssen noch in die interne Zahlendarstellung umgewandelt werden (durch hauptspeicherinternen Lesebefehl mit F-Format).
   Auf ähnliche Weise wird durch Prüfen auf die Zeichenfolge CUTTER in jedem Satz die darauffolgende Fräsergeometrie gewonnen.

   a) Bei Parameterdarstellung eines Kreises
      $x = xm + r \cdot \cos(a)$
      $y = ym + r \cdot \sin(a)$
      kann durch Variation von a in kleinen Schritten von 0 bis 6.28 ein Kreis durch das Grundmodul Streckenzeichnen gezogen werden. Die Einhüllende als Folge von Kreis- und Geradenstücken exakt zu finden, würde hier zu weit führen. Stattdessen sei ein pragmatisches Verfahren angegeben:

An je zwei aufeinanderfolgenden Fräsergrundrissen werden die beiden äußeren (parallelen) Tangenten gelegt und die von den Kreisen und Tangenten umschlossene Figur mit einem Rastergerät schattiert (evtl. auch mit einem Vektorgerät schraffiert).

b) Mit Ausnahme von langen Strecken des Fräsermittelpunktpolygonzuges - wo lineare Interpolation erforderlich ist - können die Bahnpositionen des Fräsers einer Schnittvektorfolge als Phasen einer zeitlichen Bildfolge auf einem Bildwiederholungsschirm zur Simulierung der Bewegung verwendet werden.
Eine Entscheidung, ob die Berechnung des jeweiligen Fräserbildes (insbesondere bei multaxis) länger dauert als das Lesen der entsprechenden vorher berechneten Phasen, hängt im wesentlichen von dem Verhältnis Zentraleinheits- zu Magnetplattenzugriffsgeschwindigkeit ab.
Ferner ist die von der Anzahl der zu zeichnenden Vektoren abhängige Zeichenzeit in Rechnung zu stellen (s. Lösungsvorschlag 4-10.a)).

c) Für jede Schichtebene (mit konstantem z-Wert) müssen nur die Punkte des gesamten Fräsermittelpunktpolygonzugs berücksichtigt werden, die unter ihr liegen sowie die Schnittpunkte des Polygonzuges mit der Ebene selbst.
Die Behandlung dieser Teilpolygonzüge erfolgt wie unter a), wobei die schattierten Teile entfernt werden müssen.
Mittels dreier globaler Markierungspunkte auf jeder Schichtebene von endlicher Dicke kann das Modell durch Aufeinanderlegen der Schichten realisiert werden.

6. Für das Dreieck SMT mit dem rechten Winkel bei T gilt:

$$\frac{r - u\,r}{(SM - r) + r} = \sin(a/2) \quad \text{Also: } SM - r = \frac{1 - u}{\sin(a/2)}$$

u: Überlappungsfaktor
r: Fräserradius

Diese Strecke SM-r muß zu Null werden: $\sin(a/2) = 1 - u$

Die Ungleichung lautet also:

$$1 - \sin(a/2) \leq u \qquad \text{u: Überlappungsfaktor}$$

Die Beziehung ist also vom Fräserradius r unabhängig.
Sie ist z. B. bei a = pi (= 3.14...) auch für u = 0 erfüllt, was unmittelbar einsichtig ist.

7. Mit einem zur Interpretationszeit aufgerufenen FORTRAN-Programm werden die Werte aus der gegebenen Datei gelesen und als kanonische Form - etwa eines Punktes - in die Datei der kanonischen Formen unter einem bestimmten Namen gespeichert. Mittels der READ-Anweisung unter Angabe desselben Namens wird diese Form in das APT-Programm gebracht, wo darauf mit OBTAIN die Einzelwerte wiedergewonnen werden können.

8. Ein konvexer Zylinder kann mit Leitflächen senkrecht zu seiner Achse und einer Fräserorientierung entgegen seiner Normalen ohne Welligkeit gefräst werden. Seine Gauß'sche Krümmung ist Null.

Lösungsvorschläge zu den Übungen von Kapitel 6

1. Für das APT-Beispiel 1 kann ein rechteckiges Knotenmuster zugrunde gelegt werden, von dem die außerhalb des Teils liegenden Knoten nicht mitbetrachtet werden. Damit entstehen auch Dreieckselemente, die unter ELEMENT INCIDENCES und ELEMENT PROPERTIES mit einem anderen Elementtyp gesondert spezifiziert werden müssen. Das Netz kann beliebig - auch ungleichmäßig - verfeinert werden, ohne daß damit eine automatische Generierung ausgeschlossen wird. Alle Knoten auf 11 müssen mit SUPPORT angegeben werden.

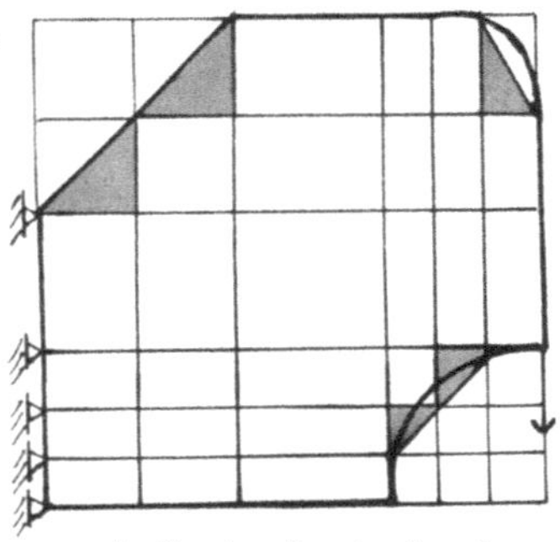

Auch beim APT-Beispiel 2 können gekrümmte Dreieckselemente zusammen mit Viereckselementen sinnvoll eingesetzt werden. Für die Generierung des Knotenmusters verwendet man zweckmäßig wie beim FEM-Beispiel 2 wieder Zylinderkoordinaten. Die Dreieckselemente sind wie oben gesondert zu spezifizieren. Bei SURFRACE EQUATION ist die Angabe einer Kugeloberfläche erforderlich.

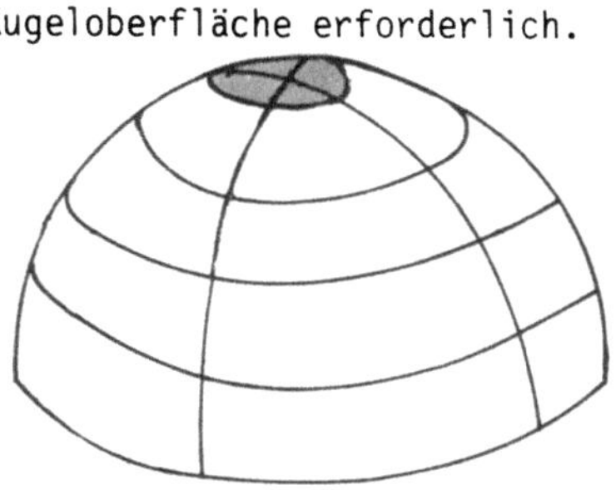

2. Unter der Annahme der Linearität läßt sich die Verschiebungsvektorfunktion f (x, y) = (f1, f2) schreiben

$$f1\ (x, y) = k1 + k2 \cdot x + k3 \cdot y$$
$$f2\ (x, y) = k4 + k5 \cdot x + k6 \cdot y$$

Beim Einsetzen der drei Knotenpunktkoordinatenpaare (x_i, y_i) müssen sich die Knotenverschiebungen ergeben

$$u_i = k1 + k2 \cdot x_i + k3 \cdot y_i$$
$$v_i = k4 + k5 \cdot x_i + k6 \cdot y_i \qquad i = 1, 2, 3$$

Wenn die drei Knotenpunkte nicht auf einer Geraden liegen, ist dieses Gleichungssystem nach den k_i auflösbar, die dann von den u_i, v_i, x_i, und y_i abhängen. Ordnet man f1 nach den u_i und f2 nach den v_i um, so ergibt sich

$$f1\ (x,\ y) = n_1 \cdot u_1 + n_2 \cdot u_2 + n_3 \cdot u_3$$

$$f2\ (x,\ y) = n_1 \cdot v_1 + n_2 \cdot v_2 + n_3 \cdot v_3$$

Die n_i sind in diesem Fall lineare Funktionen, die nur von den Knotenpunktskoordinaten abhängen

$$n_i = a_i + b_i \cdot x + c_i \cdot y \qquad i = 1,\ 2,\ 3$$

Sie stellen gemäß ihrer Definition als Koeffizienten der Linearkombination der Knotenverschiebungen die Formfunktionen dar.
Zur Ermittlung der Verzerrungs-Verschiebungsmatrix B müssen die partiellen Ableitungen der Formfunktionen ermittelt werden, wobei sich b_i bzw. c_i ergibt. Der Zusammenhang zwischen den drei Verzerrungen und dem Vektor der Verschiebungen aller Knotenpunkte ist also gegeben durch

$$\begin{matrix} b_1 & 0 & b_2 & 0 & b_3 & 0 \\ 0 & c_1 & 0 & c_2 & 0 & c_3 \\ c_1 & b_1 & c_2 & b_2 & c_3 & b_3 \end{matrix} = B$$

Analoge Beziehungen wie für das Element mit den Knoten 1, 2 und 3 gelten für jedes Element mit den Knoten l, m und n.
Der Zusammenhang zwischen Verzerrungen und Spannungen in x-und y-Richtung kann durch eine Verallgemeinerung des Hookeschen Gesetzes für ebenen Spannungszustand beschrieben werden:

$$\varepsilon_x = \sigma_x/E - \nu \cdot \sigma_y/E \qquad E:\ \text{E-Modul}$$

$$\varepsilon_y = \sigma_x \cdot \nu/E + \sigma_y/E \qquad \nu:\ \text{Querkontraktionszahl}$$

$$\gamma_{xy} = \tau_{xy}/\Phi \qquad \Phi:\ \text{Schubmodul}$$

Da $\Phi = E/(2 \cdot (1+\nu))$ ist, ergibt sich der Zusammenhang Spannungen-Verzerrungen durch die folgende Elastizitätsmatrix

$$D = E\ /\ (1-\nu^2) \cdot \begin{vmatrix} 1 & \nu & 0 \\ \nu & 1 & 0 \\ 0 & 0 & (1-\nu)/2 \end{vmatrix}$$

Die 6·6 Steifigkeitsmatrix des Elements mit den Knoten 1, 2, 3 ergibt sich allgemein zu

$$k_{123} = \int_V B^T \cdot D \cdot B \cdot dv$$

Da im speziellen Fall des ebenen dreieckigen Scheibenelements weder D noch B von x oder y abhängen, ergibt sich bei Berücksichtigung der konstanten Dicke t und der Fläche O

$$k_{123} = B^T \cdot D \cdot B \cdot t \cdot O \qquad B^T \text{ ist die Transponierte zu B}$$

Das Element in der i-ten Zeile und j-ten Spalte des Gesamtgleichungssystems ergibt sich durch Addition der Beiträge aller Elemente, die diesen Knoten enthalten

$$k_{ij} = \sum_m k_{ijm}$$

3. a) Eine mögliche Starrkörperbewegung zeigt sich in einer verschwindenden Determinante des Gesamtgleichungssystems. Dies kann bei der Gleichungsauflösung nach der Gauß'schen Eliminationsmethode daran erkannt werden, daß kein von Null verschiedenes Pivotelement gefunden werden kann (s. /9/).

   b) Das Gesamtgleichungssystem beschreibt den Zusammenhang der unbekannten Knotenverschiebungen u_i mit den Belastungen l_i

$$\begin{pmatrix} k_{11} & & k_{1n} \\ & & \\ k_{n1} & & k_{nn} \end{pmatrix} \cdot \begin{pmatrix} u_1 \\ \\ u_n \end{pmatrix} = \begin{matrix} l_1 \\ \\ l_n \end{matrix}$$

   Wenn $u_m = \bar{u}_m$ bekannt ist, kann in jeder Zeile der Term mit u_m auf die rechte Seite gebracht werden also $\bar{l}_m = l_m - k_{im} \cdot \bar{u}_m$. Um aus Gründen der Einheitlichkeit wieder auf dieselbe Matrixform zu kommen, muß nun noch eine neue m- te Zeile und Spalte mit $k_{mm} = 1$ und $k_{mj} = 0$ und der rechten Seite $\bar{u}_m$ eingeführt werden. Das neue Gleichungssystem hat dieselben Lösungen für $u_1, \ldots, u_{m-1}, u_{m+1}, \ldots, u_n$ und $u_m = \bar{u}_m$.

c) Die Gesamtsteifigkeitsmatrix wird ein einziges Mal für alle Lastfälle auf Dreieckgestalt gebracht. Die entsprechenden Operationen brauchen dann nur für die jeweiligen Lastfälle wiederholt werden.

4. In Analogie zu Abschnitt 3.4.2 können die 8 Formfunktionen gefunden werden, die längs einer Seite quadratisch sind:

   n1 = 1/4·(x-2)·(y-2)·(1-x-y)
   n3 = 1/4·(x-4)·(y-2)·(3-x-y)
   n5 = 1/4·(x-4)·(y-4)·(5-x-y)
   n7 = 1/4·(x-2)·(y-4)·(3-x-y)
   n2 = 1/2·(2-x)· x ·(2-y)
   n4 = 1/2·(2-y)· x · y
   n6 = 1/2·(2-x)· x · y
   n8 = 1/2·(2-y)·(2-x) · y

   Diese Funktionen erfüllen die Bedingung, an allen Knoten außer ihrem zugeordneten zu verschwinden. Dort haben sie den Wert 1. Sie gewährleisten ferner die erforderlichen Stetigkeitsbedingungen .

5. Nach /53/ kann man aus der Gleichgewichtsbedingung für die Kräfte in einem beliebigen, senkrechten Schnitt durch ein ebenes Element die Beziehung

$$\sigma_w = \frac{\sigma_x + \sigma_y}{2} + \frac{-\sigma_x + \sigma_y}{2} \cdot \cos 2 \cdot w - \tau \cdot \sin 2 \cdot w$$

   für die Spannung senkrecht zu diesem Schnitt herleiten (w ist der Winkel des Schnitts mit der x-Achse). Wenn man die Ableitung nach w auf Null setzt, kann aus dieser Gleichung ein Wert von w errechnet werden, der in die Formel für σ_w eingesetzt die Hauptspannungen liefert.

6. Gemäß Lösungsvorschlag können die Beiträge der einzelnen Elemente des FEM-Beispiels 1 zu den Komponenten der Gesamtmatrix anschaulich dargestellt werden. Dabei bedeutet = die zwei Freiheitsgrade eines Knotens (nach /31/).

```
      Element 1              Element 2              Element 3
      1 2 3 4 5 6 7 8 9 10   1 2 3 4 5 6 7 8 9 10   1 2 3 4 5 6 7 8 9 10
   1  = =     =                = =     =
   2  = =     =                = =     =
   3                                                    = =     =
   4                                                    = =     =
   5  = =     =            +                      +
   6                           = =     =
   7                                                    = =     =
   8
   9
  10

      Element 4              Element 5              Element 6
      1 2 3 4 5 6 7 8 9 10   1 2 3 4 5 6 7 8 9 10   1 2 3 4 5 6 7 8 9 10
   1
   2                           =     = =
   3      =     = =
   4
+  5                       +   =     = =          +         = =   =
   6      =     = =            =     = =                    = =   =
   7      =     = =
   8                                                        = =   =
   9
  10

      Element 7              Element 8              Element 9
      1 2 3 4 5 6 7 8 9 10   1 2 3 4 5 6 7 8 9 10   1 2 3 4 5 6 7 8 9 10
   1
   2
   3
   4
+  5                       +                      +
   6            = =   =                =   = =
   7            = =   =                                         = = =
   8                                   =   = =                  = = =
   9            = =   =                =   = =                  = = =
```

7. Um eine realistische Darstellung zu ermöglichen, muß eine 3-dimensionale Darstellung mit Klärung der Sichtbarkeitsverhältnisse durch Entfernung verdeckter Linien oder Schattierung sichtbarer Flächen für 30 Schwingungsphasen pro Sekunde vorgenommen werden. Die jeweilige Lage der Knoten kann in diesen Zeitintervallen aus der Schwingungsfrequenz und -amplitude errechnet werden. Diese Größen ergeben sich aus den Eigenfrequenzen und Eigenvektoren einer dynamischen FEM-Analyse. Zu jeder Eigenfrequenz existiert für jeden Knoten ein Eigenvektor. Die verschiedenen Eigenfrequenzen entsprechen den Grund- und Oberschwingungen.

Algorithmen- und Programmverzeichnis

Hier werden in Form einer Übersicht zum Zweck der konkreten Lösung von Problemen aus den Kapiteln 1 - 7 entsprechende Literaturstellen angegeben. Dabei wird unterschieden zwischen der Angabe eines allgemeinen Algorithmus (A), eines konkreten, programmierbaren Algorithmus oder einer Formel (PA) und eines Programms in einer höheren Programmiersprache (P).

Kapitel 1	A	PA	P
Ermittlung des Randes von Rasterbildern	/47/	/2/	
Ausdünnungsverfahren		/2/, /47/	
Glätten	/47/		
Filtern		/2/, /47/	
Aufteilung in Einzelelemente (Segmentierung)	/47/, /2/		
Gewinnung von Merkmalen	/99/, /47/		
Rekonstruktion von 3-dimensionalen Objekten mit			
ebenen Begrenzungsflächen			/26/
gekrümmten Begrenzungsflächen		/46/	
Kapitel 3			
Auflösung eines linearen Gleichungssystems			
Matrix im Hauptspeicher			/9/
Matrix nicht im Hauptspeicher	/8/		/9/
Auflösung eines nichtlinearen Gleichungssystem	/8/	/10/	
Frequenzen und Formen von Schwingungen			/9/
Kurvenlängen, Oberfläche, Schwerpunkt, Trägheitsmomente, Volumen			
analytisch		/21/	
numerisch		/18/, /51/	
Darstellung von Kurven oder Flächen			
analytisch	/23/	/12/	
numerisch			/26/
Interpolation (Coons)			/26/

	A	PA	P
Approximation (Bezier)			/26/
lokale Sensibilität (B-Spline)			/26/
höhere Stetigkeit (C^2, VC^2)		/13/	
drei- u. fünfeckige Patches	/72/, /73/		
Verschneidungen	/23/, /17/	/51/	
stetig differenzierbarer Anschluß		/51/	
Verrundung	/17/		
Triangulierung			
gegebener Flächen	/34/		
in Linien geordneter Punktmengen		/76/	
zufällig verteilter Punktmengen	/16/	/50/	
Interpolation		/72/	
Approximation		/75/, /50/	
Verschneidungen von Körpern			
in analytischer Darstellung	/23/	/18/	
in numerischer Darstellung	/17/		
zur Kollisionsprüfung			
konvexe Körper in impliziter Form	/19/		
Polyeder	/20/		
bewegte Körper		/36/	
optimale Bahnplanung	/38/		

Kapitel 4

	A	PA	P
Ausgabe auf Rastergeräten			
Strecken		/27/, /24/	
Kreise		/27/, 24/	
ohne Stufung (Antialiasing)		/24/	
Ausfüllen von Flächen		/2/,/24/,/27/	
Anpassung von Objekt- u. Bildausschnitt			
Abschneiden von Objektteilen		/24/, /27/	
- Bildteilen		/2/,/24/,/27/	
in kontinuierlicher Form (zoom)		/24/	
Transformationen			/26/
Projektionen			
parallel		/24/, /27/	/26/

	A	PA	P
zentral		/24/, /27/	/26/
Rekonstruktion von Objekten		/24/ /27/	/26/
Simulation der dritten Dimension			
Stereoskopie			/26/
Ermittlung verdeckter Linienteile			
ebene Begrenzungsflächen		/61/, /83/	/27/ 1.Aufl.
gekrümmte Begrenzungsflächen			
analytisch	/23/	/12/	
numerisch			/61/
Schattierung sichtbarer Flächen			/27/ 1.Aufl.
ebene Begrenzungsflächen		/84/, /82/	
gekrümmte Begrenzungsflächen	/2/		
Kapitel 5			
Flächendarstellungen für NC			
Vielfachkegelschnittsflächen		/88/	
implizite Form		/88/	
numerische Darstellung	/86/		
Optimale Fräsersteuerung beim 5-Achsenfräsen	/28/		
Kapitel 6			
Reduzierung der Matrixgröße bei Schwingungen		/35/	
Verfahren zur automatischen Diskretisierung	/34/		
FEM-Systeme als FORTRAN-Quellenprogramme			
Scheibenelemente und dynamische Analyse			/31/
Plattenelemente			/92/
Kapitel 7			
Lösung des inversen kinematischen Problems			
RRRRR-Mechanismus		/37/,/93/,/94/	
andere Mechanismen		/97/	
Lösung des inversen dynamischen Problems	/37/, /39/		
Methoden zur Erkennung	/99/	/100/, /39/	

Kommentiertes Literaturverzeichnis

Für die Kapitel 1 bis 4 bieten sich die zwei Standardwerke /24/ und /27/ mit umfangreichen Spezialliteraturverzeichnissen an. Bei /24/, das mit hervorragenden Illustrationen die Leistungsfähigkeit von Computer Graphic demonstriert, liegt der Schwerpunkt mehr auf der Hardware. Eine Ergänzung für die Bearbeitung von diskreten Rasterbildern stellt /2/ dar, wo zahlreiche Algorithmen angegeben und im Bild vorgeführt werden. In /47/ wird eine stark statistisch orientierte Beschreibung der Mustererkennung bevorzugt. Aufschlußreiche Bilder und ein umfangreiches Literaturverzeichnis zur industriellen Mustererkennung sind in /56/ enthalten. In /57/ bis /59/ werden Spezialthemen und neueste Entwicklungen behandelt.

Datenorganisationsformen und Datenbanken mit ihren Vor- und Nachteilen sowie ihren Realisierungsmöglichkeiten werden zusammen mit Anwendersichten und -sprachen ausführlich in /67/, /68/ und /65/ beschrieben. Die speziellen Formen und Probleme von CAD-Datenbanken werden in /61/, /62/ und /69/ behandelt, in /63/ wird als rechnerinterne Darstellung statt einer Datenstruktur eine Programmstruktur mit variabler Deutungsmöglichkeit angegeben. Die Anwendung der Warteschlangentheorie in Rechnersystemen ist in /64/ ausführlich beschrieben. Als Nachschlagewerk für dv-technische Begriffe kann /70/ empfohlen werden.

Außer den schon aufgeführten Standardwerken für die numerische Mathematik /8/ und /9/ ist /78/ zu nennen. Die neuesten Entwicklungen bei numerischer Flächendarstellung sind von Seiten der Forschung und Anwendung ausführlich in /72/ und /73/ beschrieben. Für spezielle Anwendungen geeignete Verfahren werden in /75/, /76/ und /77/ behandelt. Eine besondere Erwähnung wegen der zahlreichen, praktisch einsetzbaren Algorithmen verdient /51/. Mit dem Einsatz analytischer Flächen beschäftigen sich /23/ und /12/. Eine Verallgemeinerung des in Abschnitt 3.6.2 vorgestellten Beispiels für eine volumenorientierte, rechnerinterne Darstellung von 3D-Objekten findet man skizziert von Braid in CACM, sehr detailliert mit brillanter kritischer Diskussion und den erforderlichen Erweiterungen beschrieben in seiner Ph. D. /18/. Eine Weiterführung und Verallgemeinerung im Hinblick auf die zugelassenen Begrenzungsflächen ist in /17/ in allgemeiner Form ausgeführt.

Eine zusammenfassende, einheitliche Darstellung von Projektionen, Rekonstruktionen, allgemeinen Abbildungen und numerischen Kurven- und Flächendarstellungen mit entsprechenden BASIC-Programmen findet man in /26/. Der Weg von Computer Graphic zur künstlerischen Produktion wird in /80/ und /79/ bildhaft demonstriert. Von den zahlreichen, in /12/ verglichenen Hidden-Line Algorithmen seien die in /61/, /80/, /81/ und /82/ genannten aufgrund ihrer Leistungsfähigkeit besonders hervorgehoben.

Der Gesamtumfang der Möglichkeiten von APT und verwandten Systemen wird in /30/ und /29/ aufgezeigt. Eine Erweiterung der hier bevorzugten geometrischen Sicht auf technologische Zusammenhänge ist in /87/, /90/ und /89/ vollzogen, im letzten Buch werden auch andere NC-Systeme wie etwa EXAPT behandelt. Die großen praktischen Schwierigkeiten bei der Fräsbearbeitung komplizierter Teile sowie Meßverfahren zur Qualitätssicherung werden in /91/ beschrieben. Die Vorteile und Probleme des 5-Achsenfräsens von Freiformflächen behandelt /28/ ausführlich, eine Implementierung in APT beschreibt /86/. In /88/ werden speziell für die NC-Fertigung geeignete Flächenformen vorgestellt.

Als Standardwerk für Kapitel 6 kann /31/ ohne Einschränkung empfohlen werden. Didaktisch hervorragend, umfassend, gut illustriert gestattet dieses Buch mit seinem umfangreichen Spezialliteraturverzeichnis eine sowohl detaillierte als auch das Ganze überblickende Einarbeitung in die Methode der Finiten Elemente. Ein in FORTRAN geschriebenes, gut kommentiertes Beispiel-FEM-System mit der Möglichkeit zur statischen und dynamischen Analyse mittels einfacher Elementtypen ermöglicht es, sich mit allen konkreten Details der Methode der Finiten Elemente vertraut zu machen. In /32/ werden demgegenüber mehr die elastizitätstheoretischen Überlegungen in den Vordergrund gestellt. Als umfangreicher Erfahrungsbericht mit Beispielsammlung ist /33/ zu empfehlen. Die prinzipiellen Überlegungen zur automatischen Diskretisierung von Kontinua für eine FEM-Analyse sind in /34/ niedergelegt. Konkrete Details für einzelne FEM-Systeme sind den Herstellerhandbüchern zu entnehmen. Ein weiteres FEM-System in FORTRAN mit der Möglichkeit von Plattenelementen findet sich in /91/.

Als flüssig lesbare, illustrative Einführung in die verschiedenen Gebiete der Robotertechnik kann /39/ hervorgehoben werden. Formeln für die unterschiedlichsten Gelenkkombinationen können in /97/ nachgeschlagen werden. Eine illustrative Darstellung von robotergeeigneten visuellen Erkennungsmethoden findet man in /3/ und /100/, wo auch auf eine umfangreiche Spezialliteratur verwiesen wird. Neue Entwicklungen auf dem Gebiet der nichtvisuellen Sensoren werden in /99/ geschildert. Die verschiedenen verfügbaren Robotersprachen mit ihren Besonderheiten werden in /93/ausführlich und kritisch diskutiert, in /95/ in Form eines Überblicks dargestellt. Konkrete Anwendungen sowie Funktionsweise und Möglichkeiten verfügbarer Robotertypen sind in /98/, /101/ und /103/ beschrieben. Den Einsatz der Simulation bei der Entwicklung von Robotern mittels einem volumenorientierten CAD-System wird in /96/ aufgezeigt.

In /43/ liegt eine Gesamtbetrachtung der durch CAD-Systeme tangierten Anwendungen in allgemeiner, illustrativer Form vor. Hier ist auch eine sehr detaillierte Beschreibung der auf dem Markt befindlichen CAD-Systeme zusammen mit entsprechenden praxisbezogenen Auswahlkriterien enthalten. In /102/ wird kritisch über Erfahrungen bei Einführung von CAD-Systemen in unterschiedlichen Firmen berichtet. Eine umfassende und detaillierte Beschreibung der Möglichkeiten und der Realisierung eines Fertigungssteuerungssystems ist in /49/ gegeben.

/1/ Nagy, G., Optical Scanning Digitizers, in:Computer May 1983

/2/ Pavlidis, T., Algorithms for Graphics and Image Processing, Berlin

/3/ Shirai, Y., Image Processing for Data Capture, in: Computer Nov. 1982

/4/ Terplan, Leistungsoptimierung von Computersystemen und Rechnernetzen, Grafenau 1982

/5/ Eberlein, W., Wedekind, H., A Methodology for Embedding Design Data-Bases into Integrated Engineering Systems, in: J. Encarnacao und F. L. Kraus (Hrsg.), File structures and Data Bases for CAD, Amsterdam 1982

/6/ IBM, SC28-6852 FORTRAN IV H Extended Compiler Programmers Guide

/7/ Noble, B., Numerisches Rechnen, Mannheim 1966

/8/ Stoer, J. und Bulirsch, R., Einführung in die Numerische Mathematik, Berlin 1972

/9/ Ralston, A., Wilf, H. S., Mathematische Methoden für Digitalrechner, München 1972

/10/ Fletcher, R. and Powell, M. J. D., A rapidly convergent descent method for minimization, in: Computer Journal 6 1963

/11/ Strubecker, K., Differentialgeometrie, Berlin 1969

/12/ Becker,F., Ein Beitrag zur interaktiven Verarbeitung analytisch beschreibbarer Flächen mittels Rechner-Graphik, Dissertation TH Aachen 1975

/13/ Barnhill, R. E., Computer Aided Surface Representation and Design, in: R. E. Barnhill and W. Boehm (Hrsg.), Surfaces in Computer Aided Geometric Design, Amsterdam 1983

/14/ Coons, S. A., Surface Patches and B-spline Curves, in: R. E. Barnhill and R. F. Riesenfeld (Hrsg.), Computer Aided Geometric Design, New York 1974

/15/ Bezier, P., Mathematical and Practical Possibilities of UNISURF, in: R. E. Barnhill and R. F.Riesenfeld (Hrsg.), Computer Aided Geometric Design, New York 1974

/16/ Faugeras, O. D., Herbert, M., Ponce, J., Pauchon, E., Ayache, N., Towards a flexible vision system, in: A. Pugh (Hrsg.), Robot Vision, Berlin 1983

/17/ Müller, G., Rechnerorientierte Darstellung beliebig geformter Bauteile, München 1980

/18/ Braid, I. C., The Synthesis of Solids Bounded by Many Faces, in: Communications of the ACM Volume 18 Number 4 1975.
Designing with Volumes, PH. D. Thesis, Cambridge 1973

/19/ Comba, P. G., A Procedure for Detecting Intersections of Threedimensional Objects, in: Journal of the ACM Vol. 15 No 3 July 1968

/20/ Maruyana, K., A Procedure to determine Intersections between Polyhedral Objects, in: Int. J. Comp. Inf. Science 1 (3) 1972

/21/ Bronstein, I., Semendjajew, K., Taschenbuch der Mathematik, Zürich 1971

/22/ Magnenat-Thalmann, N., Thalmann, D., A Graphical PASCAL Extension based on graphical types, in: Software Praxis und Expérience, Vol. 11 1981

/23/ Schuster, R., System und Sprache zur Behandlung graphischer Information im rechnergestützten Entwurf, Dissertation Universität Karlsruhe 1976 KFK 2305

/24/ Foley, J. D., van Dam, A., Fundamentals of Interactive Computer Graphics Reading 1982

/25/ Heinicke, G., Implementierung des Graphischen-Kern-Systems GKS, Diplomarbeit Fachhochschule München 1983

/26/ Rogers, D. F., Adams, J. A., Mathematical Elements for Computer Graphics, New York 1976

/27/ Newman, W. M., Sproull, R. F., Principles of Interactive Computer Graphics, Auckland 1982

/28/ Henning, H., Fünfachsiges NC-Fräsen gekrümmter Flächen, Berlin 1976

/29/ IBM GH12-1071, Teleapt Benutzerhandbuch 1975

/30/ IBM H12-1275, APT-AC Numerical Control Processor, Part Programming Manual

/31/ Zienkiewicz, O. C., Methode der finiten Elemente, München 1975

/32/ Gallagher, R. H., Finite-Element Analysis. Berlin 1976

/33/ MAN, MBB-ICES-Seminar Erfahrungshandbuch und Beispiele,Nürnberg 1980

/34/ Mayr, R., Automatisierte Netzgenerierung für Finite-Element-Verfahren,München 1981

/35/ Guyan, R. J., Reductions of Stiffness and Mass Matrizes, J. A. I. A. A. 3 1965

/36/ Boyse, J. W., Interference Detection Among Solids and Surfaces, in: CACM Volume 22 Number 1 January 1979

/37/ Lee, C. S. G., Robot Arm Kinematics, Dynamics and Control, in: Computer December 1982

/38/ Lozano-Perez, T., Wesley, M. A., An Algorithm for Planning Collision-Free Paths Among Polyhedral Obstacles, in: CACM Volume 22 Number 10 October 1979

/39/ Coiffet, P. (Hrsg.), Robot Technology, A series in eight volumes, London 1984

/40/ Kitchin, P. W., Pugh, A., Processing of binary images, in: A. Pugh (Hrsg.) Robot Vision, Berlin 1983

/41/ Lieberman, L., Wesley, M. A., AUTOPASS: An Automatic Programming System for Computer Controlled Mechanical Assembly, IBM Journal of Research and Development July 1977

/42/ VDI (Hrsg.) Elektronische Datenverarbeitung bei der Produktionsplanung und -steuerung, III-Informations- und Stücklistenwesen, Düsseldorf 1975

/43/ Eigner, M., Maier, H., Einführung und Anwendung von CAD-Systemen, München 1982

/44/ Westermann, A., Nutzen/Kostenbetrachtungen bei der Einführung Graphischer Datenverarbeitung, IBM Seminar "Graphische Datenverarbeitung am Arbeitsplatz des Ingenieurs", Sindelfingen 1979

/45/ MBB, CIAM Computer Integrated Automatic Manufacturing, Augsburg

/46/ Hall, E. L., Tio, J. B. K., McPherson, C. A., Sadjadi,F. A., Measuring Curved Surfaces for Robot Vision, in: Computer December 1982

/47/ Ullman, J. R., Pattern Recognition Techniques, Chicago 1973

/48/ Huffman, D. A., Impossible Objects als Nonsense Sentences, in: B. Meltzer, D. Michie (Hrsg.) Machine Intelligence Vol. 6 Edinburgh 1971

/49/ IBM GH20-0751, Requirements Planning Application Description, New York 1972

/50/ McLain, D. H., Two dimensional interpolation of random data, The Computer Journal Vol. 19 No 2 May 1976

/51/ Peters, G. J., Interactive Computer Graphics Application of the Parametric Bi-Cubic Surface to Engineering Design Problems, in: R. E. Barnhill,R. F. Riesenfeld (Hrsg.) Computer Aided Geometric Design New York 1974

/52/ BuiTuong Phong, Illumination for Computer Generated Pictures, in: CACM 18 (6) June 1975

/53/ Blinn, J. F., Newell, M. E., Texture and Reflection in Computer Generated Images, in: CACM 19 (10) October 1976

/54/ Holzmann-Meyer-Schumpich, Technische Mechanik, Band 3 Festigkeitslehre, Stuttgart 1972

Weitere, nicht zitierte Literatur:

/55/ Brady, J. M. (Hrsg.), Computer Vision, Amsterdam 1981

/56/ Gonzalez, R. C., Safabakssh, R., Computer Vision Techniques for Industrial Applications and Robot Control, in: Computer December 1982

/57/ Latombe, J. C., artificial intelligence and pattern recognition in computer aided design, Amsterdamm 1978

/58/ Oehme, F., Die Video-Kamera als Rechner-Peripheriegerät, in: nachrichten elektronik 12, Nürnberg 1976

/59/ Stucki, P. (Hrsg.), Advances in Digital Image Processing, New York 1979

/60/ Codd, E. F., A Relational Model of Data for Large Shared Data Banks, in: CACM vol. 13 No 6 June 1970

/61/ Encarnacao, J., Computer Graphics, München 1975

/62/ Fischer, W. E., Datenbanksystem für CAD-Arbeitsplätze,Berlin 1983

/63/ Grossman, D. D., Procedural Representation of Tree-dimensional Objects, in: IBM Journal of Research and Development, November 1976

/64/ Kleinrock, L., Queueing Systems, Volume 2, Computer Applications, New York 1976

/65/ Martin, J., Einführung in die Datenbanktechniken, München 1981

/66/ Smith, B. M., Nagel, R. N., Wellington, J., IGES-- Initial Graphics Exchange Specification, in: Proceedings CAM-I International Spring Seminar, Cannes 1981

/67/ Wedekind, H.,Datenorganisation, Berlin 1976

/68/ Wedekind, H., Härder, T.,Datenbanksysteme II, Zürich 1976

/69/ Williams, R., A Survey of Data Structures for Computer Graphics Systems, in: Computing Surveys Vol. 3 No 1, March 1971

/70/ Löbel/Müller/Schmid, Lexikon der Datenverarbeitung, München 1972

/71/ Baer, A., Eastman, C., Herion, M., Geometric Modelling, A Survey CAD 11 5 1975

/72/ Barnhill,R. E., Boehm, W. (Hrsg.) Surfaces in Computer Aided Geometric Design, Amsterdam 1983

/73/ Barnhill, R. E., Riesenfeld, R. F. (Hrsg.) Computer Aided Geometric Design, New York 1974

/74/ Gausemeier, B. J., Eine Methode zur rechnerorientierten Darstellung technischer Objekte im Maschinenbau,Dissertation TU Berlin 1977

/75/ Hartwig, R. R., Hyperbolic Data Representation and Analysis (HYDRA), Eurographics Bologna 1979

/76/ Keppel, E., Approximating Complex Surfaces by Triangulation of Contour Lines, in: IBM Journal of Research and Development, Vol. 19 No. 1 1975

/77/ Manning, J. R., Continuity conditions for spline curves, in: The Computer Journal Vol. 17 No. 2 1973

/78/ Wilkinson, J. H., Rundungsfehler, Berlin 1969

/79/ Cantwell, C., Animation on a Desktop, in: Datamation, February 1981

/80/ IBM D 12-0013, Computerkunst, Stuttgart 1978

/81/ Draft International Standard ISO/DIS 7942 GKS

/82/ Newell, M. E., Newell, R. G., Sancha, T. L., A New Approach to the Shaded Picture Problem, Proceedings of the ACM Nat. Conference 1972

/83/ Warnock, J. E., A hidden-line algorithm for halftone picture representation, Univ. Utah Salt Lake City May 1968 T. R. 4-5

— , A hidden surface algorithm for computer generated halftone pictures, Univ. Utah Salt Lake City June 1969 T. R. 4-15

/84/ Watkins, J. E., A real-time visible surface algorithm, Univ. Utah Salt Lake City June 1970 Ph. D. Thesis

/85/ Weiss, R. A., Be Vision, a Package of IBM 7090 Fortran Programs to Draw Orthographic Views of Combinations of Planes and Quadric Surfaces, Journal of the ACM Vol. 13 No. 2 April 1966

/86/ Almond, D. B., Numerical control for machining complex surfaces, in: IBM Systems Journal No. 2 1972

/87/ Bezier, P., Numerical Control, New York 1972

/88/ Dimsdale, B., Burkley, R. M., Bicubic Patch Surfaces for High-Speed Numerical Control Processing, IBM Journal of Research and Development Vol. 20 No. 4 July 1976

Dimsdale, B., Johnson, K., Multiconic Surfaces, in: IBM Journal of Research and Development Vol. 19 No. 6 November 1975

/89/ Grupe, U., Programmiersprachen für die numerische Werkzeugmaschinensteuerung, Berlin 1974

/90/ Herold/Maßberg/Stute, Die numerische Steuerung in der Fertigungstechnik,Düsseldorf 1971

/91/ Schmatz, W., Schmeer, E., Fünfachsiges Fräsen von Pumpen- und Verdichterrädern, VDI-Zeitschrift 121 nr. 18 September 1979

/92/ Schwarz, H. R., Methode der Finiten Elemente, Stuttgart 1980

— , FORTRAN-Programme zur Methode der Finiten Elemente, Stuttgart 1981

/93/ Blume,C., Jakob, W., Programmiersprachen für Industrieroboter, Würzburg 1983

/94/ Blume, C., Dillmann, R., Frei programmierbare Manipulatoren, Würzburg 1984

/95/ Bonner, S., Shin, K. G., A comparative Study of Robot Languages, in: Computer December 1982

/96/ Borrel, M. C., Leigeois, A., Dombre, E., Bernard, F., Bourcier, D., The robotics facilities in the CAD-Cam Catia System, in: B. Rooks (Hrsg.) Developments in Robotics 1983 Amsterdam 1983

/97/ Duffy, J., Analysis of Mechanismus and Robot Manipulators, London 1980

/98/ Engelberger, J. F., Industrieroboter in der praktischen Anwendung, München 1981

/99/ Rooks, B. (Hrsg.), Developments in Robotics 1983 Chapter 3, Amsterdam 1983

/100/ Pugh, A. (Hrsg.), Robot Vision, Berlin 1983

/101/ Raab, H., Handbuch Industrieroboter, Wiesbaden 1981

/102/ Riehm, U., Wingert, B., Technology Induced Morphogenesis of Skills: The Case of CAD, in: CAPE 83, Amsterdam 1983

/103/ Spur/Auer/Sinning, Industrieroboter, München 1979

/104/ Spur,G., Hirn, W., Seliger, G., The Role of simulation in Design of Manufactoring Systems, in: Advances in CAD/CAM 1982, Amsterdam 1982

/105/ Spur, G., Rechnerunterstützte Zeichnungserstellung und Arbeitsplanung, München 1980

Glossar

Um das Eindringen in die weiterführende, meist englischsprachige Literatur zu beschleunigen, werden hier die wichtigsten Fachausdrücke aller Kapitel in Englisch aufgeführt.

actuator	Antrieb eines Robotergelenks
antialiasing	Beseitigung der Stufung von Linien bei Rastergeräten
animation	Darstellung von Bewegungen
anisotropy	Richtungsabhängigkeit der elastischen Konstanten
articulation	Robotergelenk
attribute	Spalte in der Tabelle einer Relation
axonometry	Parallelprojektion
barycentric	auf den Schwerpunkt als Ursprung bezogen
basis function	Koeffizientenfunktion in der Kurvendarstellung als Linearkombination der Stützpunktkoordinaten
beam	1. Balkenelement 2. Elektronenstrahl bei Bildschirmen
bilevel picture	Schwarz-Weiß-Bild
blending function	Gewichtsfunktionen
blinking	durch die Bildwiederholungseinheit ausgelöstes Wiederaufleuchten und Verlöschen von Bildelementen
body force	Volumenkraft
bore	vor-, anbohren
buckling	Knicken, Beulen
CAD	Rechnerunterstützte Konstruktion
CAE	Rechnerunterstützte Entwicklung
CAM	Rechnerunterstützte Fertigung
CAP	Fertigungssteuerung
canonical form	Standardformat von Flächen in APT
cathode ray tube	Bildschirmgerät
chain code	Kettencode
character generator	Erzeugung von Zeichen ohne Ausgabe von Bildkoordinatenfolgen

check surface	Hemmfläche
clamped end	vorgegebener Endwert
CLDATA	Fräsermittelpunktskoordinaten und Flächenangaben
clipping	Abschneiden von Objekt- und Bildteilen
coherence	Zusammenhang von benachbarten Bildpunkten hinsichtlich bestimmter Eigenschaften wie Sichtbarkeit oder Grauwert
COM	Rechnerausgabe auf Mikrofilm
compliance	vorgesehene Ablenkbarkeit eines Roboterarms durch äußere Einwirkung
condensed	verteilte Lasten oder Massen auf Elementknoten umgerechnet
conform	höhere Stetigkeitsbedingungen erfüllend
controlpoint	Stützpunkt bei Bezier-Approximation
cross derivative	gemischte Ableitung
cubic	dritten Grades
cursor	bewegliche Marke für die aktuelle Position auf dem Bildschirm
cutter	Fräser
- offset	Vektor vom Berührpunkt des Fräsers mit der Teiloberfläche zum Fräsermittelpunkt
cut vector sequence	aus einem Bewegungsbefehl sich ergebender Polygonzug der Fräsermittelpunktsbahn
cueing	Verringerung der Intensität von Linien entsprechend der Entfernung der Objektpunkte vom Betrachter
damp	durch Reibung dämpfen
dash	strichlieren
detectability	Auswählbarkeit von Bildelementen durch Antippen
digitizer	Gerät zur Erfassung geometrischer Daten in Rechner
dimensioning	Vermaßung
dimetric projection	Parallelprojektion mit zwei gleichen Maßstabsfaktoren
directional modifier	Angabe der Änderung der relativen Bewegungsrichtung
displacement	Verschiebung
display buffer	Speicher für die bilderzeugenden Informationen
- file	Befehle und Operanden zur Bilderzeugung

- frame	Bewegungsphase eines Objekts als display file
- group	Identifizierbare Menge von Bildelementen
DML	Sprachmittel zur Manipulierung von Informationen in Datenbanken: data manipulation language
domain	Wertebereich eines attribute
dragging	manuelle Verschiebung einer identifizierbaren Menge von Bildelementen
drill	bohren
drive surface	Leitfläche
end effector	Werkzeug und/oder Sensor am Ende des Roboterarms
flying spot scanner	Datenerfassungsgerät mit automatischer optischer Abtastung
flame cutting	Brennschneiden
font	Schriftart
frame	Position und Orientierung der Roboterhand
gray level	Graustufe
gripper	Hand eines Roboters
halftone	Darstellung von Graustufen durch Variation der Bildpunktgröße
hard copy	Kopie auf Papier
hashing	Berechnung der Satzadresse aus dem Satzschlüssel
hatch	schraffieren
hidden line	verdeckte Linie
- surface	verdeckte Fläche
homogeneous	homogen
incremental mode	relativ zur vorangegangenen Lage
inflection point	Wendepunkt
inkjet plotter	Gerät, das zum Zeichnen Tinte auf Papier spritzt
isometric proj.	Paralleprojektion mit drei gleichen Maßstabsfaktoren

joystick	Steuerknüppel zur manuellen Verschiebung von Bildelementen
joint	1. Knoten von finiten Elementen 2. Verbindungspunkte von Gliedern eines Roboters
key	Schlüssel
- , primary	Primärschlüssel
- , secondary	Sekundärschlüssel
knot	Stützpunkt bei B-Spline-Verfahren
- vektor	Vektor der Parameterwerte für die Stützpunkte
lathe	drehen
light pen	lichtempfindlicher Stift zum Antippen von Bildelementen eines Bildschirms
link	Glied eines Roboters
load	Last
- , point -	an einem Knoten angreifende Last
- , distributed	kontinuierlich verteilte Last
- , thermal	durch Temperaturausdehnung hervorgerufene Last
locator	Graphische Koordinateneingabe
lofting	Darstellung einer numerischen Fläche aus einer einzigen Schar von Parameterlinien
look-up table	Tabelle mit Grau- oder Farbwerten für die Bildpunkte
lumped	auf Elementknoten umgerechnet
mach band effect	physiologisch bedingte, unerwünschte Muster bei Schattierungstechnik
map, color -	Tabelle mit Farbwerten
mesh surface	numerische Fläche mit Parameternetz
mill	Fräsen
mouse	mausähnliches Gerät zum Verschieben einer Marke auf dem Bildschirm
multaxis mode	Verwendung von mehr als drei Achsen beim Fräsen
oblique projection	schiefe Parallelprojektion
orthographic	senkrechte Parallelprojektion auf eine der Koordinatenebenen

patch	analytisch definiertes Teilstück einer Fläche
part number master	Teildedatei
part surface	Teiloberfläche
pel	pixel
perimeter	Umfang
persistence	Nachleuchtdauer
pick	Identifizierung durch Hindeuten
plasma display	Bildschirm mit Gasentladungstechnik
pocket	Tasche im Material
polyline	Polygonzug
polymarker	Markierungssymbol
positional modifier	Angabe der Kontaktart
prompt	den Bildschirmbediener zu einer Aktion auffordern
postprocessor	Werkzeugmaschinenspezifisches Nachbearbeitungsprogramm für CLDATA
query language	Abfragesprache für Datenbanken
random access	direkter Zugriff
- data	zufällig verteilte Daten
recursive program	durch sich selbst wiederaufrufbares Programm
reentrant	wiedereintrittsfähig
refresh	Wiederauffrischen eines Bildes auf dem Schirm
regeneration	Wiederauffrischung
region growing	Vergrößern von Bildgebieten gleicher Eigenschaft zur Ermittlung der Einzelelemente
relation	Tabelle in einer Datenbank
repeatibility	exakte Wiederholbarkeit eines Zeichenvorgangs
routing operation	Arbeitsgang
rubber banding	Verschieben eines an einem Punkt fixierten Bildelements
ruled surface	Regelfläche
run length encoding	Verschlüsselung einer Folge durch Wiederholungszähler
scallop	Welligkeit durch stehengebliebenes Material
schema	Beschreibung der Struktur einer Datenbank

scissoring	Abschneiden s. clipping
skeleton	Linien, deren Punkte gleichen Abstand von mindestens zwei Randpunkten eines Gebietes haben
sculptured surfaces	Freiformflächen, numerische Flächen
smooth	glatt, ohne Knicke
solid	3-dimensionaler Körper
stack	Kellerspeicher
steady state	stationär
stepper motor	Schrittmotor
stiffness	Steifigkeit
subschema	verarbeitungsspezifische Beschreibung eines Teils einer Datenbank
swath	Überlappung von Fräserbahnen
tablet	Koordinateneingabegerät in Brettform
tabulated cylinder	allgemeiner Zylinder mit einer numerischen Leitkurve
teach-in	Angabe der Bahn durch manuelle Führung
template	Prototyp
threshold	Schwellengrauwert
thumb wheel	Rändelschraube zur manuellen Postitionierung
topology	Lehre von den Invarianten umkehrbar eindeutiger, stetiger Abbildungen
track	Verfolgen einer Marke am Schirm durch Übernahme ihrer Bildkoordinaten
transient	nicht stationär
turn	drehen
valuator	Eingabe eines Zahlenwertes
vector generator	Vektorgenerator
video look-up table	s. look-up table
viewport	Bildausschnitt
vertex	Ecke
window	Ausschnitt aus der Objektszene
zooming	scheinbare Entfernung oder Annäherung der Objekte durch Veränderung des Objektausschnitts

Sachwortverzeichnis